浙江省教育科学规划课题研究成果
杭州市大成实验学校办学实践成果
杭州市胜蓝实验中学办学实践成果

静心做自然的教育

COMMITTED TO NATURAL EDUCATION

李建飞 ◎ 著

浙江工商大学出版社
ZHEJIANG GONGSHANG UNIVERSITY PRESS

·杭州·

图书在版编目(CIP)数据

静心做自然的教育 / 李建飞著. —杭州：浙江工
商大学出版社，2023.8
ISBN 978-7-5178-5584-2

Ⅰ. ①静… Ⅱ. ①李… Ⅲ. ①中小学－教育研究－杭
州 Ⅳ. ①G632.0

中国国家版本馆 CIP 数据核字(2023)第 138184 号

静心做自然的教育
JINGXIN ZUO ZIRAN DE JIAOYU
李建飞 著

策划编辑	王黎明
责任编辑	王　琼
责任校对	李远东
封面设计	林朦朦
责任印制	包建辉
出版发行	浙江工商大学出版社
	(杭州市教工路 198 号　邮政编码 310012)
	(E-mail：zjgsupress@163.com)
	(网址：http://www.zjgsupress.com)
	电话：0571－88904980，88831806(传真)
排　　版	杭州朝曦图文设计有限公司
印　　刷	杭州高腾印务有限公司
开　　本	710mm×1000mm　1/16
印　　张	22.25
字　　数	308 千
版 印 次	2023 年 8 月第 1 版　2023 年 8 月第 1 次印刷
书　　号	ISBN 978-7-5178-5584-2
定　　价	68.00 元

PREFACE ■ 自 序
我的自然教育梦

真正有时间提笔做个小结的时候，"自然教育梦"这个话题已经在我心中存在了半辈子。

说真的，对于教师、学校和教育这三者，我始终是心怀敬畏的。一则是因为我笃信朱自清先生的"如宗教徒对于他的上帝一样"对教育的信仰心。二则是因为家庭环境，尤其是父母朴实善良、坚毅守信的品格，从小在我身上留下了烙印。因此，从大学毕业走上讲台的那一刻起，"以教育为信仰，为学生而教育"，便自然成为我的职业价值追求。

教育是什么？"教育即自然生长""教育即生活，教育即生长，教育即经验的不断改造""生活即教育，社会即学校，教学做合一""尚自然、展个性"……确实，卢梭、杜威、陶行知、蔡元培等教育家的思想、观点，至今依然闪耀着哲学的光芒，影响着我们的教育生活。

苏霍姆林斯基先生所在的帕夫雷什中学，曾以宁静和朴实的治校风格享誉世界；陶行知先生创办的晓庄师范学校，则以办学的思想性、生活性、创造性和开放性著称；孔子的"有教无类""因材施教"等教育思想，就像古井里的清泉不停地拍打、冲洗着我们的内心世界。

中小学教育究竟应给学生什么？能给学生什么？以什么方式给予学生？自1999年走上校长岗位以来，这些问题成为一直萦绕在我脑海里、挥之不去的"灵魂三问"。

那时候，初出茅庐的我，其实初心也很简单，就想把学校办好，办得像个学校的样子。倘若能办一所听得见思想声音、看得见精神高度、感受得到文化温度的学校，并在宁静和自然中带给学生一辈子受用的素养和影响，那就足以自慰了。

印象比较深的是，当时我提出了"教师有特点、学生有特长、学校有特色"的办学目标和"质量＋特色＝学校生命"的核心价值，参与了布鲁姆单元形成性测验教改实验，负责的"三结合课堂"还成功立项为浙江省教育科学规划课题。

这样的定位和方向至今也一点都不落伍。那时候办学，既缺人、缺钱，也缺硬件，唯一不缺的可能就是热血和激情。有了这些，很多困难，很多挑战，都不在话下。有了这些，好多想法，好多办法，开始发芽、生长，并逐渐变为现实。

而后是多年的任职学校变迁、摸爬滚打，我在复杂的环境中得到了历练和成长，内心也变得柔软和强大。也正是那段难忘的岁月，真正带给我读书思考、扎根沉淀的机会，触发我对怎样办学校、怎样做教育、怎样培养人的哲学思考，进而影响、改变了我的教育观、人生观和价值观。

在我的感觉中，教育的现实从来没有理想中那样丰满，时常带给人们困惑与迷茫、浮躁与不安。一路走来，眼前的教育似乎迷失了什么，丢掉了什么。因而迫切需要返璞归真，回归本原，走出一条宁静、从容、缓慢、优雅的自然之道，促进每个生命在尽可能自然的状态下充分生长、茁壮成长。

我在农村出生，大学学的是生物专业，不仅对种子的萌发、植物的生长有着不一样的观察，而且对农民的角色、农耕的生活也有着不一样的体验。所以，对于"自然生长"这四个字，我从骨子里有着与别人不一样的理解和感受。

后来，做了老师、校长，我愈发感到教育确实更像农业。每个孩子都是一粒独一无二的种子，未来都有无限的可能。孩子们的成长有着各自的生长周期，有着拔苗结粒、开花结果的自然规律。教育同样有自己的自然法则。

我天生喜欢纯粹、自然、真实的东西，所以也希望能够如此对待教育生活。我以自然的心态和真实的行动，去面对自然、真实的教育世界，期望创造更加适合每个孩子自然生长的教育样态，让孩子们多些自然、纯真，多些自主、自信，从而把幸福、完整的童年还给每一个孩子。

于是，教育要回归静心，回归自然，这样的思辨和想法愈发强烈地在我心中悄然生长。2013年中高考前后，我有感而发，陆续在《温州日报》《温州教育》《浙江教育报》《中国教育报》上发表了四篇小文章，明确提出"静心做自然的教育"的哲学思考和"培养自然型学生"的教育主张。

2015年夏天，我背着行囊、带着思想来到杭州，特别有幸的是，先后在中国教育科学研究院杭州胜蓝实验中学、杭州市大成实验学校任书记、校长。我与我的团队一道，开启了全新环境下富有挑战的教育新征程。

作为杭城的公办中小学，我们同样不得不面对升学考试的现实压力。开学不久，在胜蓝中学的一件事情更是触痛了我的神经，一个毕业班的孩子经常在校园里大喊大叫，每每遇到大小考试后就会这样。看到那孩子痛苦的表情，以及父母无助的眼神，我有种说不出来的心疼。这件事时刻刺痛、警醒着我，让我的内心久久难以平静。

同时，这也更加坚定了我的教育信念。我决心站在比分数和升学更高的层面之上，把自然的教育进行到底，努力带给孩子们自然舒展的心灵、自主独立的习惯和自信从容的品质，让每个生命自然地生长、幸福地成长。

为探寻学校教育的自然之道，我们不停地思考：学校要以什么样的愿景和使命，用什么样的课程、课堂和课外，以什么样的教学方式和育人模式，以什么样的空间和场景，推动教育主张和办学理念在学校落地生根、开花结果？

短短八年，我与我的团队一路筚路蓝缕，夙兴夜寐，孜孜以求，做了大量原创性、引领性、系统性的实践探索，带领学校冲出重围，进而快速崛起。办学思想更有高度，实践体系更趋系统，教师队伍迅速壮大，文化氛围愈加浓厚，教育质量节节攀升，办学规模连年扩大，促进了学校在原有基础上更高水平的育人和更高质量的发展。这是我欣慰的地方。

我想，把已经像模像样的孩子培养得更像模像样不足为奇，把不怎么样的孩子培养成像模像样的，把很普通的孩子培养成出类拔萃的，就是这所学校的伟大之处。从这个意义上说，我们不仅努力做到了，还做得很自信、很有底气。其他老师与我促膝长谈，家长发短信鼓励、送来锦旗，孩子约我一起跑步、来办公室看我……孩子们精神在改变，家长更有信心，教师更加幸福，学校每天在进步，在我心中这就是对自己最高的褒奖。

办学校、做教育，原本就是一个要耐得住寂寞的活儿。在杭城的日子里，我放弃了几乎所有的节假日，推掉了几乎所有的应酬，每天都乐此不疲地扎在学校里，与师生们朝夕相处、同甘共苦。既仰望星空，又脚踏实地，坚持做正确的事，做自己喜欢的事，做对得起良心的事。

虽说过得平淡而忙碌，但在我内心深处，一直保持着一丝笃定、一丝清醒，我清楚自己真正想要的是什么。不苟于世，不与草争，不论花谢花开、云卷云舒，我始终感觉得到内心的淡定、从容、充实和知足。即使在不被看见、不被看好的地方，我依然会捧着一颗心在麦田守望、耕耘，蹲下身子聆听每个生命拔节、生长、怒放的声音。这何尝不是另一种幸福呢？

事实上，一路走来，我是个幸运的人。我颇感庆幸，也特别感恩。因为每每在人生的十字路口，总是能得到众多前辈、领导和朋友的提携、眷顾和鼓励，得到广大师生、家长、同伴的包容、理解和支持。正是这些温暖的力量，支撑我听从内心呼唤，坚持走到今天，安安心心做一个普通的教师、一个普通的校长。

我虽然很普通、很平凡，但依然可以像花一样有自己的色彩。既要像农民一样勤劳，也要像艺术家一样浪漫，更要像哲学家一样思考，努力还原学校原本的样子，把学校办出自然的味道、幸福的模样，让校园成为孩子们喜欢、自豪和怀念的地方，让每个孩子自主呼吸、自信绽放、自然生长，就是我毕生追求的自然教育梦。

我想，这辈子注定只做这一件事了，那就是静心做自然的教育。现在看来,虽然有些单纯,有些浪漫,但确实值得坚守,值得执着。尽管我们的未来不确定,现在可能也有目标叠床架屋、时间鸡零狗碎、行动身不由己、心情焦虑浮躁的时候,但是我想,教育就是一场修行,一边在烟火中守望麦田,一边书写着诗意栖居。

心之所向,素履以往。静静走自己的路吧,一直往前,不负月亮,不负便士。聆听自然的声音,感受自然的质感,积蓄自然的力量,去追寻自然教育的诗和远方。

是为序。

李建飞
2023 年 5 月 6 日深夜

CONTENTS ■ 目　录

第六章　教师生长：过好自然真实的学校生活

第七章　学生立场：唤醒内心自然生长的力量

附　录

后　记　　　　　　　　　　　　341

第一章　教育主张:为了每个生命自然地生长

JIAOYU ZHUZHANG：WEILE MEI GE SHENGMING
ZIRAN DE SHENGZHANG

教育原本可以很自然,就像种子的萌发、植物的生长,相互倾听,彼此温暖,拔节向上;就像一日三餐的循环反复,既可以热气腾腾,也可以平平淡淡。

不忘为什么而出发

海德格尔说,任何发问都是一种寻求。在我的教育生涯中,有一件事情我至今印象深刻。记得那是 2005 年 3 月,94 岁高龄的钱学森先生在病榻上提出"为什么我们的学校总是培养不出杰出的人才"这一问题。一石激起千层浪。许多人士有感而发,高呼教育要反思我们的培养目标与培养方式。作为基础教育战线上的普通一员,我也参与了地方组织的一次教育思想大讨论活动。

尽管钱先生当时是从大学对创新人才的培养这个话题谈起的,但并不妨碍我们对整个中小学教育进行反思。这个问题在教育系统乃至社会各界中产生了巨大的反响。

一个很重要的原因可能在于,这一发问犹如振臂一呼,确实是扎到了我们的痛点。因为痛,所以要喊出来。事实上,我这个年龄段的教师就是那个时期学校教育的亲历者和见证者。说白了,这是一个关乎教育本质,关乎价值取向,关乎为什么而出发的,我们无法回避的方向性、根本性问题。但对于当时初出茅庐的我来说,的确还谈不上深刻理解,也谈不上寻求答案。

我想,这也是对当时教育现状的一种灵魂拷问。十几年过去了,中国的基础教育早已今非昔比,而且很多领域已经发生颠覆性改变,显示出了强大的优势。

然而,当我们冷静下来,回头重新审视教育时,不禁要扪心自问:钱先生当年提出的问题如今解决得怎么样了? 放眼当下的学校教育,实事求是地讲,依然面临不少的现实隐忧,值得我们仔细沉思,并寻求解决的路径。我不妨列举几种现象。

现象一:"教育缺钙"

学校教育最致命的问题是什么? 从某种意义上讲,我认为不是别的,而是孩子们内心浮躁和精神缺席。

确实,现在有些孩子常常处于一种"伪亢奋"状态,动静不分,该动的时候不想动,该静的时候静不下心来。不懂得感恩,不知道爱自己、爱父母、爱他人。对同伴表现得自私、冷漠,缺少知心朋友。害怕竞争,不敢冒险,缺乏战胜困难和挫折的勇气。

自信心不足是常态,觉得自己干什么都不行,把分数看成唯一的意义来源。对生活缺乏理解与想象,对学习缺少"奔头",缺少幸福感,有的甚至厌倦学习生活,不愿意去学校。正是风华正茂的年龄,本应是朝气蓬勃、青春洋溢的样子,却成了精神疲惫、老态龙钟的"空心人"。可以说,孩子们还远没有得到充分的精神解放。

即便是学业成绩拔尖的孩子,有的虽然应付考试能力强,但人格同样缺乏开发、存在缺憾,缺乏自我教育的内在动力,学习往往不是缘于兴趣,而是靠意志来支撑。情感能力显得异常脆弱,经不起失败,甚至不知道如何表达自己内心的波澜和对别人的感激之情。就像草莓一样,外表光鲜,但经不起拿捏。

毫不夸张地说,一个孩子的人格不健全、不完整,对生命的伤害往往是巨大的,俨然就像一颗"定时炸弹"。有人说,即便是成年了,读到博士了,登上中国教育体系认为最成功的巅峰了,那又怎样? 最终若因不懂如何适应社会,如何充实生活,如何与世界相处,而发生让人痛心的事情,这算不算我们教育的失败呢?

学习虽是辛苦的,但绝对不该是痛苦的。学习不应成为校园生活的全部,过度教育、过度学习更是得不偿失。事实证明,比学习更重要的还有很多。体育、艺术、心理、阅读、劳动教育方面课程的可有可无,童年时光在学习领域之外欠下的耕耘,比如健全人格、健康体魄、兴趣爱好、生活体验、同伴互助,乃至精神成长,往往需要在成年后用加倍的痛苦或代价去偿还。

从这个意义上说,一个孩子的成长史就是其精神的发育史。人是靠精神站立的,精神就像人体中的钙,是用来长骨头、支撑成长的。"教育缺钙",让孩子失去了原本丰盈向上的样子,失去了完整的人格和幸福的童年。

苏霍姆林斯基说,童年的精神经历决定一个人一生的精神高度。教育首先必须满足学生的精神需要,提升他们的精神力量。学校要超越狭义的"成功",加强对理想、信仰、价值观的教育引领,为每个孩子爱上学习、体验快乐、适应生活、感受幸福,提升自我教育、自主学习能力创造无限可能。

现象二:"教育窄化"

有时我们以抓质量为幌子,以对孩子好为借口,一边用素质教育标榜办学的辉煌,一边用分数、升学率计算着孩子和教师的成败。

在学校"虚假繁荣"的背后,始终暗中涌动着一种根深蒂固的片面认知,就是学校教育即知识教育,知识等同于书本知识;教育即教学,教育质量即教学质量,也就是教学成绩、考试分数;教学即教知识、教教材、教教辅、教分数;教育评价即对分数、升学率的分析评价;等等。为生活准备的教育被窄化成为知识、为考试做准备的教育。

由此,我们看到在许多日常的课堂上,教师仍习惯于"满堂灌",偏爱把知识嚼碎了喂到孩子的嘴里,有时甚至是按着头去喂食。事实上,正如陶行知先生所言,教育就像喂鸡一样,先生强迫学生去学习,他是不情愿学的,即使学也是食而不化的。如此一来,师生关系本末倒置了,教师充其量就是知识的"灌输者"。

简单地说,就是我讲、你听,我问、你答,我写、你抄,我给、你收;先教后学,教多少就学多少,怎么教就怎么学,不教就不学。如此一来,课堂让知识遮蔽了人,让学生们缺席了,让分数把学生当奴仆规训起来。课堂缺乏合乎孩子天性、激发灵性的东西,学生把分数看成生命唯一的意义来源。

久而久之,孩子们变得亦步亦趋、囫囵吞枣,不愿动脑筋、主动地学,更不会主动教育自己。教师越教,孩子越不会学、越不爱学,最后摧毁的是孩子们学习的趣味性、主动性和创造性,甚至因此一蹶不振,素养、能力得不到有效培养。孩子们渐渐丢掉了个性,丢掉了自我和向上的精神。

可以说,以知识传递为核心的教育模式已把我们逼入"墙角"。正如杨振宁先生在一次访谈中所指出的,中国的小学、中学、大学、研究院的教育一直都在让学生走到一个越来越窄的道路上去,把学生变成念死书的人,结果是学生习惯接受,而不是习惯思考,更不习惯怀疑和考证。因此,很不容易培养出有创造力、有独立见解、有开拓能力的人。

钱学森先生也说,我们不能人云亦云,这不是科学精神。科学精神最重要的是创新。没有创新,死记硬背,考试成绩再好,也不是优秀学生。艺术修养对科学工作很重要,它开拓科学创新思维。一个有科学创新能力的人,不但要有科学知识,还要有文化艺术修养。

其实,孩子的天性原本就是好奇、好玩、好动、好问的。课堂上,唯有在自然的状态下,孩子们的心灵才会打开,精神才会舒展,思维才会活跃。课堂一旦能让学生获得尊重、找到兴趣、收获快乐、激发活力,又怎么会那么被动,有那么多的痛苦、厌学情绪呢?

在我看来,人与知识的关系原本是朴素与自然的。人永远是目的,是主体,绝不是容器或白板。"教育窄化"使学校成了知识的工厂,让孩子成了学习的机器,其温床是知识背后的唯分数论、唯升学率的隐形目标追求。

德国哲学家雅斯贝尔斯说,教育是人的灵魂的教育,而非理性知识的堆积。真正的教育给人的不仅是知识,还有诗和远方。只有站在育人的高度,放眼每个生命的全面素养和未来成长,教育才能让孩子们迸发蓬勃的生命力和无限的创造力。

现象三："教育作秀"

不知从什么时候开始，一所学校往往要"被赋予"一种外在的"意义"和"价值"，一位校长不知要承载多少多大的"头衔"和"帽子"，才可能算得上是所谓的好学校、好校长。于是，我们有时会在身边感受到，那些"投机"，那些"油滑"，那些"世故"，那些"名不副实"的东西渐渐多了，然后又慢慢变得司空见惯、习以为常，而那些"目标""目的"居然也一个一个得逞了。"教育作秀"似乎越来越成为一种时髦。

有的学校热衷于博眼球，迎合各类媒体的表演，谋求所谓的知名度。刚运行几个月甚至没正式创办，就因冠名"实验"、"集团"、挂名院校附属一夜之间成了"现代化名校"。有的一门心思谋求所谓生源、师资最优化，不惜牺牲他人、他校的利益，靠资源优势获取办学辉煌、名利丰收。有的挖空心思要各种头衔与荣誉，还动辄在校名前加"著名"甚至"全国著名"，有的把学校当作自己获取名利的工具，俨然把校长做成"官"，做成"明星"一样，实在让人觉得有些匪夷所思。

有的学校过于迎合上级的各类考核，过于在乎分数和排名，一切围绕考核在运转，似乎把考核的内容当成办学校、做教育的全部。很多时候，上级部门来检查、兄弟学校来参观，临时突击是一套，而日常运行又是另一套，没有勇气把自己真实的样态展现给别人看。而看似公正的第三方评估，往往用走马观花式的几小时，就轻易给一所学校定了"性"。学校若忽视自然真实的常态化办学追求，长此以往，就会渐渐磨掉办学的自主性和独立精神，丢掉应有的精神高度和思想厚度。

有的学校活动虽搞得声势浩大，但几百个师生的场面，仅主席台领导就有一排，而原本是主角的师生却被冷落为活动的配角。甚至有的活动是摆个形式、拍个照片、完成上级的任务或者去评个什么奖。有时艺术教育、劳动教育偏重于少数学生的获奖，而忽视了对大多数人的普及和熏陶。很多在低年级必须养成的习惯，往往要到高年级才关注，如最起码的文明礼仪，在高中的始业教育中还在训练。确实，德育说起来重要，做起来次要，忙起来不要的毛病，还时有发生。

当然，我并不反对学术、专业上的成名、成家以及必要的评估检查和一定形式的宣传活动，反对的是为名所使、为利所累的形式主义，扭曲的机会主义和精致的利己主义。我始终相信，自然、真实的教育，一定可以使师生在浸润熏陶、耳濡目染中受到正面、积极的影响；反之，就会让师生在不知不觉中虚伪、浮躁起来，被侵蚀了心灵，形成了坏习惯。"教育作秀"，让学校失去了宁静和真实的原本样貌，走入了追名逐利、失诚失信的怪圈，对学校育人工作无疑是有百害而无一利。

黎巴嫩作家纪伯伦说，我们走得太远了，以至于我们忘了为什么而出发。的确，社会的变化给学校带来的挑战从来没有像今天那么巨大、那么紧迫。而学校对于社会，总是给人"无奈顺从""忍辱负重"的感觉，有时会无视孩子的自然需求，甚至把基于社会需求的设计强加到孩子头上，一而再地给孩子做加法，而不是做减法，乐此不疲地做着逆自然、反天性的事情。套用《爱弥儿》里的一句话，就是我们总是在孩子身上找大人，却从不想想他在变成大人之前只是个孩子。

在我看来，教育对于社会的功能，主要还是引领发展，而不是一味迎合，让社会"满意"。如果我们的教育忽视精神，智育限于知识，办学冲着名利，那都是舍本求末、背离初心的。如果教育都可以忘记初心，那么孩子们的未来又将是怎样的呢？

正如梁晓声先生所说的，你们真的不觉得这个时代太喧嚣了吗？喧嚣到我们无处可逃。倘若我们的教育无视孩子的天性，以培养"乖孩子"为荣，那么我们可能会让孩子在不经意中丢掉独立的人格、超越的勇气和冒险的精神，甚至因此埋没许多"天才"和"奇才"。

而教育价值一旦偏离方向，教育的目的就会变得庸俗，简约的教育内容就可能变得繁杂，浮躁、焦虑、追名逐利就可能逐渐成为校园的主流文化，校长、教师、学生就会疲于奔命,背负越来越大的压力。学校也因此可能越来越远离原本的样貌,越来越远离孩子们的心灵。

当然,不论是"教育缺钙"还是"教育窄化",抑或是"教育作秀",其实都是对整个基础教育现实的一种折射。追根溯源,这些隐忧的背后最根本的原因是教育价值取向出了偏差,出了问题。事实表明,喧嚣、浮躁、急功近利的育人生态,在一定程度上破坏了自然、真实、美好的教育图景,打乱了原本稳健、从容、优雅的学校脚步,阻碍了生命自然地生长和幸福地成长。

我始终认为,最好的教育就在自然、真实、宁静的境界之中产生。教育的终极价值就是培养人,使人成为人,成为和谐、全面、自由发展的人。学校的根本使命是为孩子们的自由、完整、幸福而教育,让其呈现青春明媚、蓬勃丰盈的生长样态。从根本上说,当下的基础教育迫切需要一种朴实、宁静的育人生态和返璞归真、回归自然的教育氛围。

朱自清先生1924年在《教育的信仰》一文中说道,教育者须对于教育有信仰心,如宗教徒对于他的上帝一样。面对种种现实隐忧,面对流行风潮,在"乱花渐欲迷人眼"的喧嚣中,不忘初心、寻求改变,是我们追问之后应有的态度。

世上只有一种真正的英雄主义,那就是看清生活的真相后依然热爱生活。我想罗曼·罗兰的这句话,同样适合教育。学校不应迷信"表面繁荣",不应成为无根的"浮萍"、逃避问题的"乌托邦",以及见利忘本的"名利场"。我们不要只是独善其身,而忘了救济天下的责任。

校长和教师需要超越功利,生长良知,铆足勇气。要重拾对做教育、办学校的理性反思和哲学思考,回到原点看教育,静下心来做教育,始终不忘为什么而出发。要坚持儿童立场、学生视角和素养导向,着眼每个孩子的能力改变、精神成长,提升孩子可持续发展的动力、潜力和后劲。

要保持充沛的教育激情,坐得了冷板凳,经得起名利诱惑,勇于取舍、学会放弃,有所为、有所不为,过好在校园中的平常的每一天,从而教师更像"教师",学生更像"学生",学校更像"学校"。

我相信,唯有学校不折腾,教师不盲从,学生不焦虑,教育才可能恢复到宁静、自然的样子;唯有立足于核心素养,打好身体基础、人格基础、情感基础和能力基础,学生才可能从容应对未来的挑战,拥有可持续的美好未来。

　　如果说"钱学森之问"引发我们的反思,那么努力实现"钱学森之梦",就是我们一辈子的责任。无论如何,为此做点力所能及的事情,对我们来说总是应该的,也是完全可能的。相信我们都可以成为鲁迅笔下的"过客"、古希腊神话中的盗火者普罗米修斯!

(联盟学校读书会,2018 年 8 月 12 日)

给孩子最自然的教育

教育是培育生命的事业,学校是生命成长的沃土。确实,每一个生命成长的背后,都离不开教育的滋养。可以说,我们怎样看待教育,就会怎样对待儿童;有什么样的教育,就会培育出什么样的生命,就会生长成什么样的儿童。

一百多年前,蔡元培先生提出了"思想自由、兼容并包"的教育思想和"尚自然、展个性"的儿童教育观。他极力反对违反自然、束缚个性的教育,主张像农家对待植物那样对待儿童。18 世纪中叶,卢梭提出"教育即自然生长"的教育主张。在他眼里,儿童就是能够自然生长的"花朵"。

古今中外,从孔子到陶行知,从杜威到苏霍姆林斯基,类似的事例不胜枚举,许多的教育思想、观点至今还熠熠生辉。尽管有的可能有一定的局限性或片面性,但并不妨碍我们批判性地吸收,进而为我们所用,以指导我们的实践。

我是一个教育理想主义者,一路走来,也深受朱自清、蔡元培、陶行知、叶圣陶、卢梭、杜威等先贤的教育思想和教育精神的影响。1989 年大学毕业后走上讲台,十年后有幸开始做校长,"以教育为信仰,为学生而教育"便成为我一辈子的职业理想和价值追求。从农村到城市,从完中到初中,从初中到九年一贯制,可以说,三十多年来,我亲身经历了基础教育的变革发展,亲眼看到了不同阶段的教育生态。

在看到基础教育翻天覆地变化的同时,我也看到了"教育缺钙""教育窄化""教育作秀"等现实隐忧的存在,深刻感受到"唯分数论""唯升学论"等教育思潮和灌输、包办、压制等思维手段的根深蒂固,以及从"育分"转变到"育人"的艰难。

有时,我们依旧在经意和不经意中忽视生命特点,漠视生长法则,违背自然规律,热衷于过度施肥、激素催肥,甚至是拔苗助长;不是以农民般的心态,而是以成功者的姿态去教学生、办学校、做教育,其结果要么是"野蛮生长",要么是"萎靡凋谢",要么是"歪瓜裂枣",要么是"颗粒无收"。

正如《爱弥儿》开篇所言,他要强使一种土地滋生另一种土地上的东西,强使一种树木结出另一种树木的果实。他不愿意事物天然的那个样子,甚至对人也是如此,必须把人像练马场的马那样加以训练;必须把人像花园中的树木那样,照他喜爱的样子弄得歪歪扭扭。

事实上,我们时常面临来自社会和教育内部方方面面的诱惑、压力。校长和教师一开始就被绑在应试和升学的战车上,成了戴着镣铐跳舞的舞者。而家长也带着孩子随之起舞,与学校一样在"玩命",疲于奔命,只顾眼前的收益,不顾未来的需求,拼时间、拼体力、拼童年。在高分数、高升学率的重压下,这样的行为显得异常喧嚣、无奈和身不由己,内心很难"静"下来,脚步也很难"慢"下来。

分数、升学率之上,让生命状态变得更好,学校究竟要给孩子们怎样的教育呢?我无数次地追问自己。在对教育现实的不断反思中,在与孩子们的近距离交往中,在与教育名家的阅读对话中,我愈发感到作为基层校长的沉甸甸的使命和责任,因而时常萌发对教育问题和学校教育的深度思考,也逐渐积累、凝练出自己的看法和想法,并提出了"教育,为了每个生命自然地生长"的核心主张,逐步形成了"静心做自然的教育"的个性化办学思想。

在我看来,教育的终极价值就是使每个生命自然地生长。教育的根本目的是培养人,让人成长为人,成为幸福完整的人。孩子们在自然的校园里自主呼吸、自信绽放、自然生长的样子,才是好的教育模样。我是这么理解的:

其一,教育的主体是鲜活的生命。教育就是生命与生命的互动,就是一个灵魂唤醒另一个灵魂。每个生命就是一颗独一无二的种子,未来都有无限的可能。教育的过程和结果终归要通过自我教育来实现其成长的"可能性"。每个孩子无论身份如何、禀赋如何、境遇如何,都可以活出生命的意义。关注每一个学生,发展每一个学生,成全每一个学生,幸福每一个学生,是学校教育应有的责任。

其二,教育的最高境界是自然。自然是什么呢?西方人眼中的自然,泛指大自然。中国文人眼中的自然,是回归生命的本然。老子所说的自然就是"道"。在我看来,自然就是生命的本色,就是真实、朴素、美好,就是纯粹、率真、本色。对教育而言,自然的极致就是"无为",依据自然之性,顺其自然,自然而然,而成其所以然。

其三,生长意味着蓬勃的生命力。正如麦子的生长,是按节气拔苗结粒一样,每个生命都有各自的生长周期。生长的进程是自然的、渐进的、充满力量的。生命从来就没有轻而易举地生长。自然生长,不是放任放纵,不是野蛮生长,更不是拔苗助长,而是竭尽全力之后的自然而然。幸福不可能从天上掉下来,幸福成长也不是坐享其成,而是栉风沐雨后的丰盈蓬勃。

其四,教育的终极目标是幸福、完整。苏格拉底说,教育就是让人获得智慧,使人幸福。幸福是一种感受,更是一种能力。"完整"不等于完美,更多的是指拥有健全的人格、舒展的个性和全面的素养。而自然的气质、自主的习惯、自信的品质和美好的心灵是生命幸福、完整的基石。成人比成绩更重要,成全比淘汰更重要,幸福比成功更重要。

由此看来,学校的特殊使命就是创设适合每个生命自然生长的教育样态。教育要站在比分数、升学率更高的层面上,把人的发展放在整个生命历程的背景下来谋划,从适应孩子的自然天性出发,静下心来,给孩子最自然的教育,以满足其成长的无限可能,从而为每个生命的可持续发展打好基础,为每个孩子的幸福生活做好准备。

可以说,"静心做自然的教育"是我的教育思想,是我的教育哲学,也是我的教育情怀。我始终认为,办学校、做教育最重要的是以下两点:

一是回归静心，力戒浮躁喧嚣。《礼记·大学》中说，静而后能安，安而后能虑，虑而后能得。当教师需要静心，当校长、办学校、做教育更应如此。古今中外，无一例外，如苏霍姆林斯基曾经任职的帕夫雷什中学，就以其宁静、朴素而享誉世界。

教育是慢的艺术，更像农业而不是工业。农耕有自己的节奏和规律，欲速则不达，故不如放慢我们的脚步，静下心来做教育。只有内心宁静，才能听见自己的声音，认清事情的根本。其实，"静下来"是校长和教师的另一种修为。一位静气的校长，一批静心的教师，几间安静的教室，一个宁静的校园，一定是孩子们幸福的源泉。静心，成就教育自然之美。

二是回归自然，摒弃急功近利。理想的学校教育应是自然的状态。环境自然而安全地存在，校长心无旁骛地办学，教师自然而真实地育人，学生自然而有活力地生长。在这样的校园里，教育的土壤是多元、有机、包容的，流淌的空气是自然、自主、自信的。

在我看来，教育原本就是自然、真实的，就像一日三餐，既可以热气腾腾，也可以平平淡淡。自然状态下的校园是宁静的，是充满活力的，是孩子们喜欢的地方。孩子自己学会主动教育自己。孩子之间可以自然相处、自信表达。师生之间就像家人、朋友，相互包容、相互支持，教师对孩子的喜欢是发自肺腑、油然而生的。自然状态下，孩子的自然天性和独立精神可以得到充分的舒展、释放。

由此，我们把这样的一种理想的学校教育，称为"自然的教育"，亦即"自然而然、自然应然的教育"。概括起来，主要有以下四个要义：

第一，呵护自然天性。坚守儿童立场，顺应孩子好奇、好玩、好动、好问、好胜的天性，保护好孩子与生俱来的灵气、好奇心、想象力和探求欲。发现孩子的天赋，发展孩子的潜能，提升孩子的自信心和创造力。充分给予孩子规矩之下的"天马行空"和"独立江湖"，包容"小状况"，引导孩子做到能伸也能屈，能动也能静，能赢得了也能输得起。像呵护眼睛一样，保护好孩子内心最初的纯真，使其保持独立人格和自由思想，成为自然、自主、自信的人。

第二，尊重自然禀赋。正视孩子的禀赋差异，相信每个孩子的无限可能，不放弃任何一个孩子，不让一个孩子掉队。倡导有教无类、因材施教、人尽其才，为每个孩子提供个性化的学习支持，使不同的天性得到充分的发展。发现、支持每个孩子的兴趣爱好，放大闪光点，悦纳薄弱点，给予孩子以信心和希望。引导、帮助每个孩子学会自我教育、自主学习，选择适合自己的发展方向，努力成就更好的自己。

第三，遵循自然法则。尊重教育规律，遵循成长法则，创设适合每个生命自然生长的土壤、空气、雨水和阳光，让校园成为孩子喜欢、自豪、怀念的地方，成为每个生命自然生长的"栖息地"。既要精耕细作、精心修剪，又要适性等候、静待花开，不过度施肥，不拔苗助长，让每个生命按照自然的节律，拔苗结粒、开花结果，自主呼吸、自信绽放、向下扎根、自然生长，呈现蓬勃丰盈、向阳向上的幸福模样。

第四，追求自然境界。倡导教育"无为无不为"，营造自然而然的教育生态。注重五育融合、日常浸润、心灵滋养，给予孩子更多的尊重、信任、赏识，唤醒其自我成长的内驱力。关注孩子精神成长，帮助塑造清澈、明亮的精神世界，成全每个孩子完整的人格和美好的心灵，帮助其走出青春期的迷茫。回归儿童生活，创造儿童世界，鼓励孩子走出课堂，亲近自然，获得生活经验和能力。

事实表明，影响孩子一生的东西，从来不是什么考试重点、分数光环，而是自然而然的教育。学校教育，不该给学生背不动的书包，要给学生带得走的东西，如习惯、方法、能力、品质、人格。充满自然气息和幸福味道的校园，就像一个偌大的气场，看不到教育的发生，却实实在在影响人的心灵。浸润其中，每个生命的脚步必将从容、舒缓、优雅起来，整个校园也会因此变得更加适性、真实、美好。

给孩子最自然的教育，我相信是众多家庭、教师和学校梦寐以求的希望。学校应从儿童的立场出发，着眼生命的完整和幸福，创设自然、真实的教育环境和适合儿童的生长平台，多些呵护自然天性、滋养精神成长的教育故事,多些自然、自然而然的幸福场景,让校园充满自然的生命气息,洋溢幸福的生活味道和宁静致远的校园氛围。在自然的状态下,以最自然的方式,助力每个生命自然生长,生长出一片开阔、美好的成长空间。

给孩子最自然的教育,重要的是我们要有农民般的心态。我想,主要包含三层意思:

其一,平常心。守住教育良心,把学生在校的几年时间看成一个季节、一个周期,不急不躁,适度期许,期待一分耕耘一分收获。做到不迎合功利,不挑选生源,不集聚资源,不攀比排名,致力于每个生命在原有基础上更大的增值。

其二,工匠心。守住教育规律,遵循法则、科学种田,精耕细作、放眼未来,不过度施肥,不拔苗助长。坐实冷板凳,耐得住寂寞,专心致志,心无旁骛。敢于取舍,勇于放弃,不守旧,不盲从。

其三,勤勉心。守住教育常识,日出而作、日落而归,动中有静、活中显静,不折腾、不懈怠。脚踏实地、唯实务实,用心用情用时间,陪伴每个生命自然生长和幸福成长。

给孩子最自然的教育,关键在于推动教育主张、办学理念在课程、课堂、课外各领域落地生根,不成为"空中楼阁"。这就需要学校推动实施整体变革,从使命愿景、价值追求到实践创新、文化培育环环相扣、层层递进,构建起高效率的治理体系、高水平的育人模式,实现高质量的办学目标。

诚然,从"办有'自然味'的学校"到"做自然的教育",无疑是一个艰难的爬坡过程。我的朴素理想和愿望,就是希望学校尽最大可能放下僵硬的身段,放慢匆忙的脚步,从功利的、浮躁的、局限的教育阴影中走出来,努力让我们的学校教育更纯粹、更自然、更完整,让校园真正成为孩子们由衷喜欢、感到自豪、值得怀念的地方。

变革时代呼唤自然而然的教育力量。我始终坚信,每个孩子都可以在自然、自主、自信中变得强大。从这个意义上讲,教育的力量就是在自然状态下,在自主、自信中,发展每个孩子的各种可能性,进而让其成人、成才,成为更好、更真实的自己。

美国学者史蒂芬·柯维说,任何人只要留意看,都可以在每张独一无二的脸上,感觉到孩子们无限的期许。若这些期许无法成真,对社会来说将是无法估量的损失。因此,远离喧嚣,静下心来,给孩子最自然的教育,是学校的教育使命使然,也是生命的自然生长所需。

无疑,每个孩子生长成什么样、生命状态怎么样,与学校、校长、教师的样子是息息相关的。我想,倘若我们把自然的教育真正落实到每个孩子身上,润泽着每个生命成长的今天和未来,那么呈现给我们的一定是不同而更好的生命状态,一定是自然生长、幸福成长的模样。

由此,唯愿这份朴素的理想和期许,可以一直激励我们全身心投入静悄悄的学校变革之中,找回曾经失落的那份稳健、优雅和从容。

(杭州富阳校长研修团,2021 年 11 月 22 日)

追求大气、理性的教育理想

　　最早欣赏到肖川先生的随笔还是在《中国教育报》上,这源于自己一直喜欢翻阅报纸杂志的习惯。这次在读研期间,再次拜读了他的专著《教育的理想与信念》《教育的智慧与真情》,它们又一次敲打了我的心灵,触发了我的再思考:教育者应该要有怎样的理想追求? 这是值得我们在读书、教书之余好好思考、好好琢磨的问题。我认为,我们所追求的教育理想至少应该是大气、理性的。

　　追求大气、理性的教育理想,要守住教育良心,大气、理性地面对教育现实。中学面临的升学压力越来越大,这是一个不争的事实。原因当然是极其复杂的。我认为,一方面可能是因为教育长期以来形成的功利化倾向,集中体现在许多学校和教师教育唯高分的目标追求上,学校和教师的教育成果常常被片面地认定为学生的考试成绩和升学率,所谓素质教育有时成了一些学校应试教育的面具或装饰。

　　另一方面,也许就是社会上普遍存在的一种错误心态和错误导向,用许多家长的话来讲,就是我们的孩子绝不能输在起跑线上。而且学校赖以生存的社会,也常常以考试分数和升学率来评判学校、评价教师。家长关心的往往是孩子的学习成绩,至于兴趣、爱好、特长甚至人格,都需要为分数、就业等实际问题让路。这在很大程度上考验着我们对教育信念、教育价值和社会责任的坚守。

　　当人们麻木地面对年复一年、日复一日的"抓分行动"的时候,当人们热衷于通过加重学生的负担、剥夺学生自由发展的权利、牺牲学生身心健康来提高考试成绩、换取学校或教师个人的"辉煌"的时候,我们是否意识到其背后所付出的沉重代价呢?我想这是任何有良知的教育者都不愿看到的,也应该不是教育的本意。

雅斯贝尔斯说,真正的教育是一棵树摇动另一棵树,一朵云推动另一朵云,一个灵魂唤醒另一个灵魂。办学和育人的过程,从某种程度上说是对社会要求不断回应的过程。回应社会,不等于迎合社会。正因为如此,我们的教育比任何时候都更需要科学的态度和品质,需要超凡的勇气和智慧,使其返璞归真,回归原本的模样。

教育者要担当时代的使命、育人的使命、传播文化的使命。虽然教育理想丰满、教育现实骨感,两者存在巨大的反差,虽然在求索的征途上也许荆棘丛生、踽踽独行,但只要坚定信念,朝着正确的方向不断跋涉,那么,我们终将无限接近理想目标,并拥有越来越多的同路人。

追求大气、理性的教育理想,要淡化功利心,站在比升学更高的层面上思考和实践。无论是在学校的"教育链"中,还是在人生的路途上,基础教育都处于承上启下、打好基础的关键阶段。升学是学校教育必须直面的现实问题。正如一位学者所说的,一个学生不看重中高考,他的未来会有所改变;一所中学不看重中高考,这个学校将行之不远。

学校办学也好,教师育人也罢,只要评价标准没有脱胎换骨的改变,只要社会一刻不改变看法,升学率将始终成为我们追求的目标之一,这是毋庸置疑的。但我们始终需要理性看待,升学率绝非我们所追求的唯一和终极目标,因为教育除了实现提分和升学的任务外,显然还有更重要更艰巨的责任和使命,立德树人是我们的根本任务。

事实上,改善在校学习生活,提高在校生活质量,是令无数整天被习题、分数和成绩排名压得几乎抬不起头来的中学生不敢企及的梦想,更是任何怀有良知、勇气和强烈责任感的教育工作者在对当下中学教育进行认真反思之后的一种坚持。正如肖川先生所说的那样,我们的教育——真正人道的教育,不仅要对学生的考试成绩负责,更要对学生一生的生命质量负责。

当然,强调大气和理性,并不是刻意忽视升学率,回避压力,而是要努力摆脱急功近利的心态,多一些对健康升学率的追求,少一些对眼前利益的追逐。同样一个升学率,一种是理性教育下的自然结果,是健康的;一种则较多地表现为强烈的应试倾向,是病态的。只有进行理性教育下的全面发展,学生才可能有发展的潜力和后劲,才可能有可持续的发展。

教育者要真正静下心来办学、潜下心来育人,真正用心用力地始终把培养什么样的人放在首位,悉心抓牢教育的本质和内涵建设,科学有效地整合课程资源,关注学生多方面的智能发展,真正按照教育规律和学生成长规律育人,最大限度地保证大多数的学生得到生动活泼的全面发展,让学生安全地生活、健康地生活、文明地生活、负责任地生活、有尊严地生活、有爱心地生活和有创意地生活。

追求大气、理性的教育理想,要放眼未来,为学生发展抹上亮丽的底色。《礼记·大学》中说:“大学之道,在明德,在亲民,在止于至善。”这句话涵盖了一个人成才的全部要义,即于自身要具备像日月一样光明的德行,于他人要努力去帮助、接济,直到到达最真、最善、最美的境界。人生路漫漫,或登高望远,或披荆斩棘,哪一次迈步不需要足够的体力、毅力、勇气和智慧呢?可以说,所有这些远远不是分数能替代的,我们在过度强调分数的同时,虽然收获了高分,却很可能失去了孩子们成长最珍贵的东西。

人生是一场马拉松,拼的不是速度而是耐力,它是一个渐进的过程。我们的学生能在中高考中取得比别人高得多的分数,这表明他们在 1000 米、3000 米的项目上遥遥领先,但是举目远望,在 1 万米、3 万米甚至接近终点的那些梯队中,有多少是我们培养的“运动员”呢?作为“教练”的教育者,我们必须清醒自勉,而且责无旁贷。如果我们平时能经常把教育的眼光和工作的目标投射到 1 万米、3 万米以外的地方,那么我们就有理由相信在“运动员”冲过终点的一刹那,收获的喜悦会更多、更持久、更令人满足。

教育的艰巨性和长期性,决定其效益显现往往比人们所期待的更滞后。我们要始终坚定地、清醒地坚持正确的办学方向和育人宗旨,把眼光集聚到素质教育和全面发展的轨道上,把目标锁定在培养有潜力和有后劲的自然型学生上,深层次思考提升教育质量的策略和办法。不管未来能走多远,只要牢记教育的初心,我们完全有理由相信教育之"利润"将随着岁月愈加丰厚。也许今天并不可观,但放眼孩子们的一生,它一定能体现在每一个孩子发展的增量之中,使他们终身受益,那无疑是一笔不可估量的教育回报。

教育者要培植对教育生活的细腻与敏感,关注每一个学生的情感、态度和价值观,关注每一个学生的可持续发展,满足学生的精神需要,提升其精神力量。教育者应尽可能为每一个学生的成人、成才提供各种机会,让每一个学生体验被人关注、被人爱护的温暖和幸福,唤醒其生命的潜能,使其感受到成长的快乐,在平等、民主、激励的氛围中获取前行的智慧、勇气和力量,储备明天用得着的东西,为拥有斑斓绚丽和幸福快乐的未来做好铺垫。

教育是一种责任,是一种情怀。尽管我们的地位不算高,但也没有必要让自己变得那样世俗。教育者应有自己的教育理想,摒弃功利心,推动身心进步与和谐发展。一个执着于教育理想的人,必将充满教育激情和活力,必将提升教育精神和品质。

让我们追求教育理想,尽情享受教育生命中的从容和豁达,大气、理性地行走在理想教育的路上。

(原载于《温州教育》,2009 年第 2 期)

为学生的尊严、自由、幸福而育

什么是好学校？好学校应有怎样的追求？这是倡导教育公平、提高教育质量两大教育战略背景下，每一所学校都必须认真思考的问题。虽然好学校的评价维度很多，但最终都要回归到"培养怎样的人""怎样培养人"这些涉及学校教育价值和教育本质的根本性问题上。

教育的理想和终极价值就是培养人，使人成为人。从这个角度看，学校的根本使命就是为学生的可持续发展而教育，为学生的尊严、自由、幸福而教育。

首先，要顺应学生的自然禀赋。学校教育要站在比分数、升学率更高的层面上，在教育理想和教育现实的平衡中，不断审视自身价值所在。自觉秉持尊重、平等、民主、适性的教育理念，坚持从学生立场和未来发展的需求出发，保护学生与生俱来的天赋、灵气和好奇心。

丰富学生的精神世界和人格修养，激发学生的潜能和自信心，进而鼓励学生大胆创新、提升能力、做最好的自己，让他们有完整人格、独立精神、自由思想，能快乐成长。

其次，要创设原生态成长环境。顺应自然禀赋，并不等于顺其自然、放任放纵，而需科学施肥、精心培育；尊重自由人格，也并非随心所欲、无拘无束，而是要合乎理性、遵循规律。

学校的特殊使命，就是通过创设适合学生自然生长的教育环境，提升办学内涵和服务品质，为学生诗意般栖息和快乐成长提供适宜的土壤、空气、雨水和阳光，把自身真正办成文化的殿堂、精神的家园、学习的乐园。学校要以最从容、最优雅的脚步,给学生最自然的教育。

再次,要追求绿色的质量。好学校必须有好的教育质量,同时还要看这样的质量是不是绿色的。绿色主要体现在:

一是健康的,而不是破坏性、掠夺性的,不是以牺牲学生身心健康和生命质量为代价的。

二是全面的。这不仅仅是指分数和升学率,而且还涵盖学生的全面素养、学业成就及其赖以形成的学校服务质量,如学生学业水平、学习动力、学业负担、身心健康指数及师生关系等。

三是效能的。学校德育要回归生活,注重体验,强调浸润,淡化灌输,讲求实效;教学常规要倡导规范和有效,课堂要追求教学效能,反对拼时间、拼体力。

四是可持续的。绿色的教育质量最终应体现在学生内心深处,体现在人格的成长、精神的高度及能力的提升上。

最后,要激发教师的创造性。培养学生的主体在于教师。学校在管理上要追求形散而神不散的境界,在制度上给予教师更多的自主权,在学术上弘扬和而不同、兼容并包的文化精神,让教师有时间静下心来做学问、搞研究,研究学生、品味教材、开发课程、改造课堂。

创建学习型组织,创新校本研修路径,健全专业发展激励机制,营造读书学习、学术研究的浓郁氛围,引领教师更新教学理念、追求教学个性,形成自己的教学风格,不断夯实学科功底、提升专业底气。

关注教师的情感世界、生存品质,及时排解教师的负面情绪,缓解教师的心理压力,激发教师创造性工作的灵感和动力,从而把正能量传递给每个学生。

由此看来,学校教育的真正价值,不仅仅在于学校有高升学率,更重要的是为学生人格、精神及能力等方面做出了贡献,为学生的未来发展储备和积蓄了有用的东西。

(原载于《中国教育报》,2013 年 7 月 17 日)

培养自然型学生

时逢中高考刚过,"分数、升学率"再次成为社会关注的焦点,引发了广大家长的热议。需要指出的是,许多家长把高分数、高升学率作为评判一所学校好不好的唯一标准,显然失之偏颇。

其实,好学校的标准,诸如先进的办学理念、丰富的课程体系、优秀的师资团队、良好的校园文化、鲜明的办学特色、和谐的家校关系等,都是至关重要的,但最终当然都要回归到"立德树人"这个学校的根本任务上来。

从这个角度看,好学校当以培养自然型学生为己任,给每个孩子一个幸福的童年。所谓的自然型学生,我认为有三个标志:一是人格完整、自然大气,有责任感;二是思维开放、自主独立,有创造力;三是精神自由、自信从容,有活力、潜力和后劲。

要实现这样的培养目标,学校的育人方式和路径是关键,我认为以下三点至关重要:

其一,呵护孩子的自然天性,尊重孩子的独立人格。康德认为,教育是为了发展人的自然禀赋;卢梭把学校存在的价值归结为"教育即自然生长";蔡元培先生在《真正的近代西洋教育》中,呼吁让人类固有的智能得以自由发展;而怀特海也认为,自由是教育的必然目标之一。呵护儿童的自然天性、尊重其独立人格和自由精神,无疑是教育的基本原则。

学校教育应秉持以儿童为中心,始终把孩子放在平等、独立、自由的位置上,还孩子自主、自由的养心时光。蹲下身子与孩子对话,多些欣赏、点燃、唤醒,鼓励孩子在规则下的天马行空、异想天开。尊重孩子差异,放大孩子的声音,解放孩子的大脑、双手、嘴巴和眼睛,把学习自主权、课程选择权、管理自治权、对话民主权真正还给孩子,激发每个生命的内生动力。

其二,为孩子创设适宜的育人生态环境。孟子认为,教育"有如时雨化之者"。梭罗在《种子的信仰》一书中把"好学校"比喻成"一方池塘",校园是一个生态系统,能提供适宜的土壤、水分、养分、空气和阳光,让孩子像安家在池塘的水鸟、两栖动物、鱼类和水生植物一样,诗意般栖息、快乐地生长。

学校教育应在优化学生成长环境上花大力气,精心建设课程,建构优质、有特色、可供选择的"课程超市";潜心改善课堂,推动教学方式创新、课堂生态重建和学习品质提升;用心改造育人模式,塑造孩子们的自主习惯、自信品质和美好心灵,把学校真正办成润泽生命的精神家园,成为孩子们喜欢、自豪和怀念的地方。

其三,关注分数、升学率背后的真正质量。好学校必须有好的教育质量,这是毋庸置疑的。家长期盼孩子有好的成绩,希望学校有好的升学率,其实也无可厚非。关键是我们要关注这些分数和升学率是以什么样的方式和路径获得的。

学校教育类似于农耕,学生就像庄稼,对待他们,既要精耕细作、适度施肥,又要遵循生长习性,避免拔苗助长,更要放眼未来,使其长成原本应有的模样。我们评判一所学校好与不好,更重要的是透过高分数、高升学率,看到办学深层次的东西,尤其是办学校、做教育的出发点和价值观是什么。

事实上,有一种升学率是学校综合实力的真正彰显,是建立在科学、理性、尊重规律的基础之上的,着眼于可持续发展,而不是以破坏性、掠夺性的方式取得的,不是"虚假繁荣";有一种分数是孩子全面素养的真实体现,它是重兴趣、重习惯、重思维的结果,而不是简单地通过拼时间、拼体力、拼健康而获得的,它是讲效能、可持续、有后劲的。如此的质量,才富有含金量,是值得骄傲和点赞的。

回归教育的自然本色,培养自然型学生,应成为好学校的努力方向和价值追求。唯有这样,"人人发展、全面发展、个性发展、终身发展"的教育梦想,才有可能在学校中真正实现。

(原载于《温州日报》,2013 年 6 月 21 日)

让学生站在正中央

"以学生为中心"的教育理念,早已成为教育界的共识。尊重、理解、服务、启迪、激励,这些关键词都是对这一理念的注释。但要真正实现,在现实的学校教育中,确实有一定的难度,我们要有自己的应对策略和办法。

2016 年 8 月 23—24 日,我们校长领导力研修组一行参观考察了澳大利亚坦普斯顿中学(Templestowe College)和德里穆特小学(Derrimut Primary School),感受到国内国外教育各有所长,彼此都有可以相互借鉴的地方,给我们正在推动的义务教育课程教学改革,尤其是"以学生为中心"的教育实践带来许多深刻的启示。

启示一:学校教育,让学生成为主角

以学生为中心,要看见学生,心有学生。在坦普斯顿中学和德里穆特小学,尽管学校对于教育愿景的表述不同,但"以学生为中心""教育即生活"的教育理念在校园环境和教育实践中随时可见、处处彰显,是这两所学校的共同点。

在坦普斯顿中学,校长室就设在资源中心内,学生可以随时接触到校长。这点让我很感慨。治理组织怎么搭建,搭建在什么地方,指向谁,可能是现代学校治理中特别值得研究的课题。

资源中心、艺术中心、养鸡场等场馆都是开放式、跨学科布局的,适合学生学中玩、玩中学,并模拟了现实生活场景,便于学生真实体验、参与日常管理,进行回归生活的学习。

整合知识和学科,培养学生解决问题的能力,是一大新看点。教师还允许科学探究小组有偿对外服务,学生团队承包养鸡场,学生乐队销售音乐作品等,帮助学生在解决问题中走向社会,获取生活经验,从而为建构美好的未来生活做好准备。

再如,当我们进入校园的时候,学校好像也是向我们常态开放的。我们在楼道、教室中看到了琳琅满目的学生作品;不论学生是怎样的坐姿、怎样的小动作,授课教师在课堂上亲切、自然,表现得特别有耐心,与学生保持着足够的平等、民主关系,并能够给予个别化辅导、交谈。这些都给我们留下了深刻的印象。

启示二：学校课程,让学生享受学习乐趣

以学生为中心,课程体系就是一面镜子。校园处处是课程、时时有课程。在坦普斯顿中学和德里穆特小学,我们发现学校的课程不仅丰富多样,除了一些普通的学科课程外,还开设了养鸡场课程、种植园课程,而且有可选择性,每个学生都有一份独一无二的课表。同一课程分为不同能力水平层次,主要是为不同的学生提供不同的课程选择。

在艺术区、劳技区、生物区,我们都能看到实践能力很强的教师,他们看起来非常专业,如劳技教师指导学生制作的木吉他,可以在当地卖高价。在课堂上,学生或坐或趴,自主性和自由度比较大,能在温馨、自主、向上的环境中享受学习的乐趣。

此外,学习舍得投入环境硬件。课堂环境安全,教室异常整洁。教室、场馆的室内设备设施完备、细致,如地毯、空调、卫生间、休息室等一应俱全。

所以,这样的学校课程自然得到孩子们的喜欢和热爱。触动我很深的一点是,学校课程开发充分考虑将更多的课程与学生的个性匹配起来,以呵护学生的兴趣、发现学生的潜能、放大学生的长处为出发点和归宿。

启示三：日常课堂，让学生成为学习的主人

以学生为中心，师生关系、学习方式是关键。在坦普斯顿中学，我们发现学校规定教师在课堂上连续讲话不超过 10 分钟，提倡教室内更多的是学生讨论的声音，而不是教师讲课的声音。学生实践动手、讨论交流、小组合作等机会和时间很多。

在德里穆特小学的一堂"千位数加法"数学课上，授课教师十分重视学生思维的发展，积极倡导以真实问题为起点的深度学习。学生人手一台平板电脑和一个学习包，里面包括学习任务、功课表、小组名单及学习过程记录表等。

课堂上，以学习小组为单位，每个学习小组以学习目的，而不是以学习能力分组，而且每个学生的学习目的明确，学习目标在教师指导下由学生自定。我们看到教师一边巡视走动，一边与个别学生交流。教师的任务是指导、引导，主要是个别化学习指导。

由此，我联想到正在推进的课堂转型，重构师生关系，推动学习方式转变，的确是我们可以做得更好的研究方向。同时，也让我对孔子提出的"因材施教""有教无类"的教育理念有了更深的体悟。

当然，在参访过程中，我们也看到澳大利亚中小学校真实的另一面，比如校园建筑面积不大，校舍比较简陋，课堂教学目标比较分散，教学组织管理过于松散、自由；学生的学科素养也参差不齐……

值得一提的是，这些弱项，恰恰是我国基础教育的长处和优势。随着新课程改革的推进，我们的中小学渐渐走出了以教师为中心、以教材为中心的传统教育观念，把"以学生为中心"的共识转化为实实在在的行动，并在高水平因材施教、差异化教育、个性化学习等领域取得了丰硕成果。这些都是值得我们骄傲的地方。

儿童的成长是学校存在的全部意义。"以学生为中心"这一理念要渗入

学校教育的肌理深处,我觉得关键是重塑以学生成长,而不是以学生升学为导向的课程观和教育观,并在整体上系统推动学校的变革,从空间改造到组织重构,从心理环境改善到文化重塑,从师生关系到同伴合作,从课堂转型到学习方式转变,从家校协同到育人模式创新……

　　学校要努力寻找改变孩子成长模样的各种可能,创设适合自然生长的栖息地和有温暖故事的生命场,真正让每个孩子站在课程、课堂、课外的正中央,站在学校教育的正中央,成为校园的主角、学习的主人,享受学习、生活和成长的乐趣。这就需要我们教育行政部门的高瞻远瞩和大胆放手,校长和教师做出有勇气的选择和有智慧的探索。倘若如此,"以学生为中心"将不再仅仅是一句口号。

(校长领导力海外研修交流会,2016 年 9 月 2 日)

想孩子真正之所想

第二天就要中考了，一些学校为孩子们举行"超级隆重"的仪式，有校园"喊楼"的，有全校"祈福"的，有全体"吃粽"的等，五花八门，让人眼花缭乱。在敬佩学校和教师良苦用心的同时，不妨想想实际效果又怎样呢？

2021年杭州的中考作文是关于"正常发挥和超常发挥"的话题。中考后第二天，有学生家长在朋友圈里发了孩子的抱怨，"昨天学校的送考仪式，让我久久难以平静，以至于一夜无眠。今天恐怕我连正常发挥也难保证，更不用说超常发挥，我突然有点'恨'学校了"。

的确，面对这样一场重要的考试，孩子们难免有些紧张和忐忑，需要激励和调适，如励志的话语、心理的开解、方法的指导。为孩子们适度增加些有仪式感、温暖的活动，我认为是很有必要的，但这不仅要时机适宜，而且需要背后教育智慧的铺垫。

2022年6月，又一批学生要从我们学校毕业，第二天就要踏进中考的考场了。《中国教师报》记者发现，在我们的校园里，没有轰轰烈烈的考前誓师，也没有杀气腾腾的励志标语，一切平静如初，像校园里平常的每一天。

然而，孩子们仍然有意外的惊喜。大课间的时候，学生们突然发现，一个红色的气球门已经在操场中央立起来了。我和所有教师悄悄地换上了红色T恤。我亲自领跑，带着九年级孩子一起奔跑，最后在师生们的夹道欢呼下穿过气球门，寓意着踏入16岁成长门槛，也表达了即将告别母校、升入新学段的美好祝福。

为了在日常的大课间活动里加入一点"糖"，让孩子们感觉有一点不一样,年级组的教师们已经悄悄筹备了好几天,设计了贴近孩子们校园日常生活的活动方案。

整个活动既简朴又不失热烈。有这样一段意外而温暖的陪伴,无形中为孩子们增添了不少的力量。当大课间活动结束,学生转身走回教室时,我们看到孩子们一个个眼里都闪着光,没有考前的紧张,显得从容且自信。

在我看来,一个理想的学校生态,应是自然而宁静的。就像自然界的四季变化、阴晴雨雪一样,学校生活也应有张有弛,既可以热气腾腾,也可以平平淡淡。校长自然而静心地做教育,教师自然而真实地育人,孩子们自然而有活力地生长。

无疑,教育应该是人最自然的需要。教育就是为了每个生命的自然生长和幸福成长。学校要多做符合孩子天性,符合生命自然法则,符合教育规律的事情;要基于儿童的需要,创设更多让儿童体验幸福童年的机会,提升孩子感受童年幸福的能力。

从这个意义上讲,即便明天要中考了,孩子们也可能更需要的是一种宁静下的自然而然。就如日常的教育一样,过好每一个平常的日子,用心迎接每一个节日,才是最重要的。太高的期望,太多的喧嚣,太多的折腾,往往事与愿违、适得其反,不仅帮助不了中考,反而可能增加孩子们的焦虑和负担。

立德树人是学校和教师的本分,这是我们的共识。校园时时皆教育,这是我们的常识。中考的经历,对孩子们来说,注定是难忘的,甚至是刻骨铭心的。然而,很多时候,我们刻意为孩子们做了很多的"好事",但又很少去想我们所做的到底是不是真正为他们好,孩子们真正想要的是什么。这是值得我们深思的。

其实,中考不过是人生长河中的小小浪花,没什么大不了,因为人生处处是"考场"。要成就一件事,关键不在于临阵磨枪,而在于计划的未雨绸缪、过程的扎扎实实、平时的日积月累。因此,学校教育贵在有平常心,有细水长流的坚持,有"如时雨化之者"的耐性,不断唤醒每个孩子内心深处自然生长的动力,进而引导孩子们自信、从容地面对未来学习、生活的各种挑战。

扣好时机,把握好度,其实就是教育智慧的体现。当下基础教育界的迫切任务,我认为就是努力摆脱浮躁、喧嚣、急功近利的裹挟,理性地回归到一种真实、宁静、自然的学校教育生态,这也是我们教育者的责任和使命所在。

从这个角度看,中考的送考仪式也好,学校的其他活动也一样,可否再自然些、真实些呢?我想,我们完全可以再想点办法、多动点脑筋。不容置疑的是,应走进孩子们的内心,想孩子真正之所想,满足孩子的成长所需,这或许比活动本身更为重要、更有意义。

（联盟学校校长沙龙,2022 年 12 月 26 日）

第二章　科学治理：创设自然润泽的学校文化

KEXUE ZHILI：CHUANGSHE ZIRAN RUNZE DE

XUEXIAO WENHUA

以学生为中心，创设自然润泽的学校文化，建构科学精神、科学治理、科学育人和科学评价体系，让自然之道与治理之法合一。

校长应成为学校的精神领袖

陶行知先生曾说,校长是学校之魂。学校赋予校长的权利、责任和义务很多,校长相应要扮演的角色也很多。可以说,一所学校样态的背后一定有校长的"影子"。最近,人们都在热议类似于衡水中学的"神一样的学校",也时有耳闻类似于南京黄老师与女儿的"悲伤的故事"。由此,在内心感受到强烈疼痛的同时,我也在不断警醒自己去冷静审视校长角色的定位和对学校教育价值的坚守。

我认为,学校教育的问题,最致命的恰恰不是别的,而是学生内心浮躁和精神缺席。其实,影响学生一生发展的,除了升学和分数外,还有更重要的东西,如人格品性、理想信念、生活态度、社会责任感、独立精神、关心他人与合作意识、理性思考与批判思维。

一所学校是靠精神站立的,没有精神的学校是没有脊梁的。生命的成长亦然。苏霍姆林斯基认为,童年的精神经历决定一个人一生的精神高度,教育首先必须满足学生的精神需要,提升他们的精神力量。

因此,对于学校的精神高度、文化厚度和师生精神的富足,校长无疑是关键的领跑者和灵魂人物。校长要为自己的精神长相负责,不仅要努力使自己成为"精神巨人",而且应成为学校的精神领袖。

其一,修炼自身的精神气质。校长应有教育信仰,带着教育梦想上路,有淡定执着的教育信念、长期经营学校的激情和引领社会发展的勇气。有独立精神,对教育有清醒的认识、深刻的思考和独到的见解,明确学校的核心价值和愿景规划。有价值塑造力,持续推动全校上下对使命愿景、目标价值的理解和认同,形成属于学校的核心文化和主导精神,并在环境、制度、活动及教育教学管理实践中充分体现。有人格魅力和领导魄力,完善品德、气质、性格和能力,彰显海纳百川的胸怀、民主人文的情怀和卓越的领导力,为教师所接纳、所敬佩、所追随。

其二,致力于教师的精神解放。教师是学生心灵的培育师和守护者。教师唯有精神解放了,感到幸福了,才有可能自觉走进学生心灵深处。校长要深耕学校基层,走进教师中间,走进课堂一线,走进活动现场,倾听心声,感受心灵,传播精神,使自己成为教师的贴心人和精神的引领者。通过柔性的工作制度、灵活的管理模式和人文化的精神食粮,给教师以尊重、信任、关怀和激励,多一些春风化雨的温暖,多一些自我调整、自主成长的空间,打造校园精神高地,提升教师精神境界,一起过幸福完整的教育生活。

其三,关注学生的精神成长。事实上,疏远儿童、不懂童心一直是一些校长的"硬伤"。学校管理常常缺的不是口号,而是真正将儿童放在心中;德育活动常常缺的不是内容,而是撼动儿童内心的生活体验;课堂教学常常缺的不是"教"的技巧,而是"学"的愉悦、灵动和活力程度;校本研修常常缺的不是载体,而是促进儿童有效学习、提升精神力量的价值取向。校长只有重视研究儿童,才有可能真正发现儿童;只有零距离贴近儿童,才有可能走进儿童的精神世界,并做出最有利于儿童可持续发展的决策,学校教育变革才会真正发生。

其四,丰富学校的教育现场。要从学生的立场、精神需求和未来发展出发,致力于课程重构、课堂改进、课外再造,注重习惯养成和家校协同,使学生在日常浸润、生活体验、自我教育中,丰富精神经历,润泽精神底色,唤醒向上的力量,形成完整人格,促进精神成长。要着眼于生命的可持续发展,写好校园教育故事,成为学生一生情感的美好记忆和心底永远的怀念。营造浓郁的读书氛围,夯实人文素养和科学精神,把学校办得更有书香味、文化味、自然味和幸福味。

陶行知先生曾告诫校长,国家把整个学校交给你,要你用整个心去做整个的校长。显然,做校长不可以"半心半意",而要全心全意,把整颗心捧出来。唯有如此,我们的学校才有可能真正回归教育常识,回归生命主体,成为滋养师生精神、提升精神力量的场所,而不再是"神一样的学校";唯有如此,我们的教师才有可能走进孩子的内心,点亮孩子的"心灯",丰盈精神世界,而不再发生"悲伤的故事"。

当然,校长也是"人",不是"神"。从某种意义上来说,校长的特殊使命,归根结底就是对每个学生的精神世界负责,通过提升学校的文化厚度和精神高度,教育、影响、塑造学生美好的心灵,使之成为人格独立、心灵自由、内心强大、精神富有的人。

(原载于《浙江教育报》,2013 年 10 月 30 日)

探寻组织变革的力量

现代学校治理是否科学高效,发展活力能否强势回归,取决于学校能否建立一套与校情相适应、与文化相匹配的组织系统。我认为,组织系统是一个可以自然生长的生命机体。组织变革的核心是根据战略发展需要和内外环境变化,及时对组织系统中的要素进行调整和改进。

近些年来,从评价改革、"五项管理"、"双减"政策的实施,中小学党组织领导的校长负责制的推行,到义务教育新课程标准和新课程方案的出台,国家推出了一系列教育改革新举措,这给学校教育改革和发展带来了前所未有的机遇和挑战。

面对新变革带来的新要求,我们的态度不应是疲于应付,而是主动出击,以自然的方式推动变革,以系统变革来掌控变革。从组织变革中寻找力量,探索适合自身的学校组织样态,推动组织领导能力的持续提升,为学校系统变革提供有力支撑。下面以杭州市大成实验学校为例来阐述。

起点:系统变革的顶层设计

系统变革往往有三种思维模式:一种是"自上而下"的调整,另一种是"自下而上"的重组,还有一种是"自上而下"与"自下而上"相结合的变革。系统变革的顶层设计是组织变革的起点。

我刚到大成实验学校的时候,正值新一轮学校发展规划制订。这为我尽快熟悉校情学情、理清办学思路、凝聚全校上下提供了极其难得的机会。

学校的顶层设计就围绕着学校发展规划的制定而有序展开。

在我看来,制定学校发展规划就是擘画学校未来的新蓝图。显然,擘画者不只是校长,更多的应该是一线的教师和治理团队。激发教师们的主人翁精神,以求对学校价值理念的认同、愿景使命的理解和实践战略的共识,显得尤为紧迫和重要。于是,我们采取"自上而下"与"自下而上"相结合的方式,谋划学校新起点上的新发展。

开学伊始,我与治理团队一道带着"将学校带向何方?""把教师引到什么道上?""把学生培养成什么样子?"三个问题,做好三件事情:一是从办学历史、内部治理到课堂教学,深入调查研究;二是从组织架构、规章制度到未来展望,系统谋划布局;三是发挥学制优势,彰显实验性,确立重点工作。

另一层面,我们千方百计设计多样载体、提供各种机会,历经个别访谈、恳谈会、金点子征集、集体研讨、专家论证、教代会审议等环节,让一线每个岗位、每位教师都倾情参与到学校发展的思考、讨论、变革之中,从而实现更大范围的集思广益。如设立"金点子奖",收到各类金点子 50 余条。无论是座谈会,还是教代会,教师们从过去关心个人的具体事务,逐渐转移到提质增效、课程建设和大成品牌创建等学校的核心工作上来。大家齐心协力、群策群力,用三个月时间完成了学校发展规划的制定,建立目标体系、价值体系和行为体系,为学校系统变革开启了良好的开端。

依据:明确、清晰的办学战略

学校的组织结构不可能一成不变。每次战略调整,都有可能带来组织的变革,为的是更好地实现学校的战略目标。

在制定学校发展规划期间,我们有一项很重要的工作,就是承前启后、继往开来,厘清新一轮学校发展办学思路,明确系统变革的使命愿景、实践战略和价值追求,推动从"生态大成""善小大成""美丽大成"到"自然大成"的价值迭代,从战略上保证学校的文化传承和发展方向。

在探索实践中,我们从传承创新的视角,研讨、梳理学校的办学历史,提炼学校发展各阶段的内涵、特色和成就。在传承办学传统、结合时代特征的基础上,明晰了"一主张、二愿景、三维度、四策略、五措施"的办学思路总体框架,并逐步构建起"静心做自然的教育"的个性化办学思想、实践和保障体系(见图1)。

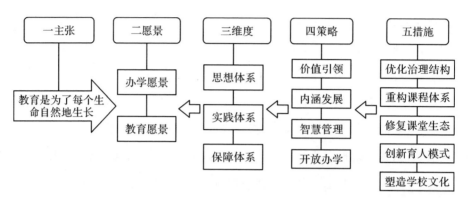

图1 办学思路框架

"一主张",即"教育是为了每个生命自然地生长"。它是我的核心教育主张,也是学校的办学理念。我认为,每个鲜活的生命都是一颗独一无二的种子,未来都有无限的生长可能。而生长的进程是渐进的,必须遵循自然的规律。学校的特殊使命就是创设适合每个生命自然生长和幸福成长的土壤、雨水、空气和阳光。

"二愿景",一个是指办学愿景,即发展目标。大成实验学校的办学愿景是"办一所有'自然味''幸福味'的新优质学校"。主要"新"在两点:一是新学校。着眼于每个生命的自然生长和幸福成长,倡导有教无类、因材施教、人尽其才,让学校充满自然和幸福的教育气息,做到不迎合功利、不挑选生源、不集聚资源、不追求排名、不让孩子掉队。二是新质量。着眼于学生未来的可持续发展,追求自然的教育境界,更加强调全面的质量、健康的质量、有效能的质量、可持续的质量。

另一个是指"培植自主习惯、自信品质、美好心灵,做幸福完整的人"的教育愿景。我们认为,教育的终极目的指向幸福完整。幸福是一种感受,更是一种能力。完整不等于完美，更多指人格的完整。我们认为，生命从来就没有轻而易举地生长。生命的自然而然、丰盈蓬勃、幸福完整，靠的是一种力量，它源自自主的习惯、自信的品质和美好的心灵这三大基石。

此外，我们还明确提出"三维度"（思想体系、实践体系、保障体系）、"四策略"（价值引领、内涵发展、智慧管理、开放办学）、"五措施"（优化治理结构、重构课程体系、修复课堂生态、创新育人模式、塑造学校文化）的战略构想和实践路径，为有效达成学校新一轮的使命愿景、战略目标提供了清晰、扎实的"脚手架"和"路线图"，为学校的未来发展提供了正确的方向。

主体：科学完备的治理组织

学校的组织结构决定组织功能，也决定组织能力和生命力。学校的组织能力和生命力，是深植于组织内部的团队整体能力，是学校整体所发挥出来的战斗力。组织能力固然与顶层设计、办学思路、文化氛围有关，但根本上取决于学校治理组织是否完善。

与许多学校一样，大成实验学校原先的治理结构比较单一，领导机构是校长室、党总支，中层设置"两室三处一中心"（校务办公室、教科室、教导处、教务处、总务处和技术中心）。这是一个典型的科层制结构。虽然能基本满足学校之前发展的办学需要，但由此带来的机构臃肿、功能缺失、人浮于事、效能不高的弊端越来越明显。

随着基础教育改革发展带来新形势和新要求，以及学校系统变革提出新需要，如优势学科的培养，核心课程的建设，大数据、人工智能的运用，跨学科学习、项目化学习的组织，核心素养的落地，党组织领导的校长负责制的实施等，我们觉得学校治理组织功能缺失的压力越来越大，学校的管理模式，尤其是治理组织的完善势在必行。

在规划设计的过程中，我们坚持党建领航、以学生为中心的治理逻辑，把健全科学完备的治理组织作为变革学校管理模式的当务之急来抓，做到与时俱进、主动求变,用确定的变化适应不确定的未来。我们在系统变革顶层设计的视野下,依据明确、清晰的办学战略,完善了适合本校校情的学校治理组织结构框架(见图2)。

我们主要考虑了以下三方面:

其一,结构要明晰。以创新治理组织、完善治理结构、健全治理网络为思路,建立起高效、畅通的内部运行机制。在纵向上,以党组织领导的校长负责制为核心,健全以党组织会议为中心的领导决策系统、以校长办公会议为中心的行政管理系统和以教代会为中心的民主监督系统;在横向上,优化党群组织、行政组织,建立学术组织,推动治理结构从科层制逐步向科层制＋矩阵式的扁平化方向发展。

组建教研大组和年级大组,发挥九年一贯制优势,体现实验学校的实验性,促进中小学各年段、课程、师资等有效衔接贯通,推动管理重心下移。

其二,功能要匹配。以精简、精干为原则,设置的组织机构与教育改革要求无缝对接。如升格教科室和技术中心的职能,组建教师发展处、未来教育处;变教务处为课程教学处,增加课程管理职能,并与教师发展处合署办公,突出课程教学这一中心和教师队伍这一关键;改总务处为后勤服务处,并与未来教育处合署办公,凸显服务职能,彰显时代特征,连接未来学校。

组建非行政学术组织"大成书院",下设四个中心(阅读推广中心、大数据应用中心、Steam项目化学习中心、新媒体新闻中心)、一个会(班主任工作研究会)、一个联盟(新家校联盟)、八个名师名校长工作室。借助项目,弥补学校育人的短板,实现专业的人去干专业的事情。

其三,主体要多元。学校的治理主体,从过去行政的单一治理、管理控制,逐步实现全员、全程、全学科育人,走向多元共治和协商引领。如探索党组织领导的校长负责制,把党建延伸到学科组和教师个人,形成"党总支—党支部—党小组—党员先锋岗"的"四级网格化"管理格局。聚焦"学生之困""家庭之急""教师之惑"三个痛点,每个党员先锋岗对接若干非党员教师、家长和学生,打造"1＋X"先锋队党建品牌。

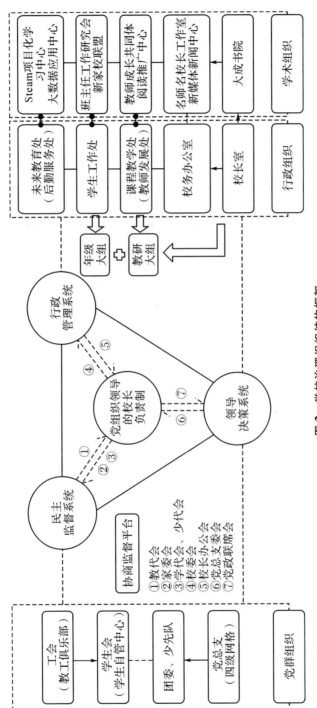

图 2 学校治理组织结构框架

"大成书院"实行项目化管理,每一个项目团队其实就是一个治理主体。如大数据应用中心下的大数据精准教学实验团队和"大成魔方"智慧管理团队,让每个教师真正成为育人者和治理者。在"三大治理系统"之间,建立教代会、学代会、少代会、家委会等"八会"协商监督平台,促进干部、党员、家长、学生之间的协商共治、协同共建。

　　多年的实践表明,学校的组织变革,激发了各个治理主体的创新热情,促进了学校内部机制的高效运转,给学校的发展带来了前所未有的生机和活力,有力地推动了"静心做自然的教育"办学思想在课程、课堂、课外各个领域落地生根、开花结果,呈现了朝气蓬勃、亮点纷呈的办学样态和自然、真实、美好的教育图景。

　　我们也体悟到,以系统变革的顶层设计为起点,以实施明确、清晰的办学战略为依据,以建构科学完备的治理组织为主体的学校组织变革逻辑,不是"一时兴起",也不是"空穴来风",而是教育变革的时代要求和学校发展的战略调整所带来的必然结果。

　　更重要的是,我们要基于校情与文化,积极探寻组织变革的动力源泉,并依靠强大的组织力量,高标准服务于学校战略目标的实现,进而推动学校走向高水平育人和高质量发展。

(中小学组织治理论坛,2023 年 3 月 13 日)

好学校成长的三条路径

每一位校长都想办一所理想的好学校。办好家门口的好学校,是我们校长和教师的使命。评判好学校的要素很多,这要看我们以什么对象、从哪个角度去看,是科学理性地看,还是迎合功利去看。

在传统的观念里,好的生源、师资、硬件、办学水平和高升学率,应该都算是好学校的理想标准。其实,这些要素构成了一个链条式的办学循环,前几个要素对于高升学率都至关重要。

难怪有人感慨,一些名校之所以为名校,似乎在很大程度上缘于资源的优势。首先是生源,其次是师资、硬件。好的生源可能是最具基础性、最能立竿见影的要素,好的师资、硬件则是锦上添花。有了好的生源,大概率就有好的升学率,学校就可以"一荣俱荣",甚至可以"一俊遮百丑"。

我认为,回避生源、师资、硬件等资源配置问题,可能会带来更大的问题。科学理性地去正视问题,才是我们正确的选择。如果办学有好的资源,就是学校的幸运。倘若没有,我们也要有勇气迎接挑战,更重要的是利用好资源的差异,另辟蹊径,探寻高水平育人和高质量发展的差异化路径。毕竟办学校、做教育的终极目标不是登上排名榜高位。

由此,我们不妨把好学校的类型分为资源优势型、内涵发展型、薄弱改造型、多元复合型。总体上看,在区域教育发展不平衡、不充分的现实背景下,资源优势型学校为数不多。一个区域可能更多的是普通型甚至是资源短缺型的学校。

我想撇开生源等因素,结合我在大成实验学校和胜蓝中学的思考和实践,从内涵发展的视角,谈一下好学校成长的三条实践路径。

路径一:价值引领　为了找准位置

先从两个名家的例子说起。苏霍姆林斯基说,校长的领导首先是思想的领导,其次才是行政的领导。他是这样说的,也是这样做的。1948—1970年,苏霍姆林斯基担任了他家乡所在地的帕夫雷什中学的校长。帕夫雷什中学从乌克兰一所鲜为人知的农村学校,成长为享誉世界的"教师和校长们心中的教育圣地"。这与苏霍姆林斯基的教育思想的引领高度相关、紧密关联。他的"快乐教育""和谐教育""五育并重"的教育思想,至今仍对世界产生深远影响。

大家对陶行知先生都不陌生,最耳熟能详的大概是"四颗糖"的故事。其实,更著名的应是1927年在南京开办的晓庄试验乡村师范学校。它位于南京的北郊荒野上,虽办学前后不过三年,第一届学生仅13人,却产生了重要的国际影响。它之所以出名,我想背后关键是陶行知先生的办学思想高度。他的"生活即教育""社会即学校""教学做合一"三大教育主张,至今看来还很有时代性和科学性。

陶行知先生的办学思想高度主要体现在四个方面:一是办学的理念性,如他的培养目标——健康的体魄、农人的身手、科学的头脑、艺术的兴趣、改造社会的精神;二是课程的生活性,如他的"教学做合一",强调学校课程是生活课程,书本、教材是像斧头、锄头一样的工具;三是制度的创造性,如他的"做什么,学什么;学什么,教什么"的理念;四是办学的开放性,如打破学校的围墙、强调联村生活。

由此我感到,一所好学校最重要的标志,不是看它有多少豪华的教学楼,或者有多少时髦的标语、口号,而是看其办学行为背后蕴含的思想、理念、文化、精神等价值层面的内容所彰显的高度。

从某种意义上讲，我认为做好价值引领就是校长的第一要务。因为价值关乎位置，也关乎方向。具体说，就是三件事：

第一，提出教育主张。叶圣陶先生曾经讲，做教育的人首先要搞清楚教育是做什么的，为什么要做教育，怎样做教育。我想我们做校长的，保持这样一种清醒是十分重要的，也就是要基于对教育本质的深刻思考、基于对教育现状的清醒认识、基于对教育问题解决的独到见解，逐步形成自己的教育主张。

第二，明确办学定位。我反复思考三个问题：你准备把这所学校办成什么模样？把教师引导到什么样的路上？把学生培养成怎样的人？作为校长，我们要清楚当前学校发展到哪个阶段、哪个水平，它的优势、劣势、痛点、难点在哪里，路在何方。在此基础上，明确适合学校的愿景规划。

第三，形成核心价值。既要传承学校传统，又要结合时代特征，还要根据学校实际，持续推动全校上下对教育主张、教育理念、教育愿景的理解和认同，提炼并形成属于学校自己的核心文化、主导精神，进而逐步形成个性化的办学思想。

做好这三件事情的目的，就是引领全校上下明晰学校敬畏什么，倡导什么，追求什么，选择什么。

举两个例子。图1是大成实验学校的办学思想与实践体系框架。近年来，其实我们只专注做了一件事情，即"静心做自然的教育"。它是我的教育哲学，也是我的教育理想。

我现在所服务的大成实验学校是一所九年一贯制学校，生源差异比较大，有的学生压抑、不够自然，被动、不够自主，自卑、不够自信。所以，来到这所学校最初的一个朴素愿望，就是想在不迎合功利、不挑选生源、不集聚资源、不苛求排名的前提下，把学校办成充满"自然味""幸福味"的新优质学校，让九年润泽孩子一生、九年启迪孩子一生、九年影响孩子一生。我期待从大成实验学校出去的孩子，内心都能拥有三样东西：自主的习惯、自信的品质和美好的心灵，进而成为一个幸福、完整的人。

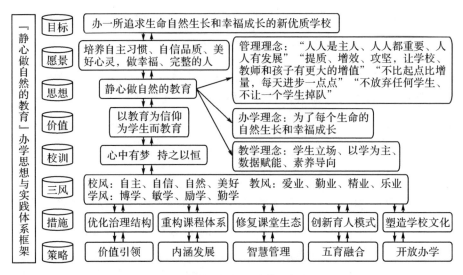

图 1　办学思想与实践体系框架

另一个例子，是大成实验学校开设的"大成讲堂"。它是为全校教师搭建的一个用于理念碰撞、思想交流和价值引领的平台，实行校长带头讲、教师上台讲、专家引领讲的"三讲"制度。在这里，我给教师们分享我的教育主张、教育愿景，以及质量观、教学观和实践心得。在这里，也可以专家引领、同伴互助，相互观摩，探讨课堂改进、德育创新、家校共育……

比如，2022 年，我开设题为"走可持续发展的提质之路""为深度学习而教"的两次讲座，受到教师们欢迎。学校教研大组联合名师名校长工作室、邀请结对学校，在全校层面举办以"一单三环六要素：指向深度学习的智慧课堂 2.0 课例观摩研讨"为主题的四次学科实践活动，达到引领示范、辐射影响的效果。

我始终坚信，有思想的学校步履不会凌乱。价值取向的引领，确保了教育教学、办学实践和学校发展始终在正确方向上。其实，我们搞教育就像搭葡萄架一样，只有不断引领，才能枝繁叶茂，充分生长，结出硕果。我们办学校必须找准位置，不忘初心，否则我们会迷失方向、丢掉自己。

路径二：质量增值　为了办出样子

持续给予价值引领,实则就是思想影响,目的是解决理念的更新问题。有了理念之后,重在践行,否则一切就可能成为空中楼阁。从这个角度讲,质量增值,实质是思想理念落地生根的过程。

比如,对"教育质量"有不同理解,就会形成不同的质量观。质量观本身就体现了价值判断。有什么样的质量观,就会有怎样的办学和教学行为。我认为,真正的教育质量,应体现以下四点:

其一,是理性的,不是掠夺性的。我不赞同过度刷题、密集地安排考试、无限延长学习时间,成绩是上来了,可能兴趣、思维,甚至健康也丢了。这是教育人的良心和底线。

其二,是全面的,不是片面的。不仅仅指分数和升学率等学业水平和成就方面的内容,而且还涵盖学生的全面素养及学校服务质量,包括身心健康、学习品质、学习动力及精神感受。

其三,是重效能的,不是功利的。既有效果,学业成绩、认知水平得到提高;又有效用,学习能力得到提升,人变聪明、文明;还有效率,促进了身心健康,提高了幸福指数,实现了减负增效。

其四是可持续的,不是一阵子的。真正的质量是有潜力、有后劲的,最终体现在孩子的人格成长、精神高度及能力的可持续发展上。

从这个角度讲,追求质量增值,重在打好"组合拳"。我想谈四点:

第一,质量增值的基础是有效的德育、体育、美育和劳动教育。关键在于开展基于五育融合的学校课程重构。我觉得一个学生的个性能否得到最大限度的发挥,生命能否得到最大限度的舒展,关键是看我们的课程给了他们什么。

不论是德育,还是体育、美育,抑或是劳动教育,对孩子的锻炼、熏陶、影响都是无法替代的,是一辈子的。它们有一个共同的价值,就是润泽、唤醒和点燃——润泽每个学生的美好心灵，唤醒内心深处向上的力量，点燃学生的生命激情，让学生的生命之火熊熊燃烧，获得向上的不竭动力。

比如，大成实验学校的"大成课程"是个树状的课程结构体系，由"两类别三维度六模块"课程群组成，指向学生可持续发展的核心素养，让孩子尝试各种可能的课程产品，使不同潜质孩子的个性自由发展。

又如，"润泽教室"德育课程，以实施教师全员导师制、学生学科代表制、小组学习合作制、同伴小小先生制为路径，最终反哺课堂，提升教学效能。

第二，质量增值的重心是常态课堂的持续改进。关键在于解决常态课堂学习效能低下的问题。假学习、伪刻苦、真折腾的背后，其实是学生学习机制未被真正触及，学习没有真实、深度发生。

应该说，课堂的问题，很多时候不是发生在公开课上。尽管公开课有时候只是用来教研的，服务于教师的，但主体依然是学生。相对而言，常态课堂是学校最真实、最值得研究的领域。

在我看来，常态课堂改进的最大挑战有两个：一是好奇、好玩、好动、好问原本就是孩子的天性，我们就教如何适应、呵护、发展天性；二是每个孩子存在自然禀赋上的差异也是事实，我们要教的是如何尊重、发现、利用自然禀赋。

我们的课改理想，就是实现公开课去掉华而不实的表演，常态课堂不遮遮掩掩，回归朴实、真实的课堂本质，让课堂教学充满生命自然生长的气息。

比如，多年来，我们坚持实施常态课堂改进行动计划。从哪里改起呢？我们提出要贴近教师的教学实际，把视角瞄准在学习的发生机制和课堂学习生态的修复上，以课题组和教研组双轨联动的方式，推进指向深度学习的智慧课堂新样态研究，取得丰硕的成果和明显的成效。

第三，质量增值的底线在于教学常规的规范、有效。质量问题在课堂，症结在课外。课堂的有效、高效，教师的精讲、少讲，作业的恰当、适量，取决于教师在课外的投入和预设。可以说，教学常规的规范是教师的专业基本功。

在我看来，教学常规就像一根完整的链条，备课、上课、作业、考试、辅导等基本环节环环相扣，一个都不能少。备课是关键，上课是组织学习，作业是教师送给孩子的精美礼物，考试则是对学习的诊断，是为学习服务的，课堂始终是中心，是灵魂。它们相互影响，组成一个基于学情的有效教学闭环。

近年来，我们实施了"双减"背景下的《教师教学新常规》，划定了五条底线和二十条规范，配套建立了"六个一"常规指导制度，并设立教学常规奖，以此强化教学常规五环节，编织有效的教学常规链，促进教学从规范走向有效。希望底线和规范能成为每个教师心中的信仰。

在作业变革方面，我们重新定义了"作业"的内涵，创新提出"大作业"的概念，着力打通课内外学习通道，以"精准、自主、有效"为目标，从"量、质、形"三个维度，建构高质量作业体系，形成"3＋2＋X"的"大作业"模式，让作业成为老师送给学生的精美礼物。

第四，质量增值的保障在于生长型的教师团队。一所学校崛起与否，应该是与教师群体的生长周期相对应的，教师生长的状况在很大程度上决定了质量增值的幅度。学校要为教师不断突破自我生长的边界，形成自己的教学个性和风格而提供路径、注入活力。

为了让老师们有尊严地工作和生活，大成实验学校十分关注教师生命质量的三个指数，即健康指数、幸福指数、魅力指数。其中，魅力指数指的是教师的专业水准，也就是突破自我生长边界的状况。

比如，我们坚持开展"三心"关爱行动，用暖心的服务、贴心的关怀、舒心的环境，为老师们打造疏解压力、提升幸福指数的精神港湾，受到老师们的欢迎。

同时，实施"五个三"教师成长计划，提出"专业锐气、专业底气、专业霸气"的成长目标，"分层培养、分类培训、量身打造"的培养原则，形成了自己的推进策略及与其相配套的路径和平台，不断引领教师走进课堂做研究，走上专注于课堂、研究课堂的成长之路。

此外,创造性地提炼了"四题五化一重点"校本研修模式,并作为省市级课题开展探索实践,以问题、主题、课题、专题为主线,实现教学、常规、科研、培训一体化融合推进,使得新教师迅速站稳讲台,骨干教师脱颖而出。

我始终认为,样子就是品质,品质就是质量。校长存在的意义,就是为了增值,准确地说,就是为了育人质量的更大增值。追求质量增值,就是让学校办得更有品质、更有样子。

路径三:特色培育 为了创出牌子

学校究竟需不需要有特色?有人说,没有特色就是最好的特色。对此,我不敢苟同。我认为,特色是学校与众不同之处,是校长富有个性的教育思想在办学各领域的充分彰显。

倘若一个区域的学校办得千篇一律,可以说,那肯定不是一件好事。一所学校,倘若没有特色,那同样不会是一所好学校。学校的特色,与教师的特点、学生的特长,是同样重要的。

特色培育,我认为必须建立在有质量的基础上,并系统性地思考和实践。这里的"有质量",更多指的是办学规范水平。如果学校的办学规范都还没做好,就忙着去追求特色,那无异于"海市蜃楼"和"无本之木"。

为避免哗众取宠、生搬硬套、为特色而特色,必须深刻认识学校特色培育的三个特点:

其一,文化性。学校特色发展的本质是学校文化发展,学校文化是校长的教育主张、办学思想在师生群体行为中的综合体现。文化性决定一所学校的特色水平。

其二,整体性。学校特色不等同于项目特色。不仅仅是某一个或某几个项目的特色,而是从单个项目走向学校整体的特色,是学校有辨识度的标志性特色。

其三,稳定性。学校要处理好传承与创新的关系。培育学校特色不能

"朝三暮四",也不可能一蹴而就,而是要通过长期发展和积淀,使学校形成稳定的鲜明个性和独特风格。

特色培育的策略和路径,一定要立足实际,因地制宜,因校而异,从优势出发,从孩子的成长出发。我认为,学校特色培育比较常见的一条路径就是特色项目—项目特色—学校特色—特色品牌。我想,要着重关注以下五个环节:

一是选准培育项目。围绕教育愿景,传承办学传统,挖掘优势资源,开展项目选育工作。从点到面,从人到物,融入课程体系,逐步建立项目化的课程样态。

比如,胜蓝中学前几年的课堂改进、德育创新、体艺科技的特色、亮点,与之前设立的"自然课堂""自然德育""胜蓝书院"等特色培育项目,以及"快乐足球""小小神枪手""手绘胜蓝"等校本拓展课程的开发密切相关。

二是整体设计项目。明确项目目标,优化项目内容,厘清逻辑关系,并串联成线,形成项目群。完善与项目配套的硬件建设。项目群是对学校办学思想和实践的支撑。

比如,胜蓝中学的科技项目在区域内虽小有名气,但项目之间的联系尚不够紧凑,苦于没有像样的活动场地。之后,学校把教师已经在尝试的车模、航模、海模活动整合起来,逐步形成了"三模"科技特色,并用了四年时间,建成了四间配套设施完备的专用教室,从此解决了过去一直没有解决的问题。

三是优化组织实施。建立特色项目评价、管理、服务机制,实行 PBM 项目制管理,项目实施课程化。建立项目论证、项目管理、项目推进、项目评价、项目激励制度。

比如,胜蓝中学的足球项目在杭州市赫赫有名,除了学校有专业、勤奋的教练员外,每学年的项目活动计划和组织功不可没。学校组建了两支男女足球队,常年常态化训练。支持球队寒暑假外出拉练,送教练员参加国内外专业培训。校内开展足球文化周、班际足球联赛、足球嘉年华,营造了浓郁的足球文化氛围。

四是培养师资团队。一名专业的或有特长的教师，其实就是一门课程。坚持校内培养与校外聘请并重，以校内教师为主。

比如，胜蓝中学的射击项目，刚开始是借用小学的师资，射击馆利用率低，缺乏系统的射击课程。学校美术教师长期请病假，音乐教师人手不足，缺乏器乐、书法、篮球等专业师资，一直成为办学的"软肋"。为尽快改变这种状况，学校利用每年扩班的机会，积极争取编制，克服各种阻力和困难，先后用了四年时间，择优招聘了美术、书法、射击专业老师，为之后学校艺术、体育工作的开展，尤其是射击、美术等特色课程的形成，奠定了坚实的基础。

五是提升项目影响。做精做强项目，力争出成果、扩大影响力，并适时提炼、提升项目的品位，向具有可持续性的学校特色和特色品牌迈进。

近些年来，大成实验学校围绕教育愿景和办学理念，持续致力于办学思想的提炼和学校特色的培育，经过长期的沉淀和不断的积累，特色项目异军突起，特色品牌不断彰显，形成了"一核两点、多轮并驱"的鲜明特色。其中，"一核"是学校特色的核心，"两点""多轮"是特色的支撑点(见图2)。

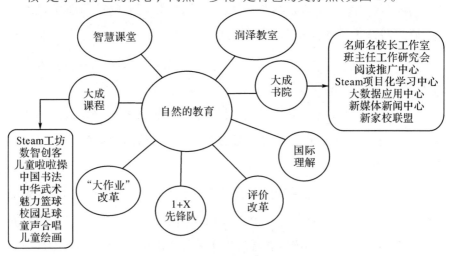

图2　办学特色

"一核"指"自然的教育",亦即"自然而然的教育",是大成实验学校核心教育思想。其要义为学校教育要呵护孩子的自然天性,尊重孩子的自然禀赋,遵循成长的自然法则,创设自然的教育境界。2022年11月30日《中国教师报》以"办有'自然味'的好学校"为题,近整版报道大成实验学校"静心做自然的教育"的办学思想和实践特色。

"两点"指"智慧课堂"和"润泽教室"。这是"静心做自然的教育"办学思想在教学领域和德育领域的两大实践亮点,也是学校教学改革和德育创新的两张"特色金名片"。

比如,"智慧课堂"是大成实验学校智慧教育的标志性载体,我们已经做到2.0版,有自己的理念、特点和框架结构,有符合本校实际的行动"指南针""助推器"和"路线图",有扎扎实实的全员草根实践。其成果获2021年杭州市智慧教育优秀成果、2022年杭州市教育科研优秀成果(综合类)一等奖。学校也被评为拱墅区智慧课堂种子学校、拱墅区Steam项目化学习基地建设学校、拱墅区人工智能+项目实施学校、拱墅区作业改革基地学校。

"润泽教室"是在传承原有"美丽班级"精髓的基础上的德育创新项目,作为"自然德育"的实施载体和办学实践亮点之一,曾被《中国教师报》等媒体点赞。

"多轮"指的是大成书院、"大作业"改革、评价变革、大成课程等项目,是学校项目特色的链式呈现。"大成书院"是非行政学术组织,下设"四中心"(阅读推广中心、Steam项目化学习中心、大数据应用中心、新媒体新闻中心)、"一会"(班主任工作研究会)、"一联盟"(新家校联盟),以及八个名师名校长工作室等机构。

比如,"阅读推广中心"主要的职能是协助课程教学处开展全员阅读活动。学校2022年被评为浙江省课外阅读先进集体。"家校联盟"为区域新集体教育特色品牌和拱墅区优秀德育品牌,学校系浙江省示范家长学校,2021年被评为浙江省数字家长学校。

"大作业"改革,被列为2021年杭州市首批"双减"优秀实践案例,并在

《中国教育报》上发表。评价变革案例获拱墅区一等奖，评价实践在《中国教师报》上发表，学校被列为拱墅区评价改革试点学校。

"大成课程"是学校的核心课程，其中的 Steam 工坊、数智创客、儿童啦啦操、校园足球、魅力篮球、中华武术、儿童绘画、童声合唱等课程，在省市区各级比赛中崭露头角。数智创客是以学校的"创智乐园"和"创客中心"两个创新实验室为基地，借助大数据、人工智能技术而形成的区级精品课程。它是学校特色的重要部分和区域响当当的品牌。

由此，我始终认为，特色培育是学校高质量发展的内核动力。它是一个循序渐进、螺旋上升、迭代升级的过程。其目标就是要创造出有个性特征的学校文化品牌。其理想状态是个性鲜明又真实自然，而且具有文化性、整体性和稳定性。

不论面对的是怎样基础、怎样条件、怎样阶段的学校，我们唯有因校制宜，脚踏实地，一步一个脚印，才能无限接近好学校的理想标准。价值引领，其实是为了找准位置，让学校有精神高度；质量增值，是为了办出样子，让学校有高品质；特色培育，是为了创造出牌子，让学校有影响力。其最终指向让每个学生有更大的增值。

事实表明，要实现一所理想学校的愿景使命，寄希望于走捷径、弯道超车似乎不大现实，也是有悖教育规律的。从这个意义上讲，致力于价值引领、质量增值和特色培育，是一所好学校成长的三条必由之路。

（浙江师范大学中小学校长研修班，2023 年 3 月 25 日）

解决好体制、机制和导向问题

　　学校管理职能的核心问题,就是形成和维持一套管理系统。在管理实践中,有一种现象值得思索——为什么有的新建学校整体工作能良性起步、和谐推进,而有的却常常步调不一、大起大落呢? 我想关键是要解决好体制、机制、导向三大问题。

体制问题:建立科学高效的管理体制

　　科学高效的管理体制必须以完备的管理要素为基础。

　　一是精简的机构。在实践中,因学校机构臃肿,学校的"头儿"多,导致渠道不畅,工作效率不高;碰到问题绕道走,遇到难题"踢皮球";更有甚者,人浮于事、角色错位。实践证明,要本着"精简、高效、畅通"的原则,按需设岗,建立决策中心和执行、监督、反馈机构,为了统一的目标,组织中的每一位成员实行有效的内部协调,减少不必要的重复和"内耗",从而达到组织的高效化,避免"大家管,都不管"的现象。

　　二是精干的班子。一个优化的学校班子应兼顾三种人才,即指挥型人才、复合型人才、专长人才。具体地说,既要有能抓计划、用人,有选择方案的能力,注重目标管理的人才,又要有抓协调、反馈,有发现问题的能力,注重过程管理的人才,还要有能抓落实、考核,有解决问题的能力,注重情感管理的人才。通过班子成员素质互补,从而放大管理功效。

　　三是畅通的网络。有效的学校管理重视的是如何把决策者的思路变成执行者的思路,进而变为实施者的思路;如何把学校的总体目标逐层分解为各部门的目标,进而变成广大教职工的努力目标和自觉行动。因此,依据学校的规模等实际,建立健全一个纵向畅通、横向协调的组织网络尤为必要。

科学高效的管理体制,必须以完善的规章制度为保障。学校管理实践表明,把一切建立在自我觉悟基础上,是软弱无力的;把一切寄希望于"人治",也不可避免这样或那样的随意性、盲目性;只有实现管理制度化,形成"铁"尺度、硬约束,依"法"治校,才是行之有效的。

完善的规章制度至少应形成三大系列:一是规矩,即人的行为准则,如学生守则、教师规范、干部准则、岗位职责、权力清单;二是章法,即工作章法,如学校章程、发展规划、课程规划、校长负责制、教职工聘任制、校务公开制、决策议事制、岗位责任制;三是制度,包括奖惩制度、考评制度、述职制度、例会制度、值周(日)反馈制度等。在制订规章制度时,要始终围绕着以人为本的管理思想,在制度的提案、论证、审议、决定诸环节突出民主和共识。

科学高效的管理体制,必须以分层管理为原则。管理的幅度可以因规模等实际而异。一般来说,学校的管理按决策、执行、操作职能分为校级领导层、处室干部中级层和年级教研组基础层。从结构方式来看,学校采用较多的是直线职能制,有的在尝试整分矩阵式。从科层制走向扁平化,是一种趋势,但也要视校情而定。无论是何种组织管理形式,有效的管理就是通过不同层次的联系、交往、协同和各自的正常运转,保证学校管理系统信息流通和持续循环,从而完成学校总目标分解后的各个分目标,推进学校各项工作。

无疑,每一层次都具有各自的优势和职能,是实现管理目标所不可或缺的。一个优秀的领导者,应该是一个想大事、谋大事、管大事、抓大事的人,是一个知人善任、用人之长、容人之短,充分尊重和信任下属的人。事实证明,职务、职责、职权的统一是下属创造性、有效性开展工作的关键。

机制问题：引入充满活力的运行机制

要实现学校管理系统高效运作，除了建立科学高效的管理体制外，还必须有一个充满生机和活力的内部运作机制。我认为，重点应围绕教职工关注的人事、分配、评估制度改革等热点问题，把竞争、激励、评估、调控等机制引入管理的方方面面之中。

一是竞争机制。主要包括岗位竞争机制和质量竞争机制。

岗位竞争机制，实质上是一种用人机制。我认为要勇于冲破传统的做法，打破"铁交椅"，在承认人的智力、能力有差别的基础上，通过有目标的公平、公正、公开竞争，实现教职工与岗位的最佳结合，做到人尽其才、人尽其用，实现人才到位、能人当家，以增强教职工的危机感和责任感，提高竞争意识和到位意识。如干部可通过"竞选式聘任"决定任用，不搞"任命制"，根据工作实绩决定职务的升降，不搞"终身制"；教师根据能力专长、质量指标达成度决定工作岗位，不搞"固定制"；科室人员根据工作责任心、工作需要决定去留，不搞"常任制"。

质量竞争是岗位竞争的最直接体现。从某种程度上说，岗位竞争就是质量的竞争。我认为，要把质量竞争机制渗透到管理的各个环节、工作的各个部门、教学的各个方面，关键是要培育以质量为核心的校园文化，强化全面质量意识，营造"人人讲质量，事事求质量"的良好氛围，同时明确各环节、各部门、各方面的质量指标，如教学质量指标、育人质量指标、岗位质量指标、教研质量指标及学习质量指标等，并对其实施有效监控。

二是评估机制。准确、客观地评价一个教职工的德、勤、能、绩，准确衡量一个人是否"干多干少、干好干坏、有干没干"，需要一个科学全面的评估机制。要以激励性与约束性并重、现实性与发展性相结合为原则，在充分酝酿、科学论证、严格审议的基础上建立健全各类工作评估指标体系，如干部、教师绩效评估奖励体系，规范特色教研组评选办法等。

在方法上不能简单化,应突出"二结合"和"二转变",即量化评估和模糊评议相结合,自我评估和民主评议相结合;把单一的终结性评价转变为过程与终结相结合的评价,把单一的考核分评价转变为对教书育人能力、工作实绩、工作态度的综合评价。在评估中要注重对平时从各反馈渠道收集到的信息的综合和处理。强化团队合作意识,淡化个人竞争。

三是激励机制。主要包括目标激励机制和利益激励机制。

目标激励机制的引入,主要是为了解决好目标体系的建立以及将集体目标与个人目标结合起来。要遵循教育管理参与和认同的原则,争取广大教职工对学校办学目标和工作目标的理解和支持,充分调动教职工的主体精神和创造性,依靠教职工的自我调节和自我指令,把有关目标内化为个体各自目标的实际行动,使教职工学有方向,做有目标,干有劲头。

要本着"多劳多酬、优质优酬、奖勤罚懒、奖优罚劣"的原则,实施内部绩效工资制,打破工资平均主义,按照"按量定报酬、按质定奖惩、按职务定津贴、按政策领补贴"的思路拉开岗位工资、工作量工资、效益工资的档次,真正实现岗位与工作贡献、劳动报酬的统一,以形成一种"有干没干不一样,干多干少不一样,干好干坏不一样"的良好利益导向机制。此外,还要重视荣誉激励、信任激励、情感激励、补偿激励等机制的建设。

四是反馈调控机制。管理是一个过程。它至少包括计划、组织、调控三个环节。有效的学校管理要通过信息控制和人、财、物、时诸方面的配合来实现,因而必然存在反馈和调控问题,这是不容忽视的。

为了准确、快速捕捉领导与普通职员、行政人员与教师、教师与学生之间的各种信息,及时掌握部门目标实施、教师教育教学、学生学习生活、学校日常运转及整体形象等情况,除了调查研究后建立观察、座谈、例会、值周(日)、听课、检查、记录、小结、汇报、评议、简报、家访等多种反馈渠道外,对各种途径还要明确要求,建立可以自我调节、富有活力的机制,以确保反馈渠道的畅通。

导向问题：创立健康向上的群体导向

管理的能动性原理指出，管理活动的核心是人。管理不仅是一种制度、一种行为方式，也是一种精神信念，更是一种学校文化。因而，实现学校管理系统高效运作还需要一个稳定、和谐、向上的"小环境"——安全、包容的人际环境，充满激情、催人上进的工作环境，以及美好、自然的校园环境。

身处其中，能让教职工感到有一股无形的力量和氛围，时刻在催人积极进取、务实工作、全身心投入；能让能者、勤者、有功者感到光荣、自豪，庸者、惰者、虚伪者感到窘迫、羞耻。这种力量和氛围就是我们所追求的群体导向。

第一，要突出教育思想领导。校长要提出自己的核心教育主张，不断明晰学校的使命愿景和价值追求，善于用教育思想、办学理念指导教育实践，改善学校管理。高度重视学习氛围的创设，打造学习共同体，引导教职工不断接受新信息，树立新观念，追求新境界，促进学校管理走向以价值为引领的治理模式。

第二，要完善各种考核制度。建立评估、奖惩等机制，精心设计达标方式。如开展"三评"(评选月度教师之星、学期星级教师、年度感动人物)、"三奖"(月度考核奖、学期绩效奖、学年贡献奖)活动，突出正确的舆论导向、制度导向、行为导向和政策导向，鼓励广大教职工更多地以团队的形式参与达标和竞争。学校要敢于正视达标、竞争带来的矛盾，并适时给予调控。

第三，要推动治理方向转变。从未来发展趋势出发，完善组织治理结构，改革治理方式，体现时代特征。增强科学、民主、协商意识，凝聚精神文化，优化环境文化、课堂文化，不断推动学校文化土壤的改造，推动治理结构和治理方式从管理控制走向引领协商，实现从制度管理到文化引领的转变。

第四，要强化上下凝心聚力。大力推进学校内部的"凝聚力工程"建设。加强以团结、奉献为主线的价值观教育，以务实、实干为特征的党员干部的形象塑造,以关心人、尊重人为内容的实际行动,以鼓舞人、激励人为目的的先进典型树立,以学校发展目标为中心的信念认同,把党心和人心凝聚在一起,把教职工的命运与学校的荣辱、兴衰连在一起。

总之,一所新建学校如果能潜心致力于体制、机制、导向三大问题的解决和优化,建立起科学高效的管理体制、充满活力的内部运行机制和健康向上的群体导向,那么学校管理系统就能高效运作,学校的可持续发展也将大有希望。

(原载于《中小学校长》,2002 年第 11 期)

创设属于自己的学校文化

学校文化是什么？其实,这是一道"多解题"。钱锺书先生在被问到"文化到底是什么"这个问题时这样说:"文化到底是什么?本来还清楚呢,你一问倒糊涂了!"。确实,学校文化看不到、摸不着、难以描述,但又像空气一样实实在在地存在。

在我看来,学校文化是一所学校的灵魂,关乎教育信念,体现育人本质,也贯穿发展路径。它是一所学校教育理念、办学思想在办学实践中的综合体现,决定着师生的工作态度和思维方式,反映了师生的精神追求和生命意义,依附着独一无二的基因密码,是别人无法复制和移植的。

每所学校都有自己的文化。学校文化是高水平育人、高质量发展的最强动力。正如美国学者乔恩·卡岑巴赫说,文化可以产生长期的"情感能量",激发人的内在力量。从这个意义上讲,学校教育的根系只有深扎在学校自己的文化中,才能枝繁叶茂、生机盎然。

学校文化的形成,有自己的基本逻辑。它不是简单的"拿来主义",也不是表面上的"标新立异",而是在传承中创生,在师生中生发,在行动中慢慢生长起来的。下面以杭州市大成实验学校"润泽文化"实践为例来阐述。

在传承中创生学校文化

德国哲学家斯宾格勒曾说过,每一种文化都植根于它自己的土壤,各有自己家乡和故土的观念,有自己的风景和图像。因此,学校文化不是简单地拼凑与罗列,需要系统思维下的顶层设计。而学校文化与学校历史始终是交织在一起的,学校历史中关键的人、事、物,学校办学的亮点、特色,也许就是学校文化创生的突破口。

大成实验学校是一所秉承百年名校文化基因、在区域内有影响力的九年一贯制公办优质学校。前身是浙江省一级重点中学杭州四中的分校。在新一轮学校发展规划的制订过程中,我们积极、清醒地在办学历史和现实情境中寻找、利用有价值的线索,系统梳理、回溯学校的发展历史。

我们从艰苦创校、整体搬迁、校名更换、学制调整、公民转制、集团办学、校区独立等重要发展节点入手,厘清学校的文化脉络,发现"大成"的文化密码,并结合时代特征,凝练、建构属于学校自己的"润泽文化",从而实现了从"生态大成""善小大成""美丽大成"到"自然大成"的理念迭代和文化传承。

实际上,办好一所学校,我们首先要思考三个问题:为什么办学校、办怎样的学校和如何办学校。这既是每所学校发展的底层逻辑,也是学校文化建设的根本。

我们倡导的"润泽文化",重点在"润泽"两字上。"润泽",即滋润心灵,泽被全体。它是"润物细无声"下的一种自然而然的教育姿态和"有如时雨化之者"的一种滋润化育的育人方式,其实内隐着一种普惠、公平、幸福的精神和耐心、沉静、缓慢的哲学。它与本校的"为了每个生命自然地生长"核心主张和"静心做自然的教育"办学思想一脉相承、相互照应,并指向"成人、成全、成才"的"大成"文化内核,成为学校上下共同的价值追求。

学校文化的创生,不是简单拼凑或无中生有,而是紧紧围绕着办学思想这个核心而展开的。换言之,学校文化是在价值观的塑造中创生的。实质上,它也回答了"培养什么样的人、怎样培养人、为谁培养人"的根本性问题。

在"润泽文化"之下,我们整体系统地完成了学校发展的顶层设计,并延伸到学校的使命愿景、育人目标、办学精神、办学特色、一训三风等,衍生出了精神文化、课程文化、课堂文化、活动文化、教研文化、环境文化、质量文化等,创生形成了适性、自然、美好的"润泽文化"图谱(见图1)。

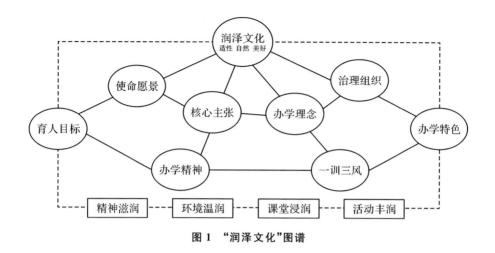

图1 "润泽文化"图谱

在师生中生发学校文化

梁漱溟先生说,文化并非别的,乃是人类生活的样法。通俗地说,学校文化其实就是一所学校里师生过日子的方式。因此,师生不仅是学校生活的主人,也是学校文化的创造者和受益者,理应成为学校文化创生的主体。

学校文化的核心是要形成大多数人认同的共同价值观,并将其转化为自觉行为。无论是精神文化的凝练、管理文化的设计、行为文化的固化,还是环境文化、课程文化、制度文化的创生,都必须发动全体成员开展协商对话,充分沟通、深度研讨,让师生最大限度参与学校文化的建设。

事实表明,师生只有在共商、共建和共享中,才能加快对学校文化的认同,在共识中转化为具体的日常行为,久而久之,学校倡导的文化理念才会固化成师生的一种生活方式。可见,学校文化不是模仿复制出来的,而是由师生创造生发出来的。

比如,年度汉字评选是大成实验学校"润泽文化"视野之下的一项传统文化活动。每年的岁末年初,学校都向全校师生、家长征集年度汉字,历时一个月左右,并经过层层筛选,最后确定大家公认的年度汉字。然后,邀请校长、教师、学生、家长或校友把年度汉字刻在石碑上,再添加到"年度汉字园"。如此年复一年,年度汉字评选成为大成校园一个温润的记忆年轮,一道特有的文化风景。

的确,在这一过程中,师生就是年度汉字评选的主角,就是学校文化的亲历者和创造者。他们会因此关注学校的办学理念、教育愿景是什么,会关心这一年学校哪些工作干得最出色、最有亮点,师生在各项活动中有哪些令人鼓舞的成就和成效,以及学校的年度目标完成得怎么样、还存在哪些问题和短板等。这实质上是从师生、家长的视角对学校一年工作的深刻总结,也是对学校精神的一次全面凝聚和彰显。

以 2022 年的"破"字为例。这一年,大成实验学校在拱墅区教育局的领导和关心下,全校上下心往一处想、劲往一处使,破立并举、乘风破浪,在党建领航、组织变革、课堂改进、五育融合、提质增效等方面交出了一份令人刮目相看的突破性成绩单。经过酝酿、商议、评选,学校这一年的工作和成效越来越被广大师生、家长所认可和肯定,因此"破"字脱颖而出,自然就成为该年度的首选年度汉字。

从 2009 年开始,大成实验学校已先后评选出 13 个年度汉字。这些汉字的背后,不仅勾画了校园的年度表情,投射了师生的年度感受,收藏了成长中的点滴温暖,而且铭刻了学校的发展足迹,彰显了学校的办学特色,蕴含了学校的精神力量。春去秋来,夜幕晨光,它们就像一串珍珠,闪闪发光,无声地激励着我们携手奋进,一起走向未来。

可以说,一年一度的汉字评选活动,是一场以师生为主体的文化记忆,也是学校文化的传承与延续。类似的活动还有很多,如校长有约、新家校联盟、师生成长共同体等。从某个角度讲,开展这些活动的意义已经远远超出了活动的本身。

由此看来,倘若要在学校生发出一种文化,那必须是师生集体的共同行动,其中每一个人都在自己的岗位上为充实和丰满这种文化而努力。"润泽文化"的丰富和发展也不例外。

在行动中生长学校文化

学校文化根植于学校的历史积淀、师生交往、治理方式,其精髓是价值理念。学校价值理念是师生行动的根本指南。那么,学校文化的落地生长,关键是什么?

记得一位学者说,人的行为模式是打开学校文化之门的一把钥匙。我想,关键是要提升师生的文化自觉、文化自信,让共同的价值理念融入学校的实践行动和师生的自觉行为之中。答案其实就藏在校园的细枝末节里,包括师生日常行为中的一件件小事。

价值理念落地的过程,就是实践行动的过程。我们常说的"一群人,一件事,一条心,一定赢"蕴含着一个普适道理——只要我们认准一件正确的事,共同去做,持续地做,久而久之,蕴含在这件事背后的文化自然就生长出来了。

对大成实验学校来说,多维度、多层面、多角度去营造适性、自然、美好的文化图景,让教育在每个生命心灵深处自然地发生,是"润泽文化"的终极价值。我们的主要行动策略和路径如下:

一是精神滋润。追求观念形态的价值,发挥文化符号的传播影响。如明确使命愿景,提炼校训、学校精神,形成个性化办学思想体系。完善学校形象标识系统,重点突出校徽、校歌、校旗,制作学校形象宣传片。健全新媒体宣传网络,做优微信公众号、校报校刊、家长学堂、新家校联盟等阵地。

加强价值引领,重建制度文化和行为文化,如建立"八会"沟通平台,开设"大成讲堂",开展读书交流,畅通"校长信箱""校长有约"等师生交流渠道。学校淡化考勤、评价结果,变常规检查为视导展示,强化教师团队氛围、个人过程增值。再如,实施"三心"关爱行动,用暖心的制度、贴心的服务、舒心的环境凸显人文关怀,打造校园精神高地,使师生在校园中持续获得精神上的滋养和润泽。

二是环境温润。追求环境文化的自然性,增强陶冶、感化的力量,让环境和空间真正为人而存在。如挖掘校本环境文化资源,融入美好、自然的文化元素,充分反映师生的意愿和心声,打造"两园"(信廉园、汉字园)、"两窗"(线上、线下宣传窗)、"两墙"(教育愿景墙、绘本故事墙)、"两室"(润泽教室、心理教室)、"两吧"(润泽读书吧、生态花园吧)等文化阵地。

学校积极倡导安全、自然、愉悦的心理环境。如开会不设"领导席",大型活动也不请"领导站台";大型会议不常开,能不用会议解决的尽量不用会议,倡导在办公室开小会、短会。再如我们的各种考核评价、评优评先,导向明确、公开透明,坚持用实绩、数据说话等,以此拉近干部与群众、教师与学生之间的心理距离,让教育场景富有温度与情怀,让美好、自然温润师生的心灵。

三是课堂浸润。追求学习方式和学习生态的变革,在课程教学中嵌入润泽文化。如以"自然生长"为课程理念,重构由"两类别""三维度""六模块"课程群组成的树状课程结构体系,实施分层分类走班教学,尊重学生的禀赋差异,最大限度满足、成就学生的多元选择。

学校瞄准学生的学习发生机制和课堂学习生态,持续开展常态课堂改进行动,形成了"一单三环六要素"智慧课堂"大成样式"。师生互动、生生互动,以教导学、数据赋能,深度学习得以在课堂自然、真实发生,自然、自主、自信的素养悄然生长,学生们在沉浸式的文化浸润中获得心灵的愉悦和生命的成长。

四是活动丰润。追求活动背后的文化内涵,以喜闻乐见的方式使师生耳濡目染、入耳入心。如"十大校园节"之一的读书节,每年都以不同的主题和形式举办。2023年的读书节以"阅读马拉松"的形式,设置"我的流浪地球""我的课文朗诵""我的跳蚤市场""我的读书分享""我的好书推荐"五个站点,前后经历一个多月,从而让更多的教师、学生、家长长期参与其中,让读书像呼吸一样自然起来。

再如,每个假期设置"订计划、找优点和尽孝心"三项"校长特别作业",

既贴近学生生活的兴奋点,又有主题班会、评优展示的亮相机会,学生感到可以"刷刷存在感""跳一跳可以摘得到",因而很喜欢,教育其实也就在其中自然发生了。该项作业,被"人民教育"微信平台评选为"效果最好的一项暑假作业"。

可见,学校文化的生长是一个创造和孕育的行动过程,更是一个荡涤心灵、完善自我的成长过程。如果育人的价值理念在常态化的教育教学实践中得以真正落实,在精神、课程、环境、活动等领域产生实际影响,那么学校文化就能为每个孩子的幸福成长打好生命的底色,为学校的高质量发展提供强劲的精神动力。

说到底,学校文化不是一朝一夕就能形成的,也不能刻意包装、照搬照抄打造出来。只有因校制宜,凸显主体,融入实践,内化于心,外化于行,学校文化才能根深叶茂,凸显独特的魅力和强大的生命力。从这个角度讲,创设属于自己的学校文化,只有起点,没有终点;只有更好,没有最好。

(安徽阜阳校长研修团,2023 年 7 月 22 日)

追求自然的教育境界

实现民族复兴的中国梦,必须坚定文化自信。同样,实现优质办学和特色发展,也需要文化自信。我认为,一所文化自信的学校步履不会乱,竞争力和凝聚力不会低,未来不会差。

中国教科院杭州胜蓝实验中学以"初小分设、转型升级"为契机,从学生的立场和未来需求出发,坚守学校教育的价值所在,践行自然的教育理念,追求自然的教育境界,在文化重建中增强了文化自信,实现了学校在新起点上的新发展、新跨越。

确立核心主张,让学校有精神高度

学校在传承办学传统的基础上,冷静审视学校教育现状,结合时代特征,适时提出"教育是为了生命自然地生长"的教育主张,认为学校教育应返璞归真,回归自然,回归本原,让每个孩子的天性得到自然、自主、自信发展。简单地说,回归自然的教育,具有以下特征:

一是呵护孩子的自然天性。具体来说,就是尊重孩子自然禀赋的差异,呵护他们与生俱来的灵气、好奇心和想象力,激发他们的潜能、自信心和创造力,培育独立的人格和自由的思想。

二是遵循自然的成长法则。正如麦子的生长按照节气慢慢地拔苗结粒一样,孩子的成长亦有其天然节律,既需精耕细作、适度施肥,又要遵循其生长习性和自然法则,不过度施肥,不拔苗助长,更多的是尊重、信任、赏识、唤醒,而不是压制、包办、灌输、放任。

三是崇尚生命与自然的和谐统一。学校不应培养"两耳不闻窗外事"的"书呆子",以及只会做题、刷题的"机器人",而是要鼓励每个孩子走出课堂,走向社会,亲近自然,获得生活经验、生活能力,在成全生命的同时,成就幸福、完整的生活。

四是致力于轻负担、高质量。保持与孩子成长节奏相适应的教育负荷,在轻负担的前提下,最终赢得高质量。这种质量,说到底是健康的、全面的、有效能的、可持续的,不以牺牲孩子身心健康和生命质量为代价,最终指向生命的自然生长和可持续发展。

在我的脑海中,自然状态下的学校应该是学生喜欢的地方。在这种学校中,学生是自由和自然的,可以自由表达、自然相处、相互包容。学生是可以协作和分享的。教师对学生的喜欢是发自肺腑、油然而生的。课程是为学生生命、生活和个性成长服务的。课堂是顺应学生好奇、好学、好动的天性,愉悦、灵动、有效,充满生命活力的。

在我看来,理想的学校生态之下,校园自然而安全地存在,教师自然而真实地工作,学生自然而有活力地向上生长。更重要的是,整个校园不只是建筑造型别具一格,也不只是花木葱郁繁茂,而是在这里学习生活的孩子始终洋溢着自然而灿烂的笑容,对未来充满憧憬和自信,散发着一种自由活力和生活气息,让人感受到生命的绽放和教育的力量。这就是自然的教育境界。

构建办学框架,让学校有思想深度

从"教育是为了生命自然地生长"的核心主张出发,学校从办学定位到使命愿景,从办学理念到办学思路,从实施策略到任务措施,逐项细化分解、逐步完善,构建起具有辨识度的办学思想和实践框架。

其一,明确办学定位。学校提出"创建一所让学生喜欢、自豪、怀念的好学校"的办学目标。好学校不仅要促进每一个学生的学业进步,更要着眼于学生人格的培养、能力的改变、精神的成长,为学生积蓄可持续发展的动力、潜力和后劲。不仅要让学生从心底里喜欢学校,喜欢这里的环境、课程、课堂、活动、同伴和老师,而且要让学生在校园有存在感、成就感、自豪感。走出校门之后,学校依然还是他们留恋、怀念的地方。

其二,确立教育愿景。学校把"培养学生做自然、自主、自信的人"作为育人目标。所谓自然,指人格健全、淳朴大气、有活力,更多的是指孩子与生俱来的天性,如自然的人格、自然的身心、自然的气质;自主,指精神独立、思维灵动、有后劲,如自主的习惯、自主的方法、自主的能力;自信,指做事踏实、自我超越、有底气,如学习自信、生活自信、处事自信。

其三,提炼学校精神。学校明确"青出于蓝而胜于蓝"的校训,以此激励全校师生超越一般,超越前人,超越自我,做最好的自己。确立"以教育为信仰,为学生而教育"的核心价值,彰显学校的办学态度和价值追求,培养教师对教育的虔诚,对事业的情怀,对职业的敬畏。坚持"人人是主人,人人都重要,人人有发展"的管理理念和"以学定教、先学后教、教学相长"的教学理念,并把"性情平和、专业拔萃、尽心尽责"作为教师的努力方向。

其四,明晰办学思路。在办学实践中,坚守教育信仰,以学生为中心,从教育主张到价值愿景,从多维度规划到多策略实施,建立起明晰的办学思路,在实践中逐步形成"秉自然的教育、重自主的能力、育自信的品质"的办学思想,从而回答了办什么样的学校、培养什么样的人和怎么办学校、怎么培养人等根本性问题,凝聚起师生共同的价值追求,不断拓展办学思想深度,并贯穿学校发展规划实施和教育教学实践始终。

致力于内涵建设,让学校有文化厚度

学校立足教育愿景,瞄准核心素养,致力于推动自然的教育思想在课程、课堂、课外等领域落地生根,努力为学生诗意般栖息和自然生长提供适宜的土壤、空气、雨水和阳光。

一是重构"自然课程"。学校提出"为了每个生命自然地生长"的课程理念,从五育融合的角度,积极构建"自然、自主、自信"三大主题课程群,为学生提供优质、有特色、可供选择的"课程超市",精心打造让学生喜欢、自豪、怀念的"三自"课程文化品牌,把课程选择权真正还给学生,培养学生自然人格、自主能力、自信品质,使不同学生的天性得到不同的发展。

基础课程实行学科捆绑式分层走班教学,倡导课内分层与走班分层相结合,尊重差异、满足选择,体现有教无类、因材施教的思想。拓展课程实行分类选课走班教学,满足学生个性化需求。其中,体艺特长类课程依托社团基础,开设快乐足球、小小神枪手、SPC科技("三模")、形色美术、魅力陶艺等数十个特色社团课程。实践活动类课程依托校内和社会资源,开设"三园"(种植园、百果园、君子园)课程、自然行走课程等。知识拓展类课程,依托基础课程校本化,瞄准学科核心素养,开设名著阅读、科学实验、集思广益、心阅成旅等课程,并形成有影响力的课程品牌。如学校牵头组建区绿茵足球联盟,被评为全国青少年校园足球特色学校。

二是打造"自然课堂"。好奇、好动、好玩是孩子的天性,我们的教学要顺应这样的天性,激发潜能,我们的课堂要营造自然、自主、自信的学习生态,让学生学会、会学、学得有效。

学校实施常态课堂改进行动计划,大胆探索基于"大作业学习单"的导学助学型"自然课堂",推动常态课堂从"以教为中心"向"以学为中心"转型。倡导和实施分层走班、导学助学、小组合作、技术融合等多样化课堂教学策略,转变学教方式,修复学习生态,重建课堂文化,让自然、自主、自信的素养在常态课堂中自然地生长。

"自然课堂"是建立在尊重每个孩子自然天性与独立个性的基础上,饱含生命力,充满主动性、合作性、生长性的课堂。"教"得自然,"学"得自然,是其主要标志。"自然课堂"研究项目被列为浙江省教育科学规划课题。学校还成功评为杭州市智慧教育示范校,并加盟中国教科院"未来学校"项目。

三是探索"自然德育"。学校以"三自"(自然、自主、自信)教育愿景为目标,积极探索"三全"(全员、全程、全学科)育人机制和"三化"(活动化、课程化、生活化)德育模式,优化育人文化,推动育人模式转变。

以"师生成长共同体"项目为抓手,在教师和学生中深入推进"全员导师、学科代表,小组合作、自主管理,同质竞赛、异质帮扶"六个行动策略,建立全员导师制、学科代表制、小组竞赛制和自主管理制,形成"教师人人是导师、学生人人是课代表"的格局,建立亦师亦友的师生关系和对自己负责的学生自管机制,引导教师走进学生的内心世界,促进学生自然生长。

关注自我教育、习惯养成。如出台《学生一日常规九条》《学生自主学习习惯八条》,开设自主整理课,开展榜样班级评选、优秀小组评比、班级文化展示和小组命名活动,明确班训、班旗、班徽、口号,浓郁班级文化氛围。建立个人评价、小组评价、班级评价机制,促进学生自我教育和自我成长。

注重活动式、课程式德育。如举办校园"两日"(校庆纪念日、校园开放日)、"三周"(足球文化周、射击文化周、心理教育周)、"四节"(科技节、读书节、体育节、艺术节)系列活动,倡导全员参与,让每一位师生都成为活动的主角。开设始业教育、仪式教育、自然行走、魅力跑操、模拟法庭等课程。树立"体育第一课"理念,改进大课间活动,开展魅力跑操示范班评比,为每一个孩子创设更多直抵内心、震撼心灵的生活体验。

注重生活式、体验式德育。如建立多元学生评价机制,开展学生之星、"四学奖(博学奖、励学奖、敏学奖、勤学奖)"、"四小家(小科学家、小数学家、小艺术家、小外交家)"评选,让每一个孩子在校园中有存在感和自豪感。每年开展自然行走研学、劳动基地实践。"自然行走、开放胜蓝"项目被评为杭州市国际理解特色项目,先后接待美国、澳大利亚等国的友人来校交流,并与英国等国的学校建立校际协助关系。

"道法自然,天道合一。"追求自然的教育境界,构筑影响一生的文化根基,培育属于师生的文化自信,杭州胜蓝实验中学走出了一条快速崛起的文化兴校之路。可以说,文化自信,是学校迈向高水平育人、高质量发展的动力源泉。倘若文化育人与文化自信珠联璧合,那么学校便会有更充足的底气,在教育理想和教育现实的平衡中挺起脊梁,走得更稳健,走得更远。

（原载于《中国德育》,2017 年第 22 期）

第三章　课程重构：提供自然优质的教学服务

KECHENG CHONGGOU：TIGONG ZIRAN YOUZHI DE
JIAOXUE FUWU

好的课程,给学生更大的成长舞台、更多元的生长可能;好的课程,改变着学校的育人模式,也改变着师生的生命状态;好的课程,带给学生自然的、优质的学习体验。

从零打碎敲到系统重构

苏霍姆林斯基说,学校应当像一块磁石,以自己有趣而丰富的生活吸引学生。那么,校园生活的吸引力在哪里呢?作为学校的核心产品,我想,课程无疑是摆在第一位的。

课程是教育理念和办学思想的支撑和载体,也是促进学生生命成长的重要途径,在很大程度上影响着学校的存在形态。一个学生的个性能否得到最大限度的发挥,生命能否得到最大限度的舒展,关键是看我们的课程给了他们什么。

近些年来,大成实验学校在课程建设上做了一些实实在在的探索,也取得了一定的进展。尽管我们还在迭代完善之中,但我还是愿意做一些分享,以期得到各位专家的指导和帮助。

我们的思考

确实,基础教育课程改革以来,校长和教师的课程视野开阔了,课程领导力和课程开发能力在提升。我们对课程的认识,过去仅仅局限于学科、教材,甚至认为学科即课程,教材是孩子们的全部世界。如今,我们眼里有了学生,课堂中有了学习生活,整个世界便成了孩子们的教材。

学校渐渐地打破了以学科为主的狭隘课程观,围绕知识的拓展和兴趣的延伸,形成了大量的校本课程。虽然这些课程在很大程度上满足了学生的兴趣,为学生的个性成长提供了一定的空间,但很多时候还是零散的,不是系统的;学科内的居多,跨学科的相对较少,课堂联动更少。我们发现,学生其实仍然没有多少真正的选择权。

面对这些问题,几年前,我们提出了"把有意义的教育教学活动都看作课程"的"大课程观",并将努力把这一理念转化为"可看见""可触摸"的鲜活课程实践作为我们的努力方向。这就倒逼我们从系统的视角对国家课程、地方课程及校本课程进行一体化的重构。

于是,课程系统重构摆上了我们的议事日程。学校及时组建了学校课程共同体,让众多有意愿的骨干教师、有特长的家长参与进来。在探讨中,大家就系统重构逐步达成了一些共识。我们认为,课程必须与教育愿景关联起来,要把课程要素统整起来,让课程价值在课堂中丰满起来,将零散的课程按一定的逻辑关系组成一个个课程群落,进而形成一个整体的课程系统。

因此,学校课程重构的关键在于厘清课程重构逻辑,解决"适合度"的问题:一是什么样的课程组合,适合学生选择;二是什么样的课程生活,适合学生体验;三是什么样的课堂样态,适合学生学习。通过有适合度的课程体系,引领教师开发、建设课程。

在课程实践中,我们坚持以孩子的自然生长和幸福成长为中心,从提供选择、成就选择出发,高质量落实国家课程,大视野丰富校本课程,努力形成一个要素衔接、能量流动、价值彰显的"课程生态圈",并向着品牌课程的目标不断迈进。

我们的实践

实现学校课程体系从零打碎敲到系统重构,我们的做法主要有五方面:

第一,确立课程哲学。

课程哲学是一所学校课程重构的核心理念和价值追求。它是在学校使命、价值愿景和育人目标之上通过逻辑演绎而形成的,引领着课程变革和实践的方向。它就像"桥",一头联结学校的教育思想和课程理念,另一头指向学生的核心素养和美好未来。

在我看来,课程只有满足儿童的成长需要,才能实现育人的价值。课程重构的首要任务,就是在探微学校历史传统和课程发展现状的 SWOT 分析基础上,对课程哲学进行梳理与确定,以解决好"课程为了什么、成就什么"的问题。

从"把有意义的教育教学活动都看作课程"的"大课程观"开始,我们结合"静心做自然的教育"的办学思想,确立"为了每个生命自然地生长"为学校的课程哲学。其主要内涵如下:其一,呵护孩子的自然天性,满足孩子个性自由发展、向上生长的需求;其二,丰富孩子的多元选择,提供可以让孩子尝试各种可能的课程产品;其三,尊重孩子的禀赋差异,关注不同发展潜质的差异化发展。

实质上,确立课程哲学,就是赋予课程意义,旨在引导教师为孩子们的多元选择、深度体验提供时空和平台,为每个生命个体的自然生长播下自主、自信和美好的种子,使其努力成为更好的自己。

第二,明晰课程目标。

课程目标,顾名思义,就是课程本身要实现的程度和意图。具体地说,指学生通过课程学习以后,在德智体美劳各方面被期望达到的程度。它是确定课程内容、教学目标和教学策略的基础。明晰课程目标,我认为关键的是,课程要与教育目的、培养目标关联起来,把国家课程目标逐级分解转化为课程教学目标和学习目标。

从广义上讲,要建立课程与教育目的的衔接关系。如 2001 年教育部发布了《基础教育课程改革纲要(试行)》,2016 年发布了《中国学生发展核心素养》,2022 年印发了《义务教育课程方案和课程标准(2022 年版)》,这些纲领性文件体现了国家层面的教育目的,最顶层的当然是党的教育方针,是我们在课程系统重构中必须深刻理解和始终遵循的。

从狭义上讲,要明确课程与培养目标的对应关系。"培育孩子自主习惯、自信品质和美好心灵,做幸福完整的人"是大成实验学校的教育愿景和育人目标。我们认为,自主习惯、自信品质和美好心灵是孩子们幸福完整必备的品格、关键的能力和核心的素养。这是《中国学生发展核心素养》中提出的六方面素养在大成实验学校的校本化实践。

结合大成实验学校的核心主张,围绕办学愿景和育人目标,在课程实践探索中,我们逐步确立了两大课程总目标:一是聚焦课程设置的多样性、开放性和选择性,构建九年一贯制、五育融合、适合学生、可供选择的"课程超市";二是以学生的成长为导向,聚焦自主习惯、自信品质和美好心灵的培育,成人每一个、成全每一个、成长每一个,给予学生启迪一生的教育影响和受益一生的核心素养。

第三,重塑课程架构。

从九年一贯制、实验学校的校情出发,在课程哲学和课程目标的引领下,我们以学校既有的课程体系框架、结构、实施状况为基础,按照"圆周编辑与直进一贯结合,模块开发与系统构建并重,课程开发与课堂改进同步"的基本思路,对国家课程、地方课程及校本课程进行一体化再设计,推动国家课程校本化、社团活动课程化、拓展课程精品化。

坚持以课程的多样性、开放性、动态性来满足课程的选择性。从原来零散的社团兴趣课程到之后的学习领域学科课程,再到现在的分模块课程重组、融合,初步形成了九年一贯制、适合学生、可供选择的树状课程结构体系,我们称之为"大成课程"。它由"两类别三维度六模块"课程群组成(见图1)。

具体地说,"两类别"指基础课程和拓展课程。前者是指国家课程,也是核心课程,包括语文、数学、英语、科学、体育与健康、艺术、道德与法治、信息技术、劳动等国家课程。后者以校本课程和地方课程为主体,包括"六模块"课程群,即学科拓展、特色项目、校本德育、自主教育、学段衔接和学后服务。

"三维度"指文化基础、自主发展、社会参与,分科学精神、人文底蕴、健康生活、实践创新、学会学习、责任担当六方面素养。我们把相应的课程尽可能合理地纳入素养类型之中。近年来,我们已经开设各类"六模块"校本

图1 "大成课程"树状架构

课程80余门,其中5门课程被评为区级精品课程,1门课程被列为市级精品课程。

我们常说,"十年树木,百年树人"。学校基于生命自然生长的理念,以"课程树"的形象塑造了"大成课程"结构,契合了"大成"的成人、成全、成才的精神内核。其中,基础课程是树根和主干,是为了打好每个生命的底色;拓展课程是枝条和叶子,是为了满足生命的无限可能。而每门课程,既有自己独特的结构和呈现方式,又承担着不同的任务。它们相互融通,彼此关联,共同支撑起为学生提供多元选择、促进生命自然生长的课程使命。

第四,变革课程实施。

"大课程观"下的课程建设,需要打破传统集体授课制下的班级、年级、课堂的局限,打通校内外学习生活的围墙,扩大学生的校园生活半径,为学生提供更加丰富的课程资源、更加灵活的组织形式、更加适合的课程形态。

首先,我们严格执行国家课程标准,开齐开足各类课程,这是课程实施的基础。比如,我们提出"音体美劳第一课程"的口号,全面落实国家对这些课程的要求。按《义务教育课程方案和课程标准(2022年版)》要求,及时把劳动、信息科技从综合实践活动课程中独立出来,还在全校开设心理健康教育课程。

调整课时长度、学习对象,设置长短课、微课、群课、专项课等。如基础课程每节40分钟,低年级20分钟;拓展课程小学低年级30分钟,小学高年级40分钟,中学60分钟。按照分层、分类、综合、定制的组织方式,不断优化课程实施路径,努力为学生提供相匹配的课程选择、层次选择和学程选择。

基础课程逐步实行学科分层教学。目前,我们九年级已经采取分层走班的组织形式。针对其他中高年级,倡导教师在课内根据"一单三环六要素"课堂实践模型,以及预学、共学、延学的学程设计,实施目标、问题、活动、练习的课内分层教学。在低年级,提出了"兴趣、习惯、思维"六字学科育人的具体要求。

拓展课程实行分类走班教学。学校设置了线上选课系统,便于学生跨年级自主选择,每周五下午进行。其中,实践活动类,依托校内和社会资源,实行分类组班活动;知识拓展类,依托基础课程校本化研究,倡导基于主题设计的学科内和跨学科综合模式,特需定制、按需实施;课后服务类,采取"两类三段式"的服务模式,完善"1+X"课程框架。

其次,我们积极开展多形态、多形式、多策略的国家课程校本化、拓展课程创生性实践探索。主要的策略是:

一是主题式拓展。鼓励教师对基础课程开展学科内拓展、整合,适度延伸学科深度和广度,开展具有实践性、体验性、综合性的学科专题活动,与学科主题知识一起形成一个有机体,落实学科核心素养,提升学科学习能力,形成包括素养提升、学科补偿、项目作业和个别定制课程的20余门学科拓展课程群。

我们的关注点:一是在课程目标上,学生需要获得哪些核心素养;二是在课程结构上,这些素养需要哪些要素联系;三是在课程内容上,通过哪些有意义的问题、任务、活动设计,贴近生活真实情境,使其成为课程资源;四是在课程实施上,引导学生以怎样的学习方式完成对课程的学习。

二是跨学科整合。以学生生活经验为逻辑起点和主线,基于校园活动及社会实践等真实情境,鼓励教师、教研组、部门、项目组开展跨学科课程整合,开展综合性跨学科专题学习活动。

目前,学校开设了机器人、Steam 工坊等 50 多个社团,形成活力大课间、"大作业"成果展等 30 多个跨学科活动主题。比如,我们的"玩转光影"课程,结合科学(经典实验)、数学(光与影)、美术(绘画体验)、语文(绘本阅读),综合多个学科、多个年段的资源来共同完成课程目标和任务。

增强学科之间的融合性,促进学生实践学习,以解决实际生活问题,培养学生跨学科思维,释放学生的学习力,促进深度学习的发生及核心素养的落地。

三是项目化活动。结合学生的真实生活,利用已有的学科知识提出、设计、解决项目问题,指向学生的核心素养。学校以课程的视角,从点、线、面三个维度组织推进项目化学习。

点上,对接实践类拓展课程,如"爱思考的机器人""Steam 工坊";线上,对接基础课程,如语文的"阅读马拉松"、数学的"益智游戏设计"、英语的"话剧剧本设计"、科学的"校园沙盘设计";面上,对接活动类拓展课程,如"大作业"项目化学习成果展。

四是真实性学习。以"一单三环六要素"实践模型为主线,持续开展常态课堂改进行动,推动构建指向深度学习的课堂新样态,让学习在常态课堂中自然、真实地发生。

如倡导基于单元主题的学习整合;运用大概念,创设学习任务群;创设真实学习情境、学习任务、学习评价,推动问题任务活动化、生活化;践行大数据赋能,通过持续性评价,推动教学评一致;留足给学生挑战学习的时间,促进教学范式的转变及学习方式的迭代进阶;等等。

在课堂改进实践中,任务驱动型、问题解决型、活动导学型、项目学习型等多样化的课堂范式不断涌现,有力促进了学生走向真实、自然的深度学习,让课堂真正成为学生素养提升的"学习场",从而真正为成就学生的选择提供了最大的可能。

第五,完善课程评价。

学校树立"不让一个孩子掉队"的育人理念,按照"以评价促发展、以评价促提高、以评价促选择"的思想,实施绿色、精准、多元的全面育人评价机制,让评价成为生命成长的催化剂和加油站,指向每一个具体而鲜活的生命个体。

基础课程学习评价,小学低年级实施学期非纸笔评价;中高年级、初中注重过程性评价与发展性评价的有机结合。借力学校大数据平台,利用电子成长记录袋,全过程考察、记录学生的核心素养和综合能力,以及学生的发展进步。

拓展课程学习评价,主要通过观察、访谈、检测等多种方法,从学生在学习过程中的表现,以及学习成果、作品展示等方面,来了解和评价学生的核心素养发展情况。强化自评和互评,突出学生的主体地位。

课程教学评价,以学校、家长、学生为评价主体,以日常听课诊断、家长开放日等为路径,主要从选择的学生人数、学生实际接受的效果、领导与教师听课诊断、学生问卷调查的结果、课程质量等方面进行综合评价。

第六,强化课程保障。

在课程重构实践中,我们感到保障机制至关重要,决定成败。主要有三方面:

首先是组织保障。比如,设立课程教学处,负责学校课改方案和课程规划的组织实施,组织考核课程开发、课程视导和课程评价工作。设立课程审核委员会,具体负责对课程的审核、视导和评价。

组建课程共同体,成立课程研发小组,采取课程项目负责制,负责课程的开发、论证和实施。设立 Steam 项目化学习中心、大数据应用中心、阅读推广中心,负责推进特色项目课程的开发、实施,做精做强。

其次是师资保障。比如,学校提出"性情平和、专业拔萃、尽职负责"的教师努力方向和"建设一支充满生长力量的生长型教师团队"的师资建设总目标,实施"五个三"教师培养规划,提升教师品德、品行和品位。

创新校本研修模式,以"四题五化一重点"为途径,以"四课"联动为形式,解放教师的创造力。分层分类开展课程培训,搭建成长新平台,提升教师课程规划和开发能力。

最后是管理保障。比如,完善《学校课程开发、管理、评价与奖励办法》,形成课程长效机制。课程审核委员会负责对课程纲要、课程教材、实施计划进行审核、修改。

实施《教师教学新常规》,重构有效教学常规链。建立课题组和教研组联动机制,推进常态课堂改进行动研究。挖掘教师特长,提高课程开发的主动性和积极性。

我们的挑战

经过多年的课程重构实践,我们感受颇深,主要有以下几点:

第一,课程的育人价值得到彰显。课程不仅给学生提供了更大的成长舞台、更多元的生长可能,而且改变着学校育人模式,改变着师生的生命状态。

比如,我们的自主教育课程群,以自我教育为主线,突出自主管理、自主习惯、自主学习系列课程建设。开设自主阅读、自主学习、作业整理等课程,在高年级建立班级公约、小组合作机制、值周班长制度、学科代表制度,培养了学生自主管理、自主学习、自主发展的能力。

再如,我们的校本德育课程群,从开发"九心树大成"心育课程、建设"润泽教室"课程,到打造"心灵驿站"课程;从谋划"主题晨会"课程、深化"仪式教育"课程,到协同"家校共育"课程,给学校的育人生态带去生机和活力,也极大锻炼了教师的课程开发、协调、组织和实施能力。

第二,课程的迭代升级任重道远。课程系统构建是一个要素不断调整、完善的修炼过程。尤其在新课程标准的背景下,以学生核心素养为目标的课程育人导向,给我们带来新的挑战。

由此,我们要反思学校课程体系能否满足学生成长的多元选择,能否适应学生核心素养的发展需求,能否实现共性化课程的个性化适应等问题,让已有的课程从分科学习的局限中走出来,找到新的成长点,以适应儿童的自然天性,满足其成长的可能性。以完整的生活,培养完整的人。

就"大成课程"而言,目前我们还面临许多考验,尤其是课程教学体系亟待迭代升级,如学科课程体系的深化,包括综合性跨学科学习课程的开发,校内外课程资源的联合,无边界学习空间的突破,以及课程目标在课堂落地的实证评价,等等。这些都是我们下一阶段必须提升的地方。

第三,课程的开发能力遇到瓶颈。新课程背景下,教师的课程意识在提升,课程经验在丰富,这是事实。但是,总体上看,教师的课程素养存在差异,特别是课程开发能力不足,精品课程不多,也是事实。

在"四题五化一重点"校本研修框架下,学校正在逐步建立不同教师群体分类分层的课程研修体系。针对青年教师,着眼于以规范为主的课程能力提升;针对成熟教师,设计基于问题解决的专项突破;针对优秀教师,设置指向精品、有特色的高端研修项目。

我们鼓励更多的教师参与课程共同体,针对课程实践中的真问题,开展课程行动研究,在积累经验中理性审视,从学科分工走向学科协同,重建对课程哲学、课程目标、课程实施、课程学习的系统认知,努力获得对课程问题解决的新突破。

一言以蔽之,践行自然的教育要有一套好的课程。倘若要实现学校课程的育人价值,让学生的选择可见、学习可见、成长可见,那么我们的课程建设必须回归儿童,回归生活,回归实践,迈向系统迭代的课程重构。

我们的理想是,让课程这盘菜既好吃、有营养,又有卖相,最终形成适合学生选择、学习和成长的课程生态。这是校园生活有趣而丰富的源泉,也应成为课程变革的努力方向。与各位共勉,谢谢大家。

(东北师范大学校长研修团,2023 年 3 月 8 日)

为深度学习而教

教师为什么而教？这是一个严肃的教育问题。前一段时间,我们区的课堂节办得可谓风生水起,主题是"深度学习"。我们学校也在做一个课题"指向深度学习的常态课堂持续改进"。今天,我想延续这些主题,与各位分享我的理解和想法,我给它取了一个名字,"为深度学习而教——从常态课堂的持续改进说起"。我准备讲三方面的问题:何谓深度学习;常态课堂呼唤深度学习;如何践行深度学习。

何谓深度学习

"深度学习"这一概念在教育科学、计算机科学、神经科学等领域均有涉及。而近十年来,尤其活跃在计算机科学领域。我在 2019 年看到的一本书——《深度学习:智能时代的核心驱动力量》,作者特伦斯·谢诺夫斯基,是 AI 人工智能科学家,他认为深度学习是人工智能从概念到繁荣得以实现的主流技术,是智能时代的核心驱动力量。现在实现的自动驾驶、图像识别、语音识别、智能翻译的背后都是深度学习在发挥神奇的作用。

这个观点听起来有些高大上。事实上,"深度学习"这一概念最早是在教育科学领域出现的。1976 年,美国学者弗伦斯·马顿和罗杰·萨尔乔,两位在瑞典哥德堡大学教育学院工作的教授,在英国《教育心理学》杂志上联名发表了《学习的本质区别:结果和过程》一文,基于学生阅读的实验,首次提出了"学习层次"的概念,根据学生的信息加工方式,指出学生的学习是有深度学习和浅层学习之分的,由此首次提出了深度学习(deep learning)和浅层学习(surface learning)的概念。

阅读研究结果显示,学生们阅读文章时有两种情况:第一,会把注意力放在被提问的部分,并且尝试以记忆、背诵这些内容为主,属于浅层学习;第二,在阅读理解的基础上,进行关联,进行思考,把文章的话变成自己的话,最终成为自己头脑里的知识,这是一种迁移,是一种更高的思维层次,属于深度学习。

也就是说,浅层学习处于较低的认知水平和思维层次,不易迁移;而深度学习则处在认知的高级水平,涉及高阶思维,可以发生迁移。当然,学术界对于什么是深度学习,仍然存在着认识分歧。我比较认同的是华东师范大学陈静静博士的深度学习螺旋桨模型。

这个模型主要从三个维度对深度学习进行解读。

首先,在认知领域主要表现为深度理解、高阶思维和问题解决。深度学习是在理解的基础上,思维不断深化,向高阶思维阶段发展的学习,这样的学习最终通往问题的解决。

其次,在动机情感领域主要表现为全身心投入、忘我的状态和自控策略。深度学习是一种全身心投入、身心愉悦、自然状态下的学习状态,学习者常常是忘我的、不知疲倦的,而且是自主的。

最后,在人际领域主要表现为自我接纳、有效沟通、合作。学习者对自己的学习充满信心,心态是自信的。深度学习是一种合作性的学习,促成师生、生生间有效的互动,共同克服困难、解决问题。

陈博士认为,深度学习是一种高度沉浸、持续深化、不断延伸的学习方式,如同"螺旋桨",是学习的一个动力系统。我想,这种动力源自自然、自主、自信的课堂生态,源自学生持久的学习动机、学习兴趣和学习能力。

2018年,我在高阶思维和跨学科研讨会上发言时,提出了自己的三个观点:

第一,深度学习的本质特征是高阶思维。我的理解是,所谓高阶思维,是较高认知水平上的心智活动或较高层次的认知能力,相当于在布鲁姆的教育目标分类学认知学习领域六大层次中的应用、分析、创造、评价。经济合作与发展组织(OECD)发布的《学习罗盘2030》,认为高阶思维是批判性思维和生成性思维互补运用的思维。

我认为,学习不仅仅是用知识装满头脑,更重要的是让思维武装头脑,让学习在一种高水平思维的状态下真实发生。学习,传统的理解就是读书。我的理解:一是指习得知识、技能和经验;二是指学会、会学、学得有效的元学习。学习起于问题,动力在于好奇心,关键在于思维。没有思维就没有问题解决;没有好奇心就没有学习热情,也就没有学习的发生。

第二,高阶思维是高效课堂的根本标志。高效课堂的一个持久的、长期的目标就是通过组织学习活动来帮助学生超越目前较低的思维层次,获得较高水平的思维能力,如做中学、用中学、创中学、合作中学。判断一堂课是否有成效,最终指向的是思维,即每一个孩子的思维是不是被激发,思维能力是不是提升了。

如果高阶思维能在常态课堂中实现的话,我想课堂一定是充满生命活力的,孩子们的学习一定是真实的、有深度的,那课堂无疑是有效的、高效的。

第三,深度学习的发生源于自然、自主、自信的课堂生态。我认为,理想的课堂生态应该是这样的:

一是自然的。深度学习是在一种自然状态下的自主建构、自我超越的学习过程。自然的状态,自然的心态,不恐惧,不害怕,学生的精神方能得到解放,身心方能得到释放。唯有在自然的状态下,学生的学习才会有安全感,心灵才会打开,精神才会舒展,思维才会活跃。

二是自主的。深度学习的"深度"是学生的深度。课堂上,学生有自主学习权,有自主学习活动和思考、探究的时间和空间。唯有成为课堂真正的主人,学生才会伴随真实的学习经历,想学、愿学,学习才会真实发生。

三是自信的。自信来自学生的学习基础、学习习惯、学习动力,更来自教师的激励、欣赏、信赖、唤醒。不同层次的学生都有被关注的时间和空间，都有成功的情绪体验机会。只有对学生充满信赖和期待，整个课堂才会充满生命活力。

走向深度学习，指向核心素养，是课改的趋势。深度学习能促进学生价值观念、必备品格和关键能力的形成。常态课堂持续改进的价值指向以学习为中心，促进每一位学生的深度学习。从这个意义上说，为深度学习而教，应该成为每位教师的理想和使命。

常态课堂呼唤深度学习

为什么说今天我们的课堂在呼唤深度学习？当下的基础教育面临很多的挑战。课堂就是一个关键领域。日本教育学家佐藤学认为，学校的嬗变不在于外部显性文化的美化，而来自静悄悄的课堂革命。我深以为然。

记得在两年前，教育部部长呼吁"深化基础教育人才培养模式改革，掀起'课堂革命'，努力培养学生的创新精神和实践能力"。我们平常讲课堂改革、课堂变革、课堂改进比较多，但教育部部长讲课堂革命，还是第一次。

确实，从1979年前后中国教育界进行的教学改革实验，到近十几年新一轮基础教育课程的改革，可以说，我们课堂变革的步伐一步也没有停歇，但从总体上看，常态课堂的变化，特别是教与学的方式改变不大。可见，课堂的革命一定是块难啃的骨头。这从几十年的课改经历中可见一斑。

当下，基础教育界有一个共识，即学校要发生根本性改变，关键是课堂必须改变。课堂不变，学校不可能有内涵上的真正变化。而且，我认为这种变化，更多的是渐进性的变化，而不是运动式的变化。想通过一场"运动"来改变课堂，是不切实际的，那样的课改不深刻，也走不远。

从这个角度看，我个人更倾向于课堂的"改进"，而不是"革命"。对于一线教师来说，"革命"这样的字眼可能宏大了一些，也许"改进"更接近课堂实际和学校现实，更贴近教师的教学生活。尽管一线教师对教学新理念并不陌生,但理念与行为之间的互动,理念到行动的渐变往往都有很长一段路要走,甚至是伴随终生的。常态课堂需要持续改进,不是另起炉灶、推倒重来,更应该是一种基于学校实际和原有课堂实践基础上的持续的改进。

而我们所说的常态课堂,通俗地讲就是平常、日常每一节课的教学活动,即教师有计划、有目的、有效能地正常实施教学的过程。有人说,当下的课堂生态正在沦陷,特别是常态课堂。我们课堂的主要问题大多时候不是发生在公开课上。

尽管公开课的主体依然是学生,只是有时候用来教研,服务于教师,但至少质量会相对比较高。相对而言,常态课堂是学校最真实、最值得我们研究、改进的领域。不完美,其实是课堂的真实常态,我们要做的就是持续改进,无限接近理想的课堂状态。

那么,当下的课堂,特别是常态课堂问题出在哪里呢?我们可以回想一下课堂中的一些现象,比如,学生精神状态不佳,往往是靠毅力而不是靠兴趣来学习的,缺乏生命活力;学生"动"的时间少,似乎很闲,老师却很忙;学生学业基础差,教师成就感低,缺乏职业幸福感;等等。

仅仅从学习层面来看,常态课堂最突出的问题可能是课堂学习效能低下,质量不高。这不是某所学校的问题,而是大多数学校的普遍问题。

何谓学习效能,余文森教授有过精辟的观点:有效教学的内涵有三个维度,即有效果,学业成绩、认知水平得到提高;有效用,学习能力得到提升,人变聪明、文明;有效率,实现减负增效,促进身心健康,提高幸福指数,解决苦教苦学问题。

所谓低下,我的理解即低效、无效、负效。低效、无效、负效的原因是,真正的学习可能并没有在学生身上发生。具体表现在课堂中存在大量的被动学习、厌烦学习、虚假学习、浅层次学习的现象,存在"伪优生、学困生"。

"假学"就是假装学习,实际上根本没有进入学习状态,学生采用各种"伪装"的方式来蒙蔽老师,进而逃避学习。"浅学"就是浅层学习,是一种以完成外在任务、避免惩罚为取向的学习行为,以机械记忆和反复操练为主,缺少深度思维加工，因此学习成果多以复制为主，难以迁移和深化。

学生之所以学习低效，是因为很多时候，其真实学习需求未能得到关注和回应，导致"学不会"，课堂认知目标未达成，成为"夹生饭"，吃不了。学习其实没有在课堂上发生。课后又有大量无选择、不分层次的作业叠加，占据了学生大量时间，造成高耗低效的局面，所谓的尖子生吃不饱，中等生吃不好，"学困生"吃不了。学不会—没兴趣—不愿学—被动学—学不会，成为"学困生"的"不良循环"。

课堂学习效能低下的原因是复杂的，从教的角度，我们分析深层次的原因可能有三点。

第一，师与生关系，角色错位。

如果把课堂当作一个舞台，舞台的主角是学生，而不是老师，老师充其量是个导演。事实上，我们有时看到的现象是：课堂上老师很忙、很累，学生很闲、无所事事。老师们其实也很焦虑，有时有心安理得的想法，我反正都讲过了，会不会那是学生的事了。另外，按照佐藤学教授的说法，课堂上生怕开"无轨电车"，控制不了学生的讨论和合作，担心学生不会学，耽误教学进度。

有人做过一个形象的比喻：老师每堂课就像带学生游泳，好多时候老师上岸了，学生却还在水里，有的学生甚至根本就没下水。无奈之下，老师只能返回去捞学生。老师们通常在课堂上讲个不停，学生埋头听记，但真正掌握多少、消化多少又是一回事。常会听到老师说，这个题目老师讲了很多遍了，可考试还不会做。课内不足课外补是常态，即所谓"捞学生"。

第二，教与学关系，本末倒置。

余文森教授认为，教的立足点、出发点是促进学生的学，师生关系的重心在学上。因此，教师的教应该服从、服务于学生的学。事实上，我们经常看到的现象是：教学关系就是我讲、你听，我问、你答，我写、你抄，我给、你收。教多少、学多少，怎么教、怎么学，不教不学。学生的课堂学习长期处于被动接受的状态，被按着头、被喂食，学习主动性、创造性没了。这样教出来的孩子，就像一群鸟，关在笼里喂久了，突然让它们飞向大自然，自己觅食，结果往往是纷纷饿死。

　　传统课堂教学深受"教师中心论"的影响。特别是20世纪50—70年代，苏联著名教育家凯洛夫（曾任俄罗斯联邦教育部部长）的"五环节教学法"把课堂教学归纳为五个主要步骤：组织教学、复习旧课、讲解新课、巩固新课、布置作业。比如语文课无非是作者生平介绍、背景介绍、记忆生字词、分析段落与归纳段意、分析中心思想、分析写作特色，整个课堂难以体现"语文之美"。它就是在捷克教育家夸美纽斯和德国教育家赫尔巴特的理论的基础上形成的。

　　夸美纽斯首先提出班级授课制，把一对一的个别化教学变为一个教师同时对几十个学生进行施教的群体教学。凯洛夫将其整合成一套完整的体系，让"教师讲"得到进一步发扬和强化，课堂教学的效率、效果也因此得到了提升。但缺陷和弊端也显而易见，课堂教学主要以教师为中心，以教材为中心，过分注重和强调教师的教，忽视了学生的学。

　　第三，育人与育分的关系，走向极端。

　　课堂不仅承载着知识的传授，也是核心素养生长的地方，更是生命成长的地方。我们的课堂不能仅仅为考而教，为分数而教，而是要解放学生的手脚、大脑和心灵，瞄准核心素养的培养；不能只盯着公开课、评比课，而是要聚焦常态，指向未来，关注生命成长与可持续发展，培养全面发展的人。

　　事实上，我们有时看到的现象是：老师为分数而教，为考试而教，为升学而教，课堂教学变成"追分行动"，被肢解为各种考试重点和技巧。很多时候，课堂里丢掉了学科价值，丢掉了核心素养，丢掉了育人使命。

　　学生整天练了又背，背了又练，兴趣点、好奇心慢慢被磨掉。没完没了地背、练、抄、写，没有选择的作业狂轰滥炸，长此以往，学生往往丢掉了思维，丢掉了文化，丢掉了学习兴趣、学习动力、学习热情。教师越教，学生越不会学、越不爱学。

　　传统教育对孩子有一定的压制，并且相对于情感需要，更重视智育目标，这使得孩子们可能掌握了很多知识，但是缺乏满足感和成就感，所以就产生许多"问题学生"。英国教育家尼尔认为,问题儿童的产生,根源就在于问题家长、问题家庭、问题教师。他强调的是师生的平等关系,要摒弃权威,让儿童天性自由生长。儿童只有拥有自由权,天性才不会受到压抑,才会免于恐惧。这观点我很赞赏。

有人说,孩子的厌学可能不是天灾,是人祸。原本活泼好动、有好奇心、灵动可爱的孩子,到毕业时变得沉默寡言,这是教育的悲哀。所以,我认为教师最大的师德不是其他,而是不把学生教"坏",教成"问题学生"。正如于漪先生曾经说的,什么叫优秀教师? 就是能把学生教得越学越想学,越学越会学,越学越聪明,越学越有追求,越有理想。

常态课堂在呼唤深度学习。可以说,常态课堂学习效能低下,背后其实是学生学习机制未被真正触及。学生的主体地位、课堂的学习中心未真正落实。为了让常态课堂从虚假学习、浅层学习走向真实学习、深度学习,推动课堂持续改进势在必行。

如何践行深度学习

深度学习的发生、落地,重在课堂转型。课堂转型的价值追求,概括起来,我认为有以下五点:①基于学生立场(为学生而教);②以学习为中心(以学为主);③关注学习过程(自然、真实发生);④指向学得有效(会学、学会);⑤促进生命成长(全面发展)。

从这些价值追求出发,课堂转型的策略有很多,视学校的具体情况而定,如教学理论的支持、系统的顶层思考、高品质的学习设计及课堂持续改进等。重点介绍以下三点。

用教学理论指导我们的实践

没有理论指导的实践往往是盲目的实践。上海育才中学于 20 世纪 70 年代后期提出"八字教学法模式",即"读读、议议、练练、讲讲"课堂教学八字要诀。1989年,黎世法异步教学法强调的是课内分层、自学辅导和个别化指导。

多年来,学校的课堂改革风起云涌。我们身边出现了泰兴洋思"先学后教,当堂训练"模式、杜郎口"10＋35"自主学习模式、江苏如皋"活动单导学模式"、静安附校后"茶馆式"教学模式等,还有"互联网＋""人工智能＋"教育下的各种智慧课堂、精准教学模式等课堂变革典型成功案例。

它们的一个共同点:把改革核心目标定位在推动常态课堂转型,走向以学习为中心的课堂。教学过程正在被学习过程替代。课堂的样态也从讲授型向对话型—活动型—智慧型的多样化课堂转变,课堂更"动"了、更活了。"以学生的学习为中心"成为课堂转型的核心指导思想。"教师精讲少教,学生多动多学"成为课堂转型的行动纲领。

案例中的每一种模式或范式的背后都有教学理论的支撑。国内的当然可以从孔子"有教无类、因材施教"思想说起。国外对我们有深刻影响的有杜威的儿童学习中心理论、布鲁姆的目标分类学和掌握学习理论、皮亚杰的建构主义理论、埃德加·戴尔的学习金字塔理论、维果斯基的最近发展区理论等。

杜威倡导的"以儿童为中心""做中学"为基础的实用主义教学模式,我国教育界深受其影响。尤其是他提出的"五步教学模式",又叫"思维五步法",即创设情境(一个真实的疑难情境)、确定问题(基于情境产生真实问题)、提出假设(展开必要的观察并提出解决问题的假设)、推理分析(整理解决问题的方法和途径)、实验验证(通过应用来检验假设,看假设是否有效)。

建构主义理论的"基于问题的教学"或"情境性教学",也称"抛锚式教学",同样对我们的课改有很大的启发。它有以下几个环节:①创设情境,使学习能在与现实情况基本一致或类似的情境中发生;②确定问题,问题就是"锚",这一环节的作用就是"抛锚";③自主学习,由教师提供解决问题的线索,但完成的主体是学生;④协作学习,通过讨论、交流,加深每个学生对当前问题的理解;⑤效果评价,在学习过程中随时观察并记录学生的表现,反映学生的学习效果。

学习金字塔理论是美国学者埃德加·戴尔于1946年率先提出的"经验之塔"。在塔尖,第一种学习方式——"听讲",也就是老师在上面说,学生在下面听。这种我们最熟悉、最常用的方式,学习效果却是最差的。两周以后学习的内容只能在脑海中留下5%。第二种,通过"阅读"方式学到的内容,可以保留10%。第三种,用"声音、图片"的方式学习,可以达到20%。第四种,是"示范",采用这种学习方式,可以记住30%。第五种,是"小组讨论",可以记住50%的内容。第六种,是"做中学"或"实际演练",可以达到75%。第七种,在金字塔基座位置的学习方式,是"教别人"或者"马上应用",可以记住90%的学习内容。

着眼于高品质的学习设计

课堂的低效问题在课上,症结在课外。至少有六个关键行为要素,我认为在教师的备课(教学设计)中非常重要:明确目标是前提,问题(任务)的设置是核心,组织活动、当堂检测以及技术、激励的跟进是关键。

(1)清晰的目标。

教学目标就是要明确学生现在在哪里、要到达哪里,途中有哪些障碍和可能的风险需要重点解决。教师要将教学目标细化成具体可行的学习目标。学习目标是课堂改进的逻辑起点,是对学情、教学重点和难点的合理定位。以学定教,即以学情作为教学起点。根据学生的学习准备来判断学生学习的疑难点、困惑之处以及可能会犯的错误。学习准备,我的理解就是预学习。通过学情调查、预习提纲等多种方式来引导学生预习。

(2)关键的问题。

美国教育心理学家戴维·梅里尔指出,以问题为中心,当学生参与实际问题的解决时,教学才能促进。思维起始于问题,问题是打开学生思维大门最好的钥匙。每堂课应该要有几个核心和关键的问题(学习任务),通过问题进行学习,通过学习生成问题。教学最核心、最迷人的地方就是问题的解决和体验。一个好的课堂应该是学生在问题的引领下主动学习的过程。

要让学生进行有价值的思考,关键是教师在备课中要有价值地思考,其标志就是设置什么样的问题让学生进行思考。以学习目标为导向,通过文本研读,把教学内容问题化,把教学重点、难点、疑点加工成问题,把教学任务转变为驱动性问题,转化为思考点。通过问题引领、任务驱动,唤醒学生的好奇心和学习愿望,引导学生走向学习过程。通过问题的设计、问题的提出、问题的暴露和解决,培养学生的发散思维、批判性思维。

从现实看,从低年级到高年级,学生提出的问题越来越少。问题少的原因是学生怕失败、提不出问题、没有成功的喜悦。教师要把学生提出问题、解决问题、暴露问题看成最大的进步。教学中如果没有暴露学生的问题,意味着课后有更大的问题。

哈佛大学的校训是"为理解而教",就是要求引发学生对问题的思考,一个问题产生两个问题,把思维引向深入。成功的教育是引发学生思考,不断产生问题、解决问题、思考逐步深化的过程。哈佛大学校长说过,学生以为什么都懂了的时候授予学士学位,一知半解的时候授予硕士学位,什么都不懂的时候授予博士学位,主要看学生有没有好奇心,有没有提出问题的能力。

(3)丰富的活动。

"教"和"学"是互动着的"伙伴"。一堂课要活起来,就要有丰富的活动,师生互动、生生合作,而这些活动必须围绕学生展开,主角是学生,而不是教师自己。如小组合作,学生的合作学习、讨论交流环节是不能缺失的。学生在交流过程中,通过观察、倾听、分析,发现他人问题解决时的不足和缺陷,进行及时的评价,并做出修改和完善,甚至另辟蹊径重新予以评价,这样的过程包含了生成性思维,又体现了批判性思维,符合高阶思维能力培养的基本要素。

我认为,教师的任务不是上课,而是组织学习。要突出"导学—组织好学的活动":①讲解要少而精,尤其是在学生碰到十分陌生的知识点的时候;②点拨要准而活,尤其是在学生分析、解决问题思路贫乏、进入"死胡同"的时候;③对话、追问要细而深,尤其是在学生碰到相互联系、相互干扰的知识,以期弄个"水落石出"的时候;④讲评要清晰而到位,尤其是对学生有创意的想法或回答予以肯定,对于暴露出来的问题,讲清错误的原因。

几年前,我在江苏如皋听课,对课堂活动的组织印象深刻。他们的课堂一般设置三四个活动模块,包括学习目标、活动设计、点拨引导、检测反馈等环节。比如《狼》的活动单导学设计。活动一:站起来背一背、坐下来读一读。活动二:初读课文、读准字音、读出节奏;自由朗读—自主扫除阅读障碍—组内互读尝试展示—班级展示。活动三:再读课文、疏通文义、理清思路;结合注释理解课文—同伴互助、组内释疑—圈画并理解重点词句,尝试复述故事—班级展示(考考你:解释、含义、意义、问题——塑造哪两个形象)。活动四:因文悟道,走向生活;独立思考—组内交流—班级展示(结合文本内容,联系生活实际,说说你想起了什么或受到了怎样的启发)。

(4)可检测的练习。

可检测的练习是很有必要的。余文森教授认为,有效教学要认真落实三项:课堂上每个教学环节的目标和要求都要明确、具体、可观察、可测量;每个学生的活动、作业要落实到位;重要的练习和作业要当堂完成,在教师眼皮底下过关,当堂评点。

讲练结合是一个教学策略。这里的练习一指问题的实践化、训练化,如课前预学习、课内作业、课后作业等。课堂中的练可以理解为听、说、读、写、思、行等方面的训练。二指当堂检测,要有必要的梯度的设计,包括变式、拓展、提高。

(5)有意识地使用技术。

教师要积极参与智慧课堂研究,紧跟未来教育的步伐。技术工具如电子白板、一体机、移动学习终端、一些灵巧易用的 App 工具,有助于教师提升课堂教学效果,也可以让学生建立新旧知识联系,使学习可视化等。

建立数字化的学习环境、学习手段,促进深度学习。学校有必要创设一个集数据采集、数据分析回溯等于一体的教学辅助平台,以实现师生、生生间实时互动,为学生生命成长和创造力发展提供优良的学习环境。

(6)评价的情感激励。

情感因素始终是最重要的课堂学习要素。因此,激励评价应该贯穿课前、课中、课后的全程。比如学习评价要与学习活动进行一体化设计,聚焦教学评一致性,发挥评价的诊断、改进和激励功能,并指向素养导向的单元和课时学习目标达成。重视评价主体的多元化和评价方式的多样化,倡导绿色、多元、精准的个性化评价。

我们提倡"四个鼓励":鼓励每个学生举手自信说话、大声表达、大胆交流,鼓励学生敢于提出、发现问题,鼓励学生"当小老师",鼓励学生"知识当堂过关"。

比如,每天举一次手,如果坚持一个月就有奖励。然后,鼓励慢慢增加举手的次数。一年后,老师注意到,孩子们对课堂发言有了足够的自信。

尝试多样化的课堂教学策略

尝试多样化的课堂教学策略,是对课堂学习运用六个关键行为要素的深化与升华。从某种意义上讲,课堂就是"学堂",老师的任务不是"上课",而是"导学""助学"。最关键的是要体现"以学生的学习为中心"的教学理念和"教师精讲少教,学生多动多学"的行动要求。

教师要精讲少教,把时间留给学生。精讲,即讲得精准(三讲三不讲,讲重难点、困惑点,不讲已会、自学会、讲了也不会的)、即讲得精练(讲该讲的话,语言精练,不讲废话)、讲得精彩(讲出感情,讲出技巧)。倡导教师连续讲课不超过 5 分钟。

"教是为了不教。"少教,其实就是让位,提倡做到"五尽量":能让学生表达的,尽量让学生表达;能让学生做结论的,尽量让学生做结论;能让学生思考的,尽量让学生思考;能让学生观察的,尽量让学生观察;能让学生动手的,尽量让学生动手。高水平的教师在上课前可能会通过观察学生预学习的效果,做出自己的独立判断。

"精讲少教"的目的是引导学生"多动多学",引发高阶思维,最终走向深度学习,实现学会、会学、学得有效的目标。课堂要讲究策略,如问题导学、任务驱动、小组合作、检测展示、分层教学、智慧助学。通过策略组织学习活动,引发学生深度思考,培养学生自主学习、互相学习的能力。能力强、习惯好的学生,可以放手让他自己走;落后的学生才要指点。

那么,怎么落实呢?课堂的精讲少教,取决于对课标的把握、教材的理解,取决于对备课所下的功夫。老师在备课中要做到"心有学生"。其实,每个课堂都是"教"与"学"两条线索的综合。教师备课的时候,不仅要有"教什么、怎么教、教得怎么样"这条线索,更要有"学什么、怎么学、学得怎么样"的线索。只有这样,教师的"精讲少教"、学生的"多动多学"才能实现,最终推动课堂学教方式的根本性转变。

其实,促进课堂深度学习的发生,没有其他捷径,持续改进常态课堂是唯一的选择。如果日常的每节课都有效了,那么深度学习一定真实发生了。正所谓教学有三个境界,即教学有法、教无定法、贵在得法。我们的"教"要适应"学",尊重禀赋的差异,顺应孩子的天性,呵护孩子的无限可能。关注学习的深度,关注高阶的思维,关注生命的成长,努力把每一堂课变成孩子们的学习之旅,让学习在课堂自然、真实、深度地发生。

说到底,做了几十年教师,我与其他老师一样,也在不断地调整和反思。对于在听课调研中发现的一些现象,我们不妨回头,对照着找找原因。比如,常常拖堂,甚至不能完成教学任务;课堂气氛沉闷,学生精神状态不佳,老师心情也不舒畅;即便课堂看上去热闹,课后发现作业依然做不好,甚至考试考不好;等等。不管怎么样,课堂的不完美是永远存在的。

简单地说,老师为什么而教?我的回答是,为学生的深度学习而教。课堂呼唤深度学习,通过持续改进常态课堂来无限接近课堂理想,深度学习才可能真实发生。这需要我们一辈子去努力。期待我们做积极又理性、激情又平静的实践者,成为共同改变的力量!

(杭州师范大学骨干教师研修班,2019 年 11 月 21 日)

走指向学生可持续发展的提质之路

  提升质量是永恒的话题。推动高质量发展是近年来基础教育的主旋律。2019 年 8 月,中共中央、国务院出台《关于深化教育教学改革全面提高义务教育质量的意见》。这是党中央出台的第一个聚焦深化教育教学改革、全面提高义务教育质量的纲领性文件。

  那么,提升质量的关键问题是什么? 我们应对的策略是怎样的? 从资源这个角度来讲,生源、师资、办学条件、办学水平甚至是校长的水平等都是关键因素,这是普遍的共识。对于一所优质学校来说,优秀生源、雄厚师资、优越办学条件、高办学水平(包括校长的水平)、高质量(增量)是一个链条式的闭环。我要强调的是,在这个闭环里面,不能把顺序颠倒了,更不能把其中的环节弄丢了。

  其实,对于质量提升来讲,每个环节都很重要。在我看来,生源是学校的第一资源。有人说,好的生源,对于学校而言可以一俊遮百丑,可以一荣俱荣。许多名校之名、优质学校之优,在很大程度上得益于生源的优势,当然还有师资、办学条件的优势。

  关于这点,其实我们都心知肚明,这也是为什么在我们身边经常出现招生"掐尖"现象,然后才有了近些年许多地方公民办同招政策的出台。

  今天,我想换一个视角,撇开资源优势,分享我对提升质量的关键问题及其应对策略的一些看法和做法。我的观点是,学校要走指向学生可持续发展的提质之路。

关键问题

要提升初中的教育质量,我认为,关键是要解决理念、导向、效能问题。

理念问题

准确地说,理念的问题主要是指对"教育质量"有不同理解,即质量观不同。在我大学毕业参加工作的第一年,学校最看重的就是"一分三率"。在大家看来,教育质量即教学质量,教学质量即分数和升学率。三十年过去了,尽管我们经历了应试教育与素质教育的阵痛,以及十多年的新课程改革的洗礼,但是,实事求是讲,这样的观念在当前社会环境下,改变不大。

很多时候,我们家长重视的仅仅是考试分数,对孩子的人格塑造、精神成长、身心健康重视不够。我们看到一些学校办学的短视行为和功利化倾向,片面追求升学率(不顾一切、不择手段),只看重眼前的成绩,不看重孩子的可持续发展。很多时候,说起来是一回事,做起来是另一回事。一些教师仍然按照分数给学生"贴标签",单纯以成绩区分所谓的"好学生"和"差学生"。

其背后主要是对"教育质量"的理解存在偏差,质量观被窄化了、被简单化了,认为教育质量即教学质量,教学质量即分数和升学率。很多地方重提"提质强校"的口号,但需要警惕不能演变成新一轮的"追分行动"。

导向问题

主要是指评价导向,即教育质量评价这根指挥棒出现了偏差。有两个层面,即政府部门对学校的教育质量评价考核、学校对教师的教育质量评价考核。目前评价的主要问题:

"以分数论英雄、以升学率论英雄"的传统评价思维还是占主导地位。我们常常看到区域对学校、学校对教师的质量评价,看起来是个综合的评价,实际上综合的成分还是很低的。

基于平均分和名次的教学质量评价模型弊端和局限性明显。基于平均分和名次,是一种典型、普遍的相对水平教学质量评价模型。从区域和学校角度看,真正考虑增值评价的还不多。如果说是基于"三率"和名次的综合变化,算是进步一些了。它的优势是技术要求简单,便于操作,也便于教师理解,但弊端和局限性也很明显,一是有利于学业基础好的班级,但不利于薄弱班级;二是从区域层面看,有利于少数生源质量和办学条件有优势的学校,但不利于薄弱学校。

有研究表明,以入学成绩平均分为起点看三年的增量变化,结果排名靠前的几乎都是生源质量和办学条件有优势的学校和学业基础较好的班级。也就是说,薄弱学校的学业质量产生增量比生源质量和办学条件有优势的学校来得更难。

过于注重结果评价,忽视过程评价。质量过程缺乏监控,包括起点和终点的评价不准确、不科学,导致结果评价失去应有的导向。这是引发学校、教师片面追求分数、升学率,学校之间抢夺优质生源,校内开办重点班等行为的重要因素,同时也是挫伤学校办学积极性,影响校内教师互助、团队合作和工作积极性的重要因素。

效能问题

主要是指课堂教学效能不高,尤其是常态课堂的学习效能低下。所谓低下,我的理解就是低效、无效、负效。其深层次原因是,真正的学习可能并没有在学生身上发生,课堂中存在大量的被动学习、浅层学习、虚假学习的现象,存在大量"伪优生、学困生"。

被动学习。教师大多站在"教"的立场上进行"教学设计",忽视从促进学生"学"的角度进行"学习设计"。课堂上,教师预设多、生成少,包办多、放权少,学生主动参与学习、自主探究、体验、实践的时间少,长此以往导致课堂学习缺乏主动性。"以教为主、被动学习"的教学状态在日常课堂中普遍存在。

浅层学习。从教师课堂活动的学习策略类型采集和分析数据看,大部分教师的课堂教学以低层分类目标和知识传递为主要取向,以机械记忆和反复操练为主,缺少深度思维加工,难以迁移和深化,因此无法激发学生的潜在能力。课堂学习如囫囵吞枣,因缺乏必要的学习支架和活动,无法有效达成课堂学习目标。

虚假学习。在日常课堂教学中,我们还能看到"学困生"和"伪优生",他们大多是"虚假学习者"。课堂上采用各种"伪装"的方式来蒙蔽老师,假装在学习,实际上根本没有真正进入学习状态。课堂上学生的真实学习需求未能得到关注和回应,导致学生"学不会""没兴趣",课后又有大量无选择、不分层次的作业叠加,造成高耗低效的局面,才形成了"学困生"和"伪优生"的"死循环"。破解这样的"死循环",是提升质量的关键。

应对的策略

从学校层面看,我谈三点:

第一,价值引领

教育思想是学校办学的主线。苏霍姆林斯基说,校长领导学校首先是教育思想的领导,其次才是行政的领导。对"教育质量"有不同理解,就会形成不同的质量观。有什么样的质量观,就会有什么样的办学和教学行为。要解决理念的问题,就要持续地给予价值引领、思想影响。质量观本身就体现了价值判断。

我们提倡价值引领,其实并不排斥提高分数和升学率。相反,我认为,一所好学校必须要有好的升学率或者说与学校相匹配的升学率,这是毋庸置疑的。作为老师,想让学生在原有基础上有一个更高的分数,也是必须的。问题的关键是这个升学率和分数是怎样得到的,背后是一种怎样的价值追求。

我对"教育质量"是这样理解的：首先是真实的，是真实体现在学校内涵发展的全过程之中，而不是在起点和终点做手脚、搞变相的。

其次是健康、理性的，而不是病态的，更不是破坏性、掠夺性的，不是以牺牲学生身心健康成长和生命质量为代价的。我不赞同过度刷题、密集考试、无限延长学习时间，长此以往成绩是上来了，可能兴趣、思维，甚至健康也丢了。这考验的是教育人的良心和底线。

再次是全面的，不仅仅是指分数和升学率等学业水平和成就，而且还涵盖学生的全面素养，如品德发展、身心健康、能力水平、学习品质、学习动力、学业负担，以及师生关系、精神成长，包括在校的感受（是不是喜欢学校、喜欢同伴，是否有存在感、幸福感）。分数和升学率绝不是教育质量的全部。

最后是讲效能的，体现在学校教育对于学生成长的增值上。余文森教授有过精辟的观点。他认为，有效教学的内涵有三个维度，即有效果，学业成绩、认知水平得到提高；有效用，学习能力得到提升，人变聪明、文明；有效率，实现减负增效，促进身心健康，提高幸福指数，解决苦教苦学问题。好的质量最终应指向学生内心深处，体现在人格成长、精神高度及能力的改变上，体现在未来的可持续发展上。有潜力、有后劲，健康是前提。

我们近些年提出的"静心做自然的教育"的办学思想、"走指向学生可持续发展的提质之路"的价值追求，以及强调分数背后的"学科兴趣、学习习惯、思维品质"和"自我教育""自主学习"的教育思想，体现了有教无类、因材施教和人尽其才，指向的其实就是每个学生的可持续发展。

第二，评价优化

有什么样的评价指挥棒，就会有什么样的办学导向，就会有什么样的学校治理实践和教师教学行为。我们的老师、孩子、家长、社会都围绕着教育评价这一指挥棒转。科学有效的质量评价具有正面的激励、导向功能。

2020 年 10 月,中共中央、国务院发布《深化新时代教育评价改革总体方案》,明确提出要改进结果评价、强化过程评价、探索增值评价、健全综合评价。这是以中共中央和国务院名义印发的第一个关于教育评价的文件,旨在从根本上解决教育评价指挥棒问题。

上述四个评价中,我认为最有挑战性的是探索增值评价。我的理解是,增值评价是一种基于学校和学生成长进步的发展性评价。目前有两个挑战:一是技术;二是如何体现成长和发展的过程。

如果从教学质量这个角度看,增值评价就是一种基于教学质量水平进步的发展性评价。学校教学质量增值评价模型的选择,与学校的规模、生源状况及办学导向有关,也需要区域教学质量增值评价模型的支持。因为有些指标和数字来自区域层面的检测技术。

对于增值评价,其实一些地方和学校都在进行有益的尝试。近几年,随着国内大规模教育质量监测的开展,苏州、上海等地在教育质量监测中引入了增值评价。

如前几年,我在胜蓝中学开展了"基于平均分和百分等第的简易增值评价模型"的探索,并设立教学质量增量个人奖和质量团队奖,形成了较好的质量导向。

我觉得,适合初中的教学质量增值评价最佳模型是"基于分数和等第的阶梯形增值评价模型",指标由后 1/3 比率、平均分、标准分和优秀率构成,既要考虑全体学生的整体水平增值评价,也要考虑优秀生和后进生的增值评价。当然,我们还可以探索教师成长增值评价和学生成长增值评价。

第三,课堂改进

教学质量提升的底线是教学常规的规范、有效,核心环节是课堂(侧重解决教的问题)。应建构从备课、上课、作业、辅导到命题的有效教学常规链条。如大成实验学校制定的教学新常规,明确了五条底线,比如上课环节,我们提出"以课为天,上好每堂常态课";我主持的省级规划课题"基于教学常规持续改进的有效教学实践研究"的出发点也在于此。

教学质量提升的着力点在于常态课堂的持续改进，主阵地是课堂(侧重解决学的问题)。学校的所有教育教学问题的症结还在课堂。常态课堂学习效能低下的问题，背后反映出的其实是学生学习机制未被真正触及，学习没有真实、深度发生。比如，近些年大成实验学校在开展的常态课堂持续改进行动，旨在推动以教为中心的课堂向以学为中心转型，通过顶层设计、课题带动、校本研修、团队优化等策略，取得了显著的初步成效。

教学质量提升的基础在于有效的德育、智育、体育、美育、劳动教育，主渠道是课堂(侧重解决动力问题)。朝着五育融合的方向，重构学校课程。注重自我教育体系的构建、自主学习习惯的养成。重视课程、课堂、课外以及育人的初小衔接，关注人格的健全、体魄的强健和精神的丰盈。如大成实验学校构建的"润泽教室""大成课程""魅力大课间"，重在唤醒每个孩子内心深处向上的力量。

教学质量提升的保障在于生长型的教师团队，练兵场在课堂(侧重解决保障问题)。我始终觉得教师队伍是教育的第一生产力，学校要真正解放教师的时间和空间，鼓励、引导教师不断突破自我的边界，做专注教学、爱上研究、拥抱变革的成长者，感受到职业的幸福。如大成实验学校实施《"五个三"教师发展规划》和"三心"关爱行动。

建立教师激励评价机制，比如修订绩效考核方案、教科研奖励办法，建立优秀班主任、优秀教研组长、优秀备课组长、优秀教师的评价制度。搭建梯级成长平台，创新校本研修路径和策略。如大成实验学校的"四题五化一重点"校本研修模式，以问题为起点，建立校级和教研组的研修主题，再把主题提炼成科研课题，并进行有针对性的专题校本培训。

其实，"提质增效"本身就是校长的职责，过去、现在、将来都是。其最高境界在于不唯分数赢得分数、不唯升学赢得升学，让每个孩子有更大的增值。它需要一线校长长期坚守、耐得住寂寞，拥有系统思维和底线思维，做到既理直气壮，又毫不含糊，用心打好"提质增效"的组合拳。

我始终坚信,在提质之路上,基于学生未来可持续发展的质量有可能姗姗来迟,甚至还有可能遇到阻碍,但带给孩子未来成长必备的东西一定不会缺席。我们最终一定可以赢得一个理想的教育质量,还孩子当下应有的童心、童真和幸福。

(苏州校长领导力研修班,2020 年 4 月 8 日)

转变教学质量增长方式

教学质量是学校管理的核心问题。教学质量管理思想和教学质量管理行为关系到学校的发展、教师的成长和学生的未来。教学质量管理必须以有效提升教学质量为目标,遵循教育教学规律和学生认知规律。我们应树立正确的教学质量观,探索绿色的教学质量增长方式,努力从"掠夺式"向"高品质、生态化、可持续"的方向转变。

端正教育思想,树立正确的教学质量观

教学质量到底是什么？教学质量是学校的生命线,这是从其重要性而言的。教育拥有的功能要求其必须追求高质量和高效益。从现实来看,学校和教师面临的主要压力是分数和升学率。学校赖以生存的社会,也常常把考试分数、升学率与教学质量和办学水平画上等号,仅仅以考试分数和升学率来评价学校、教师。学校要生存和发展,必须在一定程度上适应社会的需求,办成让人民满意的教育。只要社会一刻不改变看法,只要中高考制度继续存在,升学将始终是学校需要正视和关注的,分数、升学率将始终是办学和教育追求的目标之一。

然而,教育的功能还要求学校在适应社会中平衡好现实需求和理想使命,用智慧和勇气引领、推动社会的发展。教育的根本目的是促进人的和谐发展。我坚信影响孩子一生发展的除了分数以外,还有更重要的东西,如人格、体魄、毅力、能力、勇气。教育除了完成分数和升学率的任务外,显然还

有更重要、更艰巨的责任和使命。因此,我认为,教学质量不只体现在分数和升学率上,而且还应该涵盖学生的全面素养、学业成就及其赖以形成的教师工作质量。

从这个意义上说,正确认识教学质量和教学质量管理,首先要解决教学理念和教育思想的问题,即教学观、质量观、学生观的问题。从教育的本质和教育功能出发,我认为教育者要树立全面、全员、多层次、可持续的教学质量观。我们要的教学质量不仅是尖子生的质量,而且包括后30%学生在内的全体学生的质量;不仅要让尖子生冒得出,而且要让中等生迈大步,让后进生不落伍,从而促进每一位学生在原有基础上的全面和个性发展。我们要的教学质量最终不仅仅体现在分数、升学率上,更应该体现在学生的全面发展上。只有全面发展了,学生才可能有发展的潜力和后劲,才可能有可持续的发展。

其次,要解决教学质量增长方式的问题。即教学质量增长方式是"绿色""可持续"的,还是"破坏性""掠夺性"的? 是追求"一辈子"的,还是"一阵子"的? 当然,学校追求教学质量是应该的,是毋庸置疑的。正如追求分数、升学率一样,我感到它并不是本身对与错的问题,而是学校怎么看待、怎么行动的问题。

我认为,学校抓教学质量管理既要理直气壮,一刻也不放松,又要理性、清醒,一点也不含糊。换言之,就是要把高质量和高效益作为办学和管理的重要任务,就是要站在比分数、升学率更高的层面,从"人"的未来需求出发,思考提升教学质量的策略和办法,追求"绿色""可持续"的教学质量增长方式。"不为分数,赢得分数;不为考试,赢得考试",应该成为教学质量管理的最高境界。

坚持多纬度反思,分析教学质量的制约因素

从管、教、学三个维度看,制约教学质量的因素,我认为主要是:

教学常规过程管理是否到位

教学是一根链条,备课、上课、作业、辅导和考试评价等教学常规基本环节一个都不能少,哪个环节脱链都会直接降低教学的有效性。教学常规五大基本环节的规范是教学的底线问题,也是教师的专业基本功。教学常规司空见惯,但要真正把它规范好、落实好,把它管理到位,抓细、抓实、常抓不懈,是件不容易的事情,需要勇气、智慧和坚持。我们的教学和管理的重心应下移到课堂,注重教学常规环节,持续改进备课、作业、辅导和考试有效服务于课堂。

教师课堂教学是否有效

课堂犹如学校的前线,是教学的主战场、主阵地。苏霍姆林斯基曾说过一句话,一个有经验的校长,他所注意和关心的中心问题就是课堂教学。抓住了课堂教学,实质就是把握了学校的中心工作。课堂是有效教学常规链条的核心环节,备课是前提,作业是延伸,考试是诊断。其实,当教学没有章法、效率低下时,老师们往往就开始拼时间、拼体力。教师教学行为的随意性、盲目性是课堂教学低效甚至无效的重要原因。

学生良好学习习惯是否养成

瑞士心理学家皮亚杰认为,教育的宗旨不在于把尽可能多的东西教给学生,取得尽可能大的结果,而在于教会学生怎样学习,学会怎样发展自己,以及离校后如何继续发展。学生良好学习习惯,包括保持专注、良好书写、积极思考、严谨钻研、合作共享、做事有条理等日常习惯的养成是其自主学习、可持续发展的基础。学习习惯的养成,教师责无旁贷。正如教育家于漪所说,什么叫优秀教师?就是能把学生教得越学越想学,越学越会学,越学越聪明,越学越有追求、越有理想。

转变增长方式，探寻教学质量管理的有效策略

教学质量的全面提升，重点在于：一是以提高常态课堂教学有效性为着力点，坚持教学中心地位和课堂主阵地位置不动摇；二是以教学常规五环节的精细化管理为基础，整体建构有效教学链；三是以推进校本研修、促进教师群体专业发展、培育学校质量文化为依托，为有效教学的开展提供强大支撑。具体地说，要着力做足三篇文章。

向教学管理要质量

形成合力抓教学质量的机制。完善治理保障体系，建立教学质量"五级管理"（任课教师、班级、教研组、年级、教学部门）和"两级监控"（教研处和教研组监督、调控与评估）制度，变控制性管理为指导性管理。

加强教学质量的过程监控。完善教学常规视导、考教分离、教学质量分析、学生评教、课堂教学开放、全员听课、全员开课、形成性检测等制度，努力形成教学质量的保障机制。

推进教学过程的精细化管理。教学常规五大基本环节（备课、上课、作业、考试评价、辅导）环环相扣，缺乏任何一个环节都会降低教学的有效性。应实施精细化流程管理，融入有效教学内涵，聚精会神抓细抓实每一教学常规环节，从整体层面建构有效教学常规链，努力推动有效备课、有效课堂、有效作业、有效考试、有效辅导的实现。

建立学科教学质量评价办法。按照"从起点看变化，从基础看提高，从过程看发展，从个体增量看团队成就"的思路，建立学科教学质量评价办法，完善教师教学工作评价细则，建立基础性评价与发展性评价结合、以发展性评价为主的教师工作评价范式，有效激发教师的工作动机，明确教师努力方向，形成健康的群体导向。

重视学生激励机制建设。建立学生学业帮扶制度，通过学生之间结对

帮扶、教师与学生结对帮扶,增强合作力量。建立学生表彰奖励制度,开展学生晨读活动,提升学生精神状态,唤醒学生学习的内驱力。

加强学生学习习惯的养成。重视对学生各种学习习惯的观察、分析和研究,从关注学生的学习效率入手,强化学习策略意识,悉心研究学生学法,探讨影响学生学习效率的原因,采取有效措施,提高效率。以学生学习习惯五大环节(预习、上课、作业、复习、整理)为突破口,促进学生学习过程的优化和学习习惯的养成,提高学生高效学习的能力,促进学生有效自主学习。

向教研科研要质量

(1)坚持常态化教研,实施"大教研计划"。

规范教研组和备课组工作常规。修订教研组考核细则,设立优秀教研组考核奖,鼓励教师互助、合作、共享,形成积极依赖的团队关系,提高教师团队的凝聚力。完善以教研组为主体,以过程式教研为流程,以问题、主题、专题、课题研究为载体,以课例行动研究为主要形式的工作常规。

开展全员开课、全员听课、全员赛课活动。每学期组织三轮全员听课(随堂听课、调研听课、检查听课、会诊听课)活动,让听课成为教师的工作习惯。每学期组织全员开课(新教师汇报课、骨干教师展示课、教坛新秀研究课、高级教师示范课、教学竞赛研讨课)活动,让公开课常态化。每学年组织全员赛课,让赛课成为教师专业成长的动力。

开展问题、主题、专题、课题教研活动。以教研组为单位,组织开展基于实际问题的课例研究、基于师生发展的专题研讨、基于有效教学的课题研究,以"问题"开展教研活动,以"主题"带动教研活动,以"课题"推动教研活动。

(2)倡导草根式科研,开展课堂改进行动。

全力实施学校主干课题。按照课题"基于学科特色的自主有效备课研究"实施方案的部署和要求,推进学科自主备课、学科有效备课、学科特色备课三个层次的研究。加强备课行政管理策略和备课有效载体的研究。

深化课堂教学策略研究。在有效备课研究的基础上,动员每个教研组和每位老师,根据学科的特点和教学实际,选择一个课堂教学策略或理论研究成果作为教科研的课题,以校级课题的形式开展实践研究,不断积淀与丰富自身的教学经验,彰显个人的教学风格。

(3)推进针对性培训,促进教师专业发展。

建立全员理论学习制度。通过集中学习与分散学习、文本研读与网络阅读、独立学习与同伴互助、专家引领与自我反思的有机结合,着力提升教师师德品位、理论素养,以及课程建构、反思研究学习的能力。

发挥骨干教师的专业引领。建立新老教师结对责任制,让教学经验丰富、教学成绩突出的骨干教师发挥传、帮、带的作用。调整学术委员会职能,充分发挥骨干教师在教学研究、教学指导、管理服务等方面的专业引领作用。完善骨干教师外出培训回校交流制度,通过选派教师外出听课、培训,然后回校交流培训见闻及学习心得,让全体教师能从中得益。

完善行之有效的教师反思制度。通过建设教学资源库、开设教育博客、撰写教育叙事、读书征文和课后反思等,形成行之有效的教师反思制度。加强校本教研文化建设,不断提高校本教研的质量和品位。

向常态课堂要质量

"教学有法,教无定法,贵在得法",这是课堂教学的三个层次和境界。向课堂要质量,我认为重要的是将以教为主变为以学为主,提高常态课的教学有效性,减少乃至消灭低效、无效课。课堂教学的追求永无止境,教师教学行为的优化是个渐变过程。

向常态课堂要质量,要在三方面有所作为。

一是建立课堂讲练常规,科学分配活动时间,努力改变"满堂灌"的现象。心理学研究表明,学生注意力集中的时间一般为20—30分钟。实证研究指出,当人们学习时,大约记住阅读的10%,听到的20%,看见的30%,说的70%,做的90%。把课堂变学堂,把课堂还给学生。要倡导课堂的效率意识、学生的主体意识,强调科学分配和控制教师讲授时间,强调少讲精讲多练,保证学生活动时间超过 1/3。当然,既要少讲精讲多练,又要保证课堂教学质量,这就取决于课前的精心备课。

二是优化课堂教学结构,追求课堂最佳组合,努力提高课堂学习效率。强化教学效率意识,加强日常教学反思,追求每一堂课的教学效率,走"轻负、有效、高质"的教学之路,在教学过程中合理安排教学环节,准确把握教学节奏,尊重学生个体差异,注重教学情境的创设、问题的精心设计、师生互动的有效性、讲练循环的跟进、课堂小结的精简、教学语言的精练,从整体上形成课堂要素的最佳组合和科学精准的课堂结构,不断提高教学内容、教学活动、教学交往、教学手段、教学语言、问题设计、教学评价的有效性。

三是探索有效教学策略,讲究课堂教学章法,努力形成课堂教学风格。强化教学策略意识,要认识到光凭经验走老路不行,不讲科学地加班加点更不行,出路在改变,改变在策略。要以学习为中心,以有效备课研究为基础,倡导多样化的课堂教学策略和课堂教学模式,如分层教学、导学助学、差异教学、讲练结合、情感唤醒等,科学运用教学策略和教学理论指导教学实践,优化教学设计和教学过程,从教学研究的高度解决教学的深层次矛盾问题。

总而言之,教学质量管理需要系统、整体的思维,学校活动的每个细节和环节都影响着教学质量的提升。教学质量管理是一项慢的艺术,需要摈弃急功近利,把眼光放得更远一些,为学生的未来储备用得着的东西。教学质量管理更是一项责任和使命,呼唤教育本原和理性的回归。学校只有树立正确的教学质量观,坚持走内涵发展之路,追求"绿色"的教学质量增长方式,才有可能真正实现教学的高品质、生态化,从而促进学生的可持续发展。

(教学质量分析交流会,2010 年 8 月 23 日)

"大作业"变革促"双减"落地

　　学生过重课业负担是基础教育改革发展中遇到的一大顽疾,而作业是其主要来源之一。杭州市大成实验学校坚持学生立场、学为中心和技术赋能,以"大作业"变革为支点,积极探索减负提质的校本创新实践路径,促进深度学习在课堂内外的真实发生,让"双减"政策真正落地。

　　对于当前学生过重的作业负担,我们认为有三大问题最容易被忽视:一是重量轻质,停留在作业减量的"外围战"较多,聚焦作业质量和学习效能的"攻坚战"较少;二是重外轻内,关注课外作业的较多,关注课内作业的较少,关注教学全过程的更少;三是视野狭窄,陷入"头痛医头、脚痛医脚"老套路,缺乏"跳出作业看作业"的勇气和智慧。

　　可以说,作业负担重的问题,不仅仅是课外作业量的问题,更重要的是质的问题。课内学习效能低导致许多学生完成课外作业愈加困难,成为一种新的负担。

　　为了破解这些问题,学校聚焦常态课堂的改进,把课外作业与课前预习、课内学习统整起来,把作业与备课、上课、辅导、考试等常规环节联动起来,把"作业减负"与"五育并举"融合起来,打造了"大作业"优化平台,从而有效打破了"校内减负、校外增负"的怪圈,让作业逐渐成为教师精心准备的送给学生的"礼物"。

丰富作业内涵,优化作业设计

　　学校重新定义"作业",提出"大作业"的概念。所谓"大作业"指的是学生在课内与课外进行的一切有意义的学习任务或活动。它包括课内与课外作业,课内作业分为课前预习型、课中任务型、课后诊断型作业,课外作业分为学科作业、自主作业和个性化作业。学校以有意思、有意义、有可能的"大作业"激发学生学习的内在动力。

学校从备课、教研、规范入手,引导教师从"量、质、形"三个维度优化作业设计,构建高质量作业体系:围绕学情,设置目标,精准设计预习型作业;围绕问题,利用活动,精准设计任务型作业;围绕目标,借助数据,精准设计诊断型作业。

同时,学校强化"精编精选、分层先做、纠错面批"的课外作业规范,引导教师精研题目,留给学生少而精的学科作业;推行"学生申报、班级表决、教师确认、动态调整"的自主作业制度,鼓励教师设计口头型、口袋型、实践型等个性化作业。

技术赋能课堂,提升作业实效

学校以"赋能、提质、增效"为目标,全力推进基于大数据精准教学的常态课堂改进行动,在学习内容的整合上和学教方式的转变上下功夫,形成"一单三环六要素"课堂实践新模式。"一单"指的是"学习单(导学案)",即"大作业"的具体呈现形式;"三环"是指课前预学、课中共学和课后延学三个环节,体现以学习为中心的理念;"六要素"是指目标、问题、活动、练习、技术、评价六大关键行为要素,指向基于核心素养的深度学习。

学校积极引导教师明晰课前、课中、课后智能应用场景,利用智能2.0学习平台,把课前预习型作业、课中任务型作业、课后诊断型作业和课外作业有效整合、有机融入。课前将预习作业以学习单等形式推送给学生,课中利用任务型作业组织学习活动,课后用诊断型作业进行检测反馈,并利用大数据精准布置课外作业,从而有效提升课堂学习效能,促进学生差异化、个性化学习。

重构教学常规,强化作业管理

学校以"一单三环六要素"为主线,制定学校教师教学新常规,明确备课、上课、作业、考试、辅导五环节的规范和底线,建立期中、期末教学常规(备课、作业)视导、自查、评优、反馈、展示、免检六方面的制度,引导教师备好良心课、上好常态课、研好作业课,以学习单、导学案、课堂观察量表为载体,推动备课、作业等常规要求落实落细。

学校制定《教学常规教师自查表》,引导教师自我评价、自觉提升;从严控制考试次数,强化"考试为教学服务而不是教学为考试服务"的意识;完善课外资料征订审批制度,倒逼教师着力开展有效备课、有效课堂和有效作业研究;倡导课后补偿性个别辅导和作业面批。

学校在各个班级设立作业协调员,在各教室设置作业公示栏,在各班级每个小组设立学科代表,课程教学处定期座谈、检查、反馈,确保各门学科课外作业适量、均衡,适合学生学习能力。

抓实学习习惯,提高作业兴趣

学校根据九年一贯制的实际,结合不同年段学生的特点,制定学生自主学习习惯,在初中和小学高年段提出"课前重预习""课后勤复习""先复习后作业""自己再留作业"等习惯要求;在低年段提出"专注""独立""动脑""整理"等习惯要求。

学校把自主学习习惯养成作为学校主抓的四大常规之一,并把预习、复习等环节纳入导学案和学习单的设计,为学生提供学习支架,引导教师关注分数背后的习惯、思维、兴趣的培养。建立作业评价激励机制,开展学生作业之星、优秀作业展示和假期"特别作业"评优活动。学校实施"三全三化一品牌"德育创新行动,不断塑造学生健全的人格、独立的个性和自主的习惯,唤醒学生内心深处的学习兴趣和学习热情。

为保障"大作业"视域下"作业减负"校本创新实践取得实效,学校采取一系列措施提高教师专业素养和教学水平。

比如,通过课题研究带动教师成长,建立了由 2 个省级课题、3 个市级课题、6 个区级课题、16 个子课题组成的课题网,近 2/3 教师参加;创新"四题五化一重点"研修范式,开展有效作业的研修活动;开展"大作业"成果展示活动。再如,学校建立教师上班弹性制、调休制、人文假等制度,开展集体生日等暖心服务,创设办公、运动、人际等舒心环境,千方百计减轻教师的压力。

在"大作业"改革的校本创新实践中,我们深切地感受到"双减"是一场牵一发而动全身的改革,需要学校通盘考虑、系统谋划。首先,要有大视野。树立"大作业"理念,站在比分数更高的层面,放眼教学常规全过程,建设高质量作业体系。其次,要有大手笔。"作业减负"关键在于打好"提质增效"的组合拳,其底线在常规,重心在课堂,基础在课程,保障在教师。再次,要有大格局。遵循教育常识和教育规律,摒弃浮躁喧嚣、急功近利的心态,立足校情、持续优化,建构常态化的"作业减负"长效机制。

经过多年的实践探索,"大作业"视域下作业减负的成效逐渐显现。学校统计数据表明,各学科课外作业总量下降,整体压力适中,学生的作业质量明显提高。学生预习能力、自主学习、及时复习和动手实践能力得到加强。家长对常态课堂、作业管理、课后服务的满意度显著提升。

教师从课前"备作业"到课中"上作业"、课后"改作业",再到课外"研作业",实现了学情在教学常规各环节的良性循环,教师作业设计能力有所提高,作业设计的针对性明显增强,作业的多样性、开放性和实践性受到学生的欢迎。

（原载于《中国教育报》,2022 年 6 月 17 日）

"一体两翼"，助推生命自然生长

杭州市胜蓝中学成立于 2015 年 8 月,同年 10 月挂牌中国教科院杭州胜蓝实验中学。学校以"挂牌转型升级"为契机,围绕"用心创建一所让孩子们喜欢、自豪、怀念的好学校"的办学目标和"为了每个生命的自然生长"的教育主张,客观审视办学现状,全校上下勠力同心、革故鼎新,致力于做自然而有活力的教育,各项事业呈现朝气蓬勃的向上态势,办学成效逐步显现,形成了"一体('自然课堂')两翼(足球和科技)"的办学特色。

"自然课堂",让教学回归自然

"自然课堂"是我校追求的一种课堂理想,也是未来课堂的样态。它基于学校传统和时代特征,在"为了每个生命的自然生长"的教育主张引领下,形成了自己的内涵和架构,有符合本校实际的行动"指南针""助推器"和"路线图",有扎扎实实的全员草根实践,并取得阶段性成效,课堂生态得以修复,教学质量增量显著,教师快速成长。学校的课堂改进亮点引发多方关注,多次在全国性会议交流,吸引多方来校参观学习。

做好系统化顶层设计

(1)明确"自然课堂"的理念、特征和结构。

"自然课堂",是指建立在尊重每个孩子自然天性与独立个性的基础上,顺性而教,为学而导,饱含生命力、充满生长性和主动性的课堂,旨在重建有利于学生更加自然、自主、自信学习的课堂学习原生态,让学习在课堂真正有效发生。"自然课堂"坚持学为中心、学导融合的教学理念,倡导教师精讲少教、学生多动多学,追求"基于学生立场,体现学习中心,关注学习过程,指向学得有效,促进生命成长"的价值取向。其结构可概括为"一载体、二助学、三环节、四导学、五约定"。

(2)建立基于评价量表的"自然课堂"标准。

建立三级课堂评价指标体系,从学习目标、学习过程、学习效果三个维度对教师课堂教学进行量化评价。在此基础上,探索建立"自然课堂"达标课、优秀课、创新课三个课型标准,并瞄准普通教师、骨干教师、风格教师三个不同层次的教师群体的专业发展,使教师在教态自然、引入自然、导学自然、衔接自然、助学自然这五个方面呈螺旋上升的趋势发展。

(3)完善"自然课堂"配套规章制度。

学校出台《胜蓝实验中学教学常规新十条》《"自然课堂"评价表》《"自然课堂"教案模版》《"大作业学习单"模版》《"自然课堂"小组合作评价细则》等制度,不断建立和完善各项教学规章制度,规范教学行为,使之成为教师专业成长的"拐杖"和课堂改进行动"指南针",从而形成了良好的教学导向。

开展草根式实践行动

(1)创新校本研修的路径。

围绕"自然课堂",学校建立校、市、省三级主干课题,各教研组设立了相应的子课题。市级规划课题"常态视域下'自然课堂'标准的制定与操作实践研究"获杭州市优秀课题成果三等奖。省级规划课题"基于'自然课堂'标准撬动教与学变革的实践研究"正在推进。学校以全员听课、开课活动为载体,以问题、主题、课题、专题为主线,创新校本研修活动,逐步形成"五化"(教学常规规范化、听课开课常态化、教学问题教研化、教研主题科研化、校本培训项目化)的研修特点,促进"自然课堂"的深入推进。

（2）尝试多样化教学策略。

在常态课堂改进行动中，我们以"大作业学习单"为载体，积极实践分层走班教学、小组合作、导学助学、技术支撑等多样化的教学策略，成为"自然课堂"新样态的"助推器"。以青年骨干教师为核心成员，组建 Pad 实验小组，重点探索 Pad 教学在自然课堂教学中的操作应用，努力转变教学方式，修复学习生态，重建课堂文化，提升课堂学习效能，把学习主动权真正还给学生。

（3）开展"自然课堂"课例研究。

以全员听课开课评课制度为抓手，通过全员开设"自然课堂"达标课、骨干教师开设优秀课、Pad 实验小组开设创新课的模式，开展"自然课堂"达标课、优秀课、创新课教学展示活动，引导教师用好"大作业学习单"这个学习支架，借助 App、电子白板、移动学习终端，利用目标、问题、活动、练习，把学习的第一时间还给学生。修复课堂学习生态，让自然、自主、自信的核心素养在课堂生长。

优化学习型教师队伍

（1）实施"五个三"教师培养计划。

学校确立"五个三"教师群体专业成长培养计划，即"三个阶段"（适应性教师、骨干教师、风格型教师）、"三个路径"（"四题四课"校本研修、智慧成长共同体、校外培训）、"三个平台"（月度之星、年度最喜欢的教师、学年新锐教师）、"三个目标"（区星级教师、新锐骨干、区教坛新秀、市教坛新秀、省教坛新秀）、"三个策略"（夯实专业基本功、打造学习共同体、健全激励机制），促进教师群体专业发展。

（2）搭建非行政自发性教师组织。

学校重视教师非行政组织建设，在校园营造了浓厚的学术氛围，于 2015 年 9 月成立"教师智慧共同体"，2016 年 9 月成立"师生成长共同体"。在此基础上，于 2018 年 12 月成立了"胜蓝书院"。它是以学术研究、读书交流、同伴互助为主要特征，以发挥特长、培养骨干、丰富教育生活为主要目的，形式较为宽松、形态基本固定、教师自愿参加的自发性教师组织。"胜蓝书院"整合了之前的组织,下设名师成长工作室、青年教师读书会、班主任工作研究会、教师智慧成长共同体、胜蓝大讲坛、渡口文学社等项目,实行 PBL 项目负责制。

(3)探索"师生成长共同体"。

"师生成长共同体"的着眼点在班集体建设,立足点依然是"自然课堂"。"师生成长共同体"着重研究班集体治理新模式和路径,探索全员、全程、全学科育人机制,重点围绕学习小组的划分编组、管理任务的分配、评价体系的监理,以及与学科代表、科任老师的关系等展开探索。作为第一批新集体教育项目研究学校,我们通过德育创新,以"师生成长共同体"为抓手,更好地促进"自然课堂"的成长。

足球:从传统强队走向文化名校

学校以足球文化名校建设为目标,以"以球育人"为着力点,以球队、课程、活动为切入点,带动全校范围内足球项目的普及和足球文化的建设,从传统强队走向文化名校,在全区乃至全市的影响力不断扩大,打造了一张学校特色项目的"金名片"。2015 年被评为省级校园足球特色学校。2016 年被评为全国校园足球特色学校。2018 年度市级比赛中分获男女组第五名的好成绩,获 4 个保送生名额。4 人代表杭州参加福特未来之星挑战赛,两人进入杭州市代表队训练,取得国家一、二级运动员资格。

建设足球校本课程

按照国家要求,开足开齐体育课(其中一节为足球专项课程,让足球成为学生的必修内容),保证学生每天至少一小时的校园体育活动(上午大课间锻炼＋下午跑操);作为技术练习环节,针对性别和年段分项将足球运动纳入大课间及课外活动。

试行足球裁判班

足球裁判班成为我校拓展学生了解、学习足球途径的第一大举措。根据兴趣，自愿报名，校内教师结合校外专家进行教学，在通过考核后，即可进入校内的班际联赛实践，并进一步"升级"。这一体系，也让更多的学生有机会在绿茵场上大显身手。

组建男女足球队

周一至周五每天的训练，暑期的走训＋集训结合，我校不仅完成了女队的重建，还迅速与男队一起获得优异成绩。目前已确立了区内领先、市内靠前的定位。

规划足球俱乐部

目前以"12"足球社团为雏形，建立了属于自己的学校足球俱乐部，每天进行训练，定期进行足球相关活动。我校足球项目的开展，建立在科学有效的基础上。

设立足球文化周

设立足球文化周，建立竞赛制度，推进足球文化普及。初一、初二年级每年春季开展校园足球班际联赛(校长杯)，通过比赛的展开(班级为单位)，保证每个班级代表队参与的比赛大于 10 个场次。

拓展足球交流平台

我校在不断厚积自身底蕴的同时，也乐于与区域内的其他校园足球学校进行交流和分享，以便共同成长。2015 年下城区校园足球联盟成立，我校成为首任盟主学校。在原有比赛平台的基础上，我们又创建了"战蓝杯"年级挑战赛；并联络了源清中学、电子职校、德清职中在内的三所高一级校队，作为我校校队的长期交流对象。学校还定期参加中国教科院实验区联盟足球联赛。

科技,让校园充满想象

"科技,让校园充满想象"是我校科技社团的口号,也是我们开展科技教育的终极目标。我校坚持以社团、课程、活动为载体,通过科学拓展课程和科技文化节进行科技普及与延伸教学。SPC科技社团活动项目以无线电测向、航空模型、航海模型、车辆模型等传统项目为基础,逐步向创客和Steam教育延伸。

我们希望在一个充满想象的校园,呵护孩子们与生俱来的好玩天性,激发孩子们探求科技的好奇心。近三年来,参与区级科技比赛获奖180人次,市级科技比赛获奖75人次,省级科技比赛获奖4人次,全国级科技比赛获奖5人次。学校连续多年被评为杭州市科技体育先进单位。

开发科技校本课程

科技实践课程是理论和实践的一体化课程,课程与校SPC科技社团有机结合,注重学生动手动脑,鼓励培养学生的兴趣。科技精品课程分三大部分。

必修课程(普及课程):七年级每月一次科技普及与体验课程,学习无线电、航空模型、航海模型、车辆模型等的基础知识。八年级每周科学拓展课程中进行电子百拼练习和实践,将已学的电学知识在电子百拼中熟练运用。选修课程(专业课程):课程内容紧贴已学科学知识,是普及课程的拓展和延伸。拓展课程(提高课程):在学生完成专业课程后,根据其兴趣选择提高内容。

拓展科技教育时空

在学校自然楼二楼设有SPC科技教室,作为科技社团活动的专用场地。同时还建设了航海模型专用水池及车辆模型专用场地,体育馆长期向空模训练队开放。学校已在勤政楼二楼建立专门用于科技劳技制作和开展创客、Steam 教育活动的教室,三楼建立 3D 模型教室及机器人教室,进一步扩充社团科技项目,打造"创客梦工厂",为学生提供了完善而良好的科技实践社团活动场所。

搭建科技活动平台

我校依托 SPC 科技社团、校科技节,开展各类科技实践活动。科技社团每周五下午开展活动。同时,组织学生参加省区市无线电测向、航空模型、航海模型、车辆模型、机器人制作、3D 打印等各类比赛,增强学生的科技意识,拓宽视野,提高思维能力、动手能力和创新能力,激励师生们积极参与到艰苦的训练中,推动了科技在学校内的推广。

营造科技文化氛围

目前,科技实践已然成为我校的一个特色文化,学校的每个角落都有孩子们训练和展示的身影。他们在体育馆中放飞他们自己制作的悬浮纸飞机,操纵 FPV 穿梭机和四旋翼飞行器穿越各种障碍;在航模专用水池中驾驶 Monomini 遥控船绕标航行;在大操场的绿茵地上,听着悦耳的无线电波信号随风奔跑;在科技实验教室里,调试 F1 直线车,搭建心中的探月轨道。

总之,"一体两翼"的办学特色是我校多年来发展积淀的成果。未来学校将以课程、课堂、课外三个领域为重点,大力推进课程教学变革和德育实践创新,利用魏书生自育自学实验学校和中国教育科学研究院两个平台,高水平推进课程、课堂、德育、治理等重点项目的建设,充分发挥足球、科技、射击、美术等特色项目的引领作用,使得"自然课程""自然德育""自然课堂""自然文化"相得益彰、更富特色,从而实现学校在内涵基础上的特色发展和高质量崛起。

(优质学校评估汇报会,2019 年 11 月 6 日)

第四章 课堂转型:修复自然自主的学习生态

KETANG ZHUANXING:XIUFU ZIRAN ZIZHU DE

XUEXI SHENGTAI

最美的风景，在课堂。课堂，不仅润泽着孩子的今天，也决定着孩子的未来。课堂转型，是为了呈现不同而更好的生命状态，让学习自然、真实发生。改变学校，从改变课堂开始。

在常态改进中实现课堂突围

2017 年 9 月,教育部部长陈宝生在《人民日报》上发表署名文章,指出"要深化基础教育人才培养模式改革,掀起'课堂革命',努力培养学生的创新精神和实践能力"。

由此,我想到由钟启泉先生翻译、日本佐藤学教授撰写的《学校的挑战——创建学习共同体》一书中的观点,"学校的嬗变不在于外部显性文化的美化,而来自静悄悄的课堂革命"。

为何要革命? 革命,往往是不得已而为之。新一轮的基础教育课程改革已经进行了十多年,我个人感觉,重点还是囿于课堂的外围,特别是在课程体系的建构上做了大量的探索。也就是说,过去的课堂改革程度还不深、不彻底,还远未到达课改的"深水区"。

毋庸置疑,学校的问题,说到底就是课堂问题。苏霍姆林斯基说过,一个有经验的校长,他所注意和关心的中心问题就是课堂教学。抓住课堂教学这个牛鼻子,实质上就是把握了学校的中心工作,赢得学校发展的主动权。

下面我想从常态课堂面临的问题、挑战及其突围说起,与各位做个分享。

常态课堂,到底怎么了

其实,作为一线的校长和老师,这个问题有点明知故问,有点装傻。有人说,当下的课堂生态正在沦陷,特别是常态课堂。说沦陷,也许有点言过其实。

今天，我们之所以提"课堂革命"，从整体上看，说明我们的课堂"病"了，有的"病"得还不轻。

那么，传统的课堂生态怎么样呢？回到课堂的现实，我觉得常态课堂有以下五大症状：

其一，充满着灌输色彩。虽然我们处在信息化的新时代，但有的课堂思维还停留在过去。教师讲风太盛，我讲、你听，我问、你答，我写、你抄，我给、你收。填鸭式的"满堂灌"，把课堂变成典型的唱独角戏和一个人的舞台，把学生自主、合作、探究、思考、提问的时间空间占领了。

学生课堂学习长期处于被动接受的状态，被按着头、被喂食，学习主动性、创造性没了。这样教出来的孩子，就像一群鸟，关在笼里喂久了，突然让它们飞向大自然，去自己觅食，结果往往是纷纷饿死。

我们来看一幅画。这是100年前法国艺术家们畅想的未来社会，讲述的是老师只要坐在机器旁边，把书本上的知识放进去，通过一根电线就能导入孩子大脑中。当时的种种猜想几乎都实现了，但这幅画是个例外，因为它违背了学习的发生规律。学习绝不是一种灌输，而是一种情感的交流。

所以，有人说，厌学不是天灾，而是人祸。从这意义上讲，我认为，教师最大的师德，不是其他，而是保证不把学生教坏，教成"问题学生"。

其二，笼罩着应试氛围。有些老师眼里只有分数，课堂教学变成追分行动，为分数而教，为考试而教，为升学而教。有的老师每天乐此不疲，只做一件事情，研究各种考试重点和技巧，把技巧变成一个又一个套路，把知识点变成一个又一个分数，最后把学生教成千人一面，把文章教成千篇一律，把学生按成绩分成三六九等。过分强调分数，忽视个体差异及内在的需求和动力，学生就会变成知识的容器。

课堂里若丢掉了思维，丢掉了文化，丢掉了学科价值，丢掉了核心素养，丢掉了育人的使命，就很难见到文化的影子了。急功近利的教育生态会逼着我们的校长、老师和孩子走上分数竞争之路。我认为，这是当下中国基础教育最痛的地方。

英国教育家尼尔认为,儿童问题的产生,根源就在于问题家长、问题家庭、问题教师。学校教育要摒弃权威,让儿童的天性自由生长。儿童只有拥有自由权,天性才不会受到压抑,才会免于恐惧。

事实上,传统教育对孩子有一定的压制,并且相对于情感需要,其更重视智育目标,这使得孩子在课堂上可能掌握了很多知识,但是缺乏满足感和成就感,缺乏精神独立、心灵自由和自然舒展。课堂缺乏的是自然、真实状态下的学习生态。

有些学生不仅面临繁重的学习压力,也没有建立起自信、自尊。很多学业成绩差的孩子,往往没有被温柔以待,受到来自各方面的人格的歧视。学习能力发展慢点的容易被贴上"笨"的标签。过分强调学习的竞争关系,无法照顾到每个孩子的兴趣爱好。

其三,课堂学习效能低下。课堂上,以教为主,学生的学习活动缺失,存在"假学习"、浅层次学习、被动学、厌学等现象。好多时候课堂认知目标未达成,成为"夹生饭",课后又有大量的无选择、不分层次的作业叠加,占据了学生大量时间,造成高耗低效的局面。

有人做过一个形象的比喻:教师每堂课都在带领学生在知识的海洋里游泳,一节课结束了发现,只有老师一个人上岸了,学生却都在水里。于是,教师就要返回去捞学生。仔细想想,这样的调侃不无道理,我们总有一些教师在做着"捞学生"的事情。通常老师们在课堂上讲个不停,学生埋头听记,但真正掌握多少、消化多少那又是一回事。其实,真正的学习可能并没有在学生身上发生。常会听到不少老师说,这个题目老师讲了很多遍了,可考试还是不会做。"课内不足课外补"成了习以为常的常态。

其四,课堂缺乏生机和活力。我们有时看到学生在课堂备感煎熬,整天练了又背,背了又练,兴趣点、好奇心全部被磨掉。学生面临教师的压力、家长的压力和社会的压力,被"三座大山"压在底下,哪里还能有什么动力。

可以说,学生被束缚在教室里,限制在课桌前,爬行于书山上,挣扎于题海中,压力之大可想而知。很多时候是靠毅力,而不是兴趣来坚持上课的。本应朝气蓬勃的孩子,却常常是精神疲惫、暮气沉沉的样子。即便成绩比较好的孩子,其情感能力和人格内涵也缺乏开发,显得特别脆弱,像草莓,外表光鲜,但经不起拿捏。

其五,课堂承载不了职业幸福。有一篇文章如此描述大多数教师的工作质量和生存状态:"一天天过得漫长而飞快,像陀螺一样。""面对开不完的会议、没完没了的任务、这个那个的新理念培训以及各种条条框框,面对推门听课以及各种突然袭击,老师们不止一次抱怨:'我都快崩溃了,我都不知道怎么教书了。'"

的确,在当下的学校中,老师们很焦虑。而焦虑的另一个原因,按照佐藤学教授的说法,课堂上生怕开"无轨电车",控制不了学生的讨论和合作,担心学生不会学,耽误教学进度,说到底,就是担心影响考试成绩,最终觉得走着老路、抱着原有的教案可能更保险。

事实上,也正是在每天的"忧忡忡"和"团团转"中,老师们逐渐忘记了静气,丢掉了初心,以至于忘掉了方向,忘掉了为什么而出发,时间长了就会产生职业倦怠,就会失去职业幸福感。

剖析其原因,我认为病根主要有三点:

一是课堂价值取向功利。浓厚的应试氛围、急功近利的育人生态,影响着课堂的价值取向。在很多学校,校长一开始就被绑上应试的战车。校长不好当,好校长更不好当;有人说,校长是戴着应试镣铐的舞者。有人说,校长是抱着炸弹睡觉的战士。校长既要坚守教育理想,又要在现实需求、教育理想、历史使命之间找到平衡点和支撑点,确实很难,必须要有勇气、智慧和良知。课堂作为课改的"深水区"更应如此,这也是很多校长畏难却步的一个重要原因。

二是教学关系本末倒置。传统课堂教学深受以"教师中心论"为理论基础的赫尔巴特"四阶段教学模式"和凯洛夫"五环节教学法"的影响,可谓根深蒂固。不是教师的教服从、服务于学生的学,而是学生的学服从、服务于教师的教。以教为中心,片面强调教师的教。以教为基础,先教后学,不教不学,导致学生的亦步亦趋、囫囵吞枣,最后打击了学生学习的主动性、自主性和创造性,甚至导致教师越教,学生越不会学,越不爱学。

三是师生关系角色错位。受师道尊严的影响,教师过度权威,追求课堂的表面平静,课堂沉闷得有窒息感。有时候,会倾向于打击、压制另类学生的独特见解和个性主张,学习成为单纯的传承知识而疏远探索研究。学生被压制、压抑的问题发生在我们的课堂、学校中,会扼杀孩子的上进心、求知欲和批判精神。本质上,师生关系是一个生命共同成长的学习共同体。课堂舞台的主角应是学生,而不是老师,老师充其量只是个导演。

曾经有记者问我:"作为校长,你感到最遗憾的是什么?"我说:"不是中考少了几个重高的学生,也不是没拿到哪个大奖,而是原本活泼好动、好奇好问、灵动可爱的孩子,到毕业时变得沉默寡言、眼光呆滞、厌学无趣。"这是我的真实感言。崔永元先生的"别让孩子聪明伶俐地进去,呆若木鸡地出来!"成了许多教育人的真实想法。

无论从哪个角度讲,课堂必须改变。课堂不改变,学校不可能真正改变。改变常态课堂,这应该成为我们的普遍共识。

课堂革命,说爱你不容易

课堂革命,是一个划时代的话题,也是一个沉重的话题。

说它划时代,从过去一支粉笔、一个黑板,到多媒体白板、电子包,在线课程、虚拟课堂、翻转课堂,再到"互联网+"、大数据、人工智能+教育,从1979年前后基础教育界二次教学改革实验,到近十几年基础教育新课程的改革,涌现了大批令人敬佩、影响深远的课改典型案例,使得课堂样态逐步从讲授型走向多样型,至今还散发着火炬般的光芒。

比如,"八字教学法模式"。上海育才中学在 20 世纪 70 年代后期,针对当时"加班加点""题海战术"提出要变教师的讲授为主为学生的"学习"为主,强调学生自学和教师辅导,总结出"读读、议议、练练、讲讲"课堂教学八字要诀。老校长段力佩也称之为"有领导的茶馆式教学模式"。其基本教学程序:学生活动——读—议—练,教师活动——讲。其中读是基础,议是关键,练是应用,讲贯穿始终,体现学生学习的主体性,让学生有"动"的机会,体现先学后教(从读开始,议是关键)、变讲堂为学堂(基于学生的对话)、有领导(教师要指导、引导)的教学思想。

再如,"掌握教学模式"。20 世纪 80 年代刘拂年教授引入目标分类学和掌握学习理论,即通常说的"单元过关",形成为掌握而教、为掌握而学的特征。以明确、具体的教学目标为教学导向,认为 90％以上的学生都能达到掌握的教学要求。其教学程序:制定目标,形成章节、单元、课时教学目标;目标操作;目标测定;单元学习(4—6 课时)结束后,进行单元形成性检测(形成性 A 卷检测、B 卷再检测)和单元形成性评价(过关评价、矫正教学);每章结束,进行终结性检测与评价。其对于认知目标的达成具有一定的借鉴意义。

还有黎世法异步教学法,强调课内分层、自学辅导和个别化指导;魏书生的"六步教学法",强调定向自学、讨论答疑、自测和自主学习;等等。尤其是近十多年来,学校的课堂改革风起云涌,如泰兴洋思"先学后教,当堂训练"模式、杜郎口"10＋35"自主学习模式、江苏如皋"活动单导学模式"、静安附校"后茶馆式"教学模式。还有"互联网＋"、大数据、"人工智能＋"背景下的智慧课堂案例,也包括一些默默无闻、不求功利的草根实践,都让我们看到了课改的希望。

确实,这些鲜活的课堂改革案例,让我们看到课堂的另一番景象:有的教室空间变了,讲台不见了。学生"动"了,课堂"活"了。课堂一改"一言堂"下的沉闷,教师讲少了,活动多了,学生学习热情和潜能被充分激发。

在我们身边就有一个尴尬的真实案例。一位女教师因为休了将近一年的产假,当她再次回到学校上课时,发现自己"已经不会上课了"。因为学校的课堂有一套新的主张和操作规范,还经常使用移动终端,所以学生已经不允许她再"一支粉笔一张嘴"了,这着实让她感到前所未有的压力。

所有这些都从另一个侧面折射出我们的课堂在改变,在进步。这也是时代的进步。同时,也带给我们许多可以借鉴和启发的地方。主要有三点:

第一,课堂逻辑走向学为中心。从过去的以教为主的学科逻辑,到以学为主的学生学习逻辑,从知识灌输型到思维输出型,以学生学习为架构的课堂教学逻辑结构愈加清晰。教学过程正在被学习过程所替代,成为趋势。

第二,课堂样态更有"动感"了。影响课堂教学"动感"的三个要素更加凸显,包括活力度(互动次数、性质)、参与度(参与互动的广泛度)、探索度(课堂生成)。当然,"动感"的背后是思维含量。思维越来越成为学习是否真正在课堂发生的主要指标了。

第三,课堂变革需要理论支撑。每次课改的身后都有教学理论的影子。国内当然可以从孔子"有教无类、因材施教"思想说起。国外则有如杜威儿童学习中心理论、布鲁姆的目标分类学和掌握学习理论、埃德加·戴尔的学习金字塔理论、维果斯基的最近发展区理论等。理论给予行动以视野、能力和价值。

另一方面,说它沉重,是因为课改的艰巨性和复杂性。

网络上流传一个"植物人"在沉睡三十年苏醒过来后的感慨:"就这个我认识,三十年前也是这样上课的。"是的,虽然社会的发展日新月异,但课堂教学活动却似乎改变不大。实际上,这声感慨,对于一线的老教师来说,可能更多的是感同身受。

确实,那么多年过去了,尽管课改成功的点不少,但从面上看,特别是在常态课堂上的变化不够深刻,总是感觉还缺"临门一脚"。真正触及学生学习发生机制、发生学习方式革命性变化的还不是特别普遍。由此,课堂改革的艰巨性和复杂性可见一斑。

好多学校的课改昙花一现,就像一场风一样的运动,风过无痕。一个校长搞一套,换个校长又搞另一套,教师的感觉就是眼花缭乱、目不暇接。在一番热闹之后,依旧回到了从前,依旧"穿新鞋走老路",依旧"重复着昨天的故事"。

蜕变往往需要阵痛，畏难是客观存在的。重要的是，从理念到行为是一个长期渐进的过程，这需要定力和毅力。对于校长来讲，可能会感觉课改往往吃力不讨好，毕竟学生不是小白鼠。对于教师来说，常态课堂的问题似乎积重难返，抱着原有的教学套路可能更省心省力。

然而，课堂革命的唯一出路，就要从校长和老师的日常改变开始。课改虽有风险，但不改可能更危险。如果回到教育的初心，我们应以怎样的姿态来参与这场划时代的变革呢？作为普通一线的校长、教师，我们可以用自身行动做出响亮的回答。

草根实践，寻求课堂突围

作为一所公办学校，常态课堂存在的问题，我校也不例外。但我们没有气馁，也没有埋怨，更没有放弃。近些年，我们坚持就做一件事情，即"静心做自然的教育，办孩子们喜欢、自豪、怀念的学校"，学校呈现出了前所未有的生机和活力。课堂是我们聚焦的战略领域之一，也是我们教学的一个亮点和品牌。

教育的本身就是自然的过程，最好的教育在自然的境界里。常态课堂的种种问题，最核心的是课堂缺少一些合乎自然、顺乎天性、激活思维的东西，缺少对每个生命的尊重，以及唤醒学习热情的力量。这是我的教育主张和观点。

常态课堂需要一个在自然状态下真实的学习生态。自然、真实状态下的学习往往是有深度、有效度、有思维高度的学习。好奇、好玩、好动原本就是孩子的天性，我们的教如何适应它、呵护它、发展它。每个孩子自然禀赋上的差异也是事实，我们的教如何尊重它、利用它、教育它。

课堂需要改进的地方很多，我们从哪里改起呢？我们在想，老师目前选择最多的，也是对教师专业准备的要求最低的教学方式就是听讲，听讲之下的学习效能往往也是最差的。于是，我们有一个朴实的想法，就是从解决老师的"满堂灌"入手,把视角瞄准在学习的发生机制上。

学校提出了"基于学生立场、瞄准核心素养、体现学习中心、关注学习过程、指向学得有效、促进生命成长"的价值追求。常态课堂不遮遮掩掩,回归朴实、自然的课堂本质,让自然、自主、自信的素养在课堂充分生长。"公开课"去掉华而不实的表演,实现从"点心"到"正餐"的转变。

为什么要提常态课堂的"改进"呢?我认为,课堂问题很多时候不是发生在公开课上。尽管公开课的主体依然是学生,但有时候只是用来教研,服务于教师的。相对而言,常态课堂是学校最真实、最值得我们研究的领域。不完美其实是课堂的真实存在。

我觉得,对于一线教师来说,说"革命",抑或是"改革",这样的字眼可能宏大了一些,也许"改进"可能更接近课堂实际和学校现实,更贴近师生的教学生活。尽管一线教师对教学新理念并不陌生,但理念与行为之间的互动,理念到行动的渐变往往都有很长一段路要走,甚至是伴随终生的。

想通过一场运动式、旋风式的革命就能获得课改的成功,显然是不切实际的,那样的课改之路走不稳,走不远。课堂改进,不是另起炉灶、推倒重来,更应该是一种基于学校实际和原有课堂实践基础上的一种持续的改进。最佳的选择是贴近教师的教学日常,融入教学常规的各个环节,成为每个教师工作和生活的重要部分。

在"自然课堂"的探索实践中,我们从重拾课堂文化、重构教学关系、重建师生关系开始,着力解决好以下几个问题。

其一,解决好老师怎么想的问题。教师怎样看待课改,他就会怎样对待这件事。"乱花渐欲迷人眼",面对花样不断翻新的新理念、新模式,面对挥舞着的中考"指挥棒",课堂教学怎么变、怎么改,教与学如何设计,很多教师或袖手旁观,或囫囵吞枣,或随波逐流。其实,课堂背后是深层次的教育观、学习观的变革。始终有个正确的价值引领,显得尤为重要。

其二,解决好老师不知所措的问题。课堂改进好比是航行,要给教师前进的"灯塔"(使命、目标、任务)、"指南针"(模型、标准、要领)和"路线图"(策略、路径和方法），避免一些学校和老师还没准备好，就匆忙上路了。要紧贴教师日常教学实际，帮助找到撬动课堂的实践支点，保证教师不迷航、不掉队。

其三，解决好老师压力过重的问题。课堂变革不能老是给老师做"加法"，还要考虑学校工作的整合，以及层层加码给老师带来的不必要压力，最终也会转嫁到学生身上，折腾了老师，害苦了学生。老师背负超负荷的压力，内心不自然、不幸福，课堂变革一定走不久、走不远。只有真正解放教师时空，才能为课堂革命"开门解锁"，让老师内心自由行走。

为此，我们采取了三方面的策略和措施。

一是做好系统性顶层设计。整体系统是课改的应有思维。如明确"自然课堂"操作定义、模型结构和特征标准。提出"一载体、二助学、三环节、四导学"的实施路径。确立"教师精讲少教，学生多动多学"的行动纲领。设计了"大作业学习单"等学习支持工具。健全"自然课堂"配套教学规章制度，形成"自然课堂"基本操作规范和流程。

二是推进草根式实践行动。尊重并信任一线教师的创造性劳动。如强化学习导向、素养导向，强调学生在学习过程中的体验、感悟与发现，开展基于分层教学、小组合作、导学助学、技术融合等策略的高品质学习设计和课例实践研究，探索以精准教学、精准诊断、精准评价为方向的未来课堂样态。以校本研修路径创新为支撑，以问题、主题、课题为主线，以全员听课开课制度为载体，形成教学、教研、科研、培训一体化机制。

三是优化学习型教师队伍。边实践，边学习，边进步。做好价值引领，重建课堂文化。如立足教学新常规，夯实专业基本功。强调课外规范、课内有效，倡导把课外补课的功夫放到课前备课上。研制"大作业学习单"备课本，设计"自然课堂"教案和"大作业学习单"模板。实施"五个三"教师培养计划，搭建非行政自发性教师组织，探索"师生成长共同体"，建设学习型的教师团队和研究型的骨干队伍。

让每一堂课变成孩子们的学习之旅，让学习在课堂自然、真实地发生，是常态课堂改进行动的初衷。其实,课堂的改进永无止境,只能一步步接近理想。当然,改对比改快更重要。方向对了,思路对了,步子可快可慢,因人因校而异。不怕慢,不怕有问题,但怕不正视问题,不解决问题。只要坚持做起来,步子慢点、扎实点,点点累计,可能前进一大步。我校近几年的"自然课堂"实践就是课堂突围的一个鲜活例证。

最后,不妨让我们一起反思课堂改进的三个问题,来结束我这次的分享。

第一,课堂改进,重"模型"还是"模式"?

"自然课堂"虽然给老师提供了一个模型,但我认为是有别于模式的。模型是一种方法、载体和工具,目的不是框住老师们的手脚。我们说教学有法,故需要模型,类似于"拐杖""梯子",以助力教师教学行为,避免教学的随意性。教无定法,故要不拘于模型;贵在得法,即在有法的基础上才有可能达到得法的境界。

而当老师攀登上了这种境界时,模型也好,模式也罢,都是一个可以扔掉的"拐杖"和"梯子"。从这个意义上讲,教学需要模型,但不能模型化,更不能模式化。我们要积极鼓励教师走进模型、模式,更要走出模型、模式,不断形成自己的教学个性和教学风格。这才是我们的课改目的。

第二,课堂改进,重"技术"还是"文化"?

为什么我们经常看到,有的老师课堂越改越茫然、越改越不会教了?我认为,一个很重要的原因是我们过分注重"教"的形式、程序、手段等技术的改进,以至于丢掉了课堂背后"学"的文化。因此,课堂未能真正触及学习的机制,远离了孩子们的心灵,所以学生厌学、假学、被动地学也就不足为奇了。

在我看来,老师在课堂的"主业"不是"上课",而是"组织学习",组织好学生"学"的活动,进而帮助学生寻求学习价值、发现学习意义、优化学习方式、提升学习能力。因此,一堂好课,教学程序有几步,技术线路有几条,并不关键,关键的是课堂的"教"能否充分表达"以学为主"、基于"学"、服务于

"学",合乎自然、顺乎天性、激活思维的课堂文化。也就是,那些彰显对每个生命的尊重,允许孩子们去质疑和想象,虽然看不见,但又决定课堂品质、引领生命成长的主流价值。从这个角度看,课堂改进,就是一种文化的改良。

第三,课堂改进,重"预设"还是"生成"?

课堂的精彩、有效,取决于教师的备课。备课,其实就是教与学的设计,尤其是素养立意下的学习设计。包括教学目标如何变为学习目标,教学内容如何变为学习内容,学习活动如何组织开展等,必须要有充分的课前预设,这是教学的常识。

然而,课堂教学毕竟是一种有目的的学习交互活动。师生、生生之间的倾听对话、有效互动,正是学习真正发生的时候。学生的学习行为,好多时候都有不确定性,这就给课堂教学带来了无限可能。有效的教学,就是把预设的这些活动转化为真实的生命活动,在思想的交锋、情感的激荡和智慧的碰撞中自然生成,让学习变得有趣、有用、有意义,带给学生终身受益的核心素养,这才是课堂最为美好的地方。

可以说,二十多年的课程改革,已经基本上把"浅水区"的活干得差不多了,当前剩下的全是"硬骨头"。作为课改的"深水区",常态课堂所面临的问题和挑战,亟待学校系统性的变革和持续性的改进。

重要的是,在静悄悄的日常改变中,需要我们源源不断地注入源头活水、点燃内心激情,一步步接近心中理想的目标。从一个人的独立思考,带动一群人的主动谋变,再到实现课堂突围,就是把"亮点"汇聚成"一束束光",进而变成"璀璨星河"的希望之路。从这个意义上说,课改之路,就在前方,就在我们的脚下!

(全国高阶思维暨跨学科学习策略研讨会,2019 年 6 月 13 日)

"自然课堂"，让教与学回归自然

在新时代基础教育高质量发展背景下，培育适合学生生命成长的课堂样态，持续改进学生的学习方式，是学校常态课堂转型的重中之重。中国教科院胜蓝实验中学以省、市级规划课题为抓手，持续多年开展"自然课堂"的草根实践，推动了常态课堂回归自然、真实的学习生态，在区域产生广泛的影响力，成为学校独具特色的一张"金名片"。

何为"自然课堂"

"自然课堂"，是指建立在尊重每个孩子自然天性与独立个性的基础上，顺性而教、顺学而导，饱含生命力、充满生长性和主动性，集要素型、导学型、智慧型课堂为一体的未来课堂的总称(见图1)。

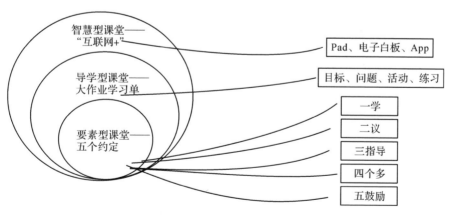

图1 "自然课堂"概念图

"自然课堂"的模型结构,概括为"一载体、两助学、三环节、四导学"(见图2)。具体地说:

"一载体",是指"大作业学习单"。"大作业"是课堂内外有意义的学习任务的总称,包括课前作业、课中作业和课后作业。"大作业学习单"是老师为学生课堂学习搭建的"脚手架",也是学生走向高阶思维、有效学习的载体。

"两助学",是指利用"互联网＋"下的学习终端、电子白板、App 等多媒体辅助手段;另指"五个约定",即"一学"(以学为中心);"二议"(议易错点、混淆点);"三指导"(指导小组讨论、困难学生、学习方法);"四个多"(微笑激励多,学习活动多,自主时间多,激活思维举措多);"五鼓励",(鼓励抬头听课、动手笔记、大声表达、交流分享、大胆质疑),助力课堂生态和学教方式转变。

"三环节",是指课前预学(自主学习)、课前共学(共同学习)、课后延学(诊断学习)三个课堂教学环节。

"四导学",是指目标、问题、活动、练习四大要素的导学,即在一定学习任务下,设定适合学情的学习目标,为学生自主学习导航;根据学习目标,设计关键问题及其学习活动和对应的练习,引导学生达成目标。

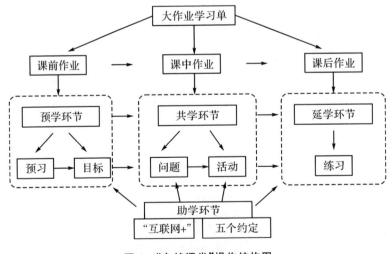

图2 "自然课堂"操作结构图

"自然课堂"的顶层设计,源于学校提出"教育是为了生命自然地生长"的核心主张和"自然、自主、自信"的"三自"教育愿景。为此,我们把课堂改进的价值取向,定位为"基于学生立场,体现学习中心,关注学习过程,指向学得有效,促进生命成长"。

　　在此基础上,我们提出"学为中心、学导融合"的教学理念,倡导"教师精讲少教、学生多动多学"。精讲,即精准、精练、精彩,倡导老师连续讲课不超过5分钟,把时间留给学生。少教,其实就是让位,尽量让学生观察、思考、表达、讨论、展示、总结,让学生"动"起来,"学"起来。

　　"自然课堂"是我们常态课堂改进的努力方向,也是我们所追求的一种课堂理想,旨在重建自然、自主、自信学习的课堂学习生态,促进学生在自然的学习状态下,自主建构知识,自信形成思维能力,提升精神境界。

　　"自然课堂"极力推崇教与学的自然呈现,如在教的方面,做到教态自然、引入自然、衔接自然、导学自然、助学自然和生成自然;在学的方面,做到心态自然、交流自然、表达自然、思维自然和学习自然,努力让学习在课堂自然、真实发生。

为何提出"自然课堂"

　　"自然课堂"的提出,主要基于以下的背景:

　　其一,基于转型发展的需要。我校是一所年轻的公办初中,2015年9月挂牌成为中国教育科学研究院附属中学。站在新的起点上,学校面临"转型升级",赋予创办"一所新型的公办初中,一块改革的试验田"的使命。为使学校的办学思想和愿景落地生根,课堂是主渠道、主阵地。课堂不仅是知识的形成处,而且是德育的生长点,更是生命成长的美好地方,要让每个孩子更加自然学习、自主学习、自信学习。

　　其二,基于低下的课堂效能。我们面临常态课堂学习效能低下的问题。学生的"学"常常围绕教师的"教"在转,自主学习的时间和空间少,学习被动不够自主。"假学习"现象普遍,学生课堂认知目标往往未当堂完成,成为"夹生饭",成为学生课后的另一种负担。学习氛围过于压抑、不够自然,有些学生学习自卑、不够自信,学习兴趣不足,学习常常进入恶性循环。

其三,基于教师群体的发展。课堂学习效能低下的问题,很大部分要从教师的"教"上找原因。常态课堂中教师讲风太盛,以教为中心的线索显眼,"满堂灌"的现象较为普遍。教学随意性大,习惯包办得多,尤其是学习活动的设计和组织严重缺失。教师过于权威,教学方式过于单一,教学手段过于传统,特别是技术辅助教学含量少。为此,学校提出要打造一支学习型的教师团队和研究型的骨干队伍的师资建设目标。

常态课堂的种种问题,我们认为最本质的是缺少合乎自然、顺乎天性、激活思维的东西,缺少对每个生命的尊重以及推动学习的精神和力量。而好奇、好动、好玩、好问、好学原本是孩子的自然天性,是孩子的自然状态。孩子的禀赋差异也是客观存在的。因此,我们的课堂教学应正视这样的缺憾和差异,顺性而教、顺学而导,向学而为、为学而教,努力营造有利于每个孩子自然生长的课堂生态。而自然生长的表征,一是自然而向上,二是自主而独立,三是自信而有活力。

综上所述,我们希望通过重组学习关键要素,调整课堂教学环节,推进课堂结构性变革,重建以学生为主体、以学习为中心、以有效为品质的有效课堂学习机制,修复并建立自然投入、自主参与、自信学习的课堂生态,凸显学生学习主体地位,让课堂教与学回归自然,并促进每个生命自然地生长。

"自然课堂"有何实践基础

"自然课堂"是我校独创、培育的课堂新范式,是持续课堂改进在本校的落脚点。就我个人和学校而言,应该说,积累了丰富的课堂实践基础。大致经历以下四个阶段:

第一阶段(1999 年 9 月—2015 年 8 月):从 1999 年 8 月任完全中学校长

以来,课堂始终是我重点关注和研究的领域。如2000年"实施讲练工程与目标教学、分层教学相结合的课堂实践研究"立项浙江省教科规划课题,成果获温州市名师名校长课题优秀成果奖;2010年"基于教学常规持续改进的'灵动课堂'的实践研究"立项浙江省教育学会规划课题,成果获浙江省课题优秀成果奖。

第二阶段(2015年9月—2016年8月):学校在前期调研、充分酝酿的基础上,启动实施以"有效教学"为主题的"常态课堂改进行动计划",着力重构教学关系、突出学习过程、关注生命成长,推动常态课堂从"教为中心"向"学为中心"转型。2016年4月学校加入中国教科院"未来学习方式变革"首批重点项目的研究。之后学校荣获年度区校本研训优秀单位。

第三阶段(2016年9月—2017年8月):开展以"有效学习"为主题的基于"大作业学习单"的"自然课堂"的实践。学校以此申报建立校、区、市三级主干课题,其中2017年杭州市教科规划课题"常态视域下'自然课堂'标准的设计与操作研究"立项,成果获杭州市规划课题优秀成果奖。之后学校荣获杭州市智慧校园示范校。

第四阶段(2017年9月—2020年7月):开展以"深度学习"为主题的基于"互联网+"背景下的"自然课堂"的实践深化研究。2018年11月立项浙江省教育科学规划课题"基于'自然课堂'标准撬动教与学持续改进的实践研究",成果获杭州市规划课题优秀成果奖,并入选2021年中国教育科学论坛。之后学校荣获区校本研训优秀单位。

"自然课堂"的课堂愿景是让自然、自主、自信的素养在课堂自然地发生。其标志是学生的自然学习、自主学习、自信学习,这是课堂改进的理想目标。具体地说,确立了"以学习为中心、导学助学相结合"的教改思路,形成"学"与"导"两大系统的操作策略,并瞄准三大问题的解决。

一是重构教学关系。以学生的学为中心,引导教师"精讲少教",精心备课,留出时间和空间,让学生"多动多学",解决"一言堂"和"满堂问"的问题。

二是突出学习过程。以深度学习为方向,引导教师学导融合,解决因学习活动设计、组织不到位而出现的教学随意和"假学习"问题,提高学习效能,让学习真实地发生。

三是关注生命成长。以立德树人为根本,引导教师关注学生个体差异,修复课堂生态,营造自然、自主、自信的学习氛围,解决学生的厌学、被动学、缺乏自信心的问题。

如何构建"自然课堂"

我们不断探寻、提炼教与学持续改进的实践策略,通过对"自然课堂"系统性顶层设计,开展全员草根实践,优化学习型教师队伍,形成了符合本校实际的"指南针""助推器"和"路线图",建立了典型课例资源库,实现了对"自然课堂"的立体化设计和有效性实践。

建立基于评价量表的"自然课堂"标准

"自然课堂"作为一个课堂理想,应该有一定的课堂标准来衡量。在前期的课改实践中,我们欣喜地看到广大教师在教学方式上的积极变化,同时也感受到老师们在前行路上的诸多困惑。骨干教师对"自然课堂"适应快、主动改进的愿望强,而学科薄弱教师、老教师的行动相对滞后。

我们认为,迫切需要一个类似于"拐杖"的具有前瞻性、规范性、层次性的"自然课堂"标准。所谓课堂标准,是指有别于其他的课堂标志性特点和教学行为表征的综合。"自然课堂"标准,包括"自然课堂"教学表征的描述性要求、教学评价和课堂观察量表的指标体系。

评价是个指挥棒,有了评价量表导向和评价要素,"以学为中心"的"自然课堂"该关注什么、倡导什么才可能清晰起来。在课题立项前期,从课前、课中、课后不同维度,对教师在教学方式、教学手段、学情掌握、学习设计及学习活动时间等方面进行问卷调查,了解教师的课堂教学现状与倾向性问题。在"我最喜欢的课堂和老师"学生问卷中,我们发现学生对"愉悦、自然""自主、自信""互动、合作""动手、动脑""平板电脑"等词汇的兴奋度高,对"课堂沉闷""板着脸""训斥""滔滔不绝""一味听讲记背"等教师行为感到厌烦。我们以此为起点,查阅文献,收集资料,为制定标准提供支持。

在标准制定前,开展地毯式听课调研摸底,围绕"有效教学"这个主题,各教研组就常态课堂的普遍性问题罗列清单,并纳入"自然课堂"标准考虑视野。在课题实施中,组建以教研组为单位的子课题网,近2/3的教师参与课题研究,并开展课堂标准设计、大作业学习单编制等专题研讨活动。通过讨论、修订、行动、再讨论、再修订、再行动的程序,不断完善课堂教学评价量表与"自然课堂"达标课、优秀课、创新课的标准(见图3)。

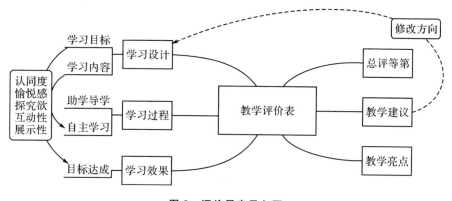

图3　评价量表导向图

我们一改过去"以教为主"为"以学为主"的评价思维,在学情目标调研的基础上,以国内外学习理论为依据,以新授课、复习课等课型为重点,从"一载体、两助学、三环节、四导学"的要求出发,提炼了"自然课堂"的教学表征和要求,体现学习目标设计的适切性,学习内容呈现的活动性,学习过程发生的主体性、有效性,学习生态修复的自然性。通过设置发展性三级评价指标,从学习设计、学习过程、学习效果三个维度对课堂学习进行评价量化,形成"自然课堂"教学评价体系(见表1)。

表1　"自然课堂"教学评价表

姓名		授课班级		评价老师		得分
学科		时间		课题		
A指标	B指标	C评价指标				
学习设计（25）	学习目标（10）	1.基于班级学情，以学生学习实际水平为教学起点。 2.突出三维目标，做到明确、具体、可行。 3.指向核心素养，体现学科思想和方法。				
	学习内容（15）	把课内学习内容分课前、课中、课后三部分。 1.课前作业，即预习提纲或前置性任务，有内容、有要求、切合班情。 2.课中作业，即问题型、活动型的学习任务，注重问题情境化、生活化、活动化，做到关键问题具体明确、学习活动形式多样。 3.课后作业，即当堂练习，紧扣学习目标，有梯度、有变式、有拓展。				
学习过程（55）	导学助学（30）	一、"四个导学"做得怎么样？（20） 1.目标导学。尝试借助微课、微视频、App等手段，推动学生预习的作业化。课前根据预习作业完成情况，及时调整教学目标和重难点（约5分钟）。 2.问题导学。科学合理设置关键问题或学习任务，通过问题引领、任务驱动，唤醒学生的好奇心和学习愿望，引导学生走向学习过程。 3.活动导学。教师精讲少讲，适时点拨指导。组织自主学习、小组合作、问题探究等活动，引导学生在积极思维中深度学习（不少于20分钟）。 4.练习导学。课末当堂检测（5—10分钟），并及时评价反馈，努力做到关注每一个、激励每一个、发展每一个。				
		二、"互联网＋""五个约定"体现得怎么样？（10） 1.利用"互联网＋"下的学习终端、电子白板、App等多媒体辅助手段。 2."一学"，以学为中心；"二议"，议易错点、混淆点；"三指导"，指导小组讨论、困难学生、学习方法；"四个多"，微笑激励多、学习活动多、自主时间多、激活思维举措多；"五鼓励"，鼓励抬头听课、鼓励动手笔记、鼓励大声表达、鼓励交流分享（当小老师）、鼓励大胆质疑。				
	学习活动（25）	1.学习态度：自然愉悦、不压抑，自主灵动、不呆板，自信积极、不自卑。 2.学习广度：各层面学生充分参与学习全过程，在原有基础上均有所发展。 3.学习深度：思维始终处于活跃状态，能提出新问题、表达对问题的理解。				

学习效果 (20)	目标达成 (20)	1.学生在目标、问题、活动、练习导学中经历真实的学习过程,较好完成学习任务,获得较为扎实的知识基础,形成一定的学科能力和方法。 2.学生在自然、自主、自信的课堂生态中,体验学习的愉悦,养成良好的记录、讨论、分享等习惯,身心得到舒展,情感态度价值观得到较好发展。				
备注	90 分以上为优,89—80 分为良,79—60 分为中,60 分以下为待合格。		总评 等第		总分	
亮点	(1)		建议	(1)		
	(2)			(2)		
	(3)			(3)		

同时,学校还建立达标课、优秀课、创新课三个课型,分别对应普通教师、骨干教师、风格教师三个层次的教师群体专业发展。探索建立"自然课堂"三个课型的课堂标准,分层分类引导教师追求教与学的自然、真实、有效,引导教师向"教态自然、引入自然、导学自然、助学自然、衔接自然、生成自然"六个方面发展。"自然课堂"创新课的课堂标准如表 2 所示。

表 2　"自然课堂"课堂标准(创新课)

姓名		授课班级		评价人	
课型	□新授课□复习课□习题课□作业反馈课□试卷评析课□知识拓展课				
课题					
课堂标准	创新课				
学习设计	1.教学目标明确、具体、可行,并结合学生实际。 2.教学设计充分体现重点、难点。 3.学习内容充实,"大作业学习单"设计合理有效。				

学习过程	一、教师精讲少讲 1.教态自然。语言表达清晰、流畅,肢体动作自然自信,有教师自身的风格。 2.引入自然。课前能进行 UMU 学习平台的签到,并根据学生预学情况在目标、内容、过程、方法上做有效的调整。(约 5 分钟) 3.导学自然。教师充分利用 Pad 和"互联网+"的大环境,组织学生进行线上口语表达和关键词搜索,体现线上线下双向的师生、生生互动。(约 20 分钟) 4.衔接自然。教师精讲少讲,能够自如地调控课堂节奏,适时收放教学活动。 5.助学自然。课末当堂有线上检测,及时进行数据反馈。(约 5 分钟) 6.生成自然。预设与生成处理恰当,体现教学智慧,并有若干个创新点。 二、学生多动多学 7.学生有自主思考空间,有主动学习的欲望,学习自信氛围良好。 8.学生均能积极参与学习过程,在原有基础上都有收获。 9.各层面的学生在自然的状态下,完成学习任务,达成学习目标。
学习效果	1.学生能自主在 UMU 等学习平台上完成学习任务,获得及时的批改与反馈。 2.学生在自然、自主、自信的课堂生态中,体验"互联网+"模式的未来学校学习模式。
整体评价 及建议		课堂亮点	1. ――― 2.

　　听评课是教师相互学习、研究教学的常规措施,但如何有效地听评课是一门很深的学问。我们重点围绕教师和学生的关键行为,以教师和学生在课堂上"做了什么""做得怎么样"作为课堂观察判断要点,比如教师在"四个导学""五个约定"方面做得怎么样,学生的学习态度、广度、深度、效度怎么样,借助微格教室和现场观察,为改进课堂教与学的行为提供实证。"自然课堂"观察量表如表 3 所示。

表 3 "自然课堂"观察量表

学科		班级		日期		课型	
课题名称							
观察项目	教师行为关键要素 ("四个导学""五个约定"做得怎么样)			学生行为关键要素 (学习态度、广度、深度、效度怎样)			
	学习支架	精讲少教	智慧助学	多动多学	深度学习	素养发展	
	问题驱动	活动跟进	当堂检测	充分经历	学习发生	自然生成	
典型记载							

搭建以学习为中心的"学习支架"

学习支架原为建筑隐喻,是借用这个术语来描述教师在学生学习过程中所给予的有效支持和帮助。为把课堂标准落实到教与学的行为上,我们认为必须给老师和学生提供自主选择的"学习支架"。

于是,我们打通教与学的通道,重点设计了备课和自学相互衔接"自然课堂"教案模板和"大作业学习单",分别给教师和学生使用。教师教学设计重点与学生的学习过程环环相扣、一脉相承,体现"学为中心、教为学服务"的思想。

"自然课堂"教案模板,除了课题课型、学习目标、评价任务、资源准备、板书设计、教后反思外,突出课前、课中、课后的教学设计,如表 4 所示。

表 4 "自然课堂"教案模板(局部)

	时段	教师活动(内容、时间)	学生活动(对象、形式、时间)
教学设计	课前作业(预学习任务)		
	课中作业(问题活动)		
	课后作业(练习反馈)		
	课外作业	1.复习、预习课本。2.分层作业。 A 层重拓展、重提高;B 层重基础、重巩固。	

一份完整的"大作业学习单",主要由学习目标、学习内容、学后反思三部分组成。所谓的"大作业"指的是学生课内外的学习任务的统称,分课内与课外作业,课内作业包括课前预习任务、课中问题活动、课后检测练习等。"大作业学习单",旨在引导学生在自主学习中学会、会学,如表5所示。

表5 "大作业学习单"模板

课题		
学习目标		
学习内容	时段	具体内容
	预学—课前作业(预习任务)	
	共学—课中作业(问题活动)	
	延学—课后作业(检测练习)	
	课外作业	1.复习作业。2.分层作业。3.预习作业。
学后反思	1.学习目标的达成情况如何? 2.学习疑难问题有哪些?	

完善"自然课堂"配套规章制度

对于学校来说,课堂变革是牵一发动全身的大事,涉及顶层设计、内部治理、德育创新等方方面面。学校坚持自上而下与自下而上的有机结合,及时制定《杭州胜蓝实验中学教学新常规十条》《杭州胜蓝实验中学"自然课堂"评价表和量化观察表》《杭州胜蓝实验中学"自然课堂"标准》《杭州胜蓝实验中学"自然课堂"教案模版》《杭州胜蓝实验中学"大作业学习单"模版》《杭州胜蓝实验中学"自然课堂"小组合作评价细则》《杭州胜蓝实验中学教科研奖励办法》《杭州胜蓝实验中学学科质量个人增量奖和团队优秀奖奖励办法》《杭州胜蓝实验中学自主学习八大习惯》等规章,完善全员导师职责、小组合作学习评价等制度,进一步规范了教师的教学行为,并逐渐内化成为教师的自觉行动。

以《杭州胜蓝实验中学教学新常规十条》为例,第2条规定,教师必须精心备课,要设计前置性的预习任务,用目标、问题、活动、练习的组合来承载学生的学习过程。个人备课要做到"两不""三备""四精"。"两不",即不备课不进教室,不备好课不上讲台;"三备",即备文本、备学情、备学习单;"四精",即精心设计课前作业(预习提纲或微视频等前置性任务),精心设计课中作业(关键问题、学习任务、学习活动),精心设计课后作业(当堂检测练习、习题),精心设计"自然课堂"教案、"大作业学习单"、教学辅助PPT,准备学习终端、板书等。

教学规章制度的健全和完善,不仅在全校建立了良好的教学导向,而且也为"自然课堂"行动研究提供了"指南针",并成为教师专业成长的"拐杖",逐渐形成了"自然课堂"的长效推进机制,为持续改进教与学打下坚实的基础。同时,在课堂改进的实践中,我们尊重不同学科教师的专业基础和专业探索,把研究的主动权还给教研组和教师个人,引导教师走进"课堂标准"又高于"课堂标准",走进"教学模式"又走出"教学模式",从而促进教师个人教学风格和教研组特色的形成。

尝试多样化的课堂教学策略

以"大作业学习单"为载体,积极实践分层教学、小组合作、导学助学、技术支撑、对话倾听、线上辅助等多样化的课堂教学策略,成为"自然课堂"新样态的"助推器"(见图4)。以青年骨干教师为核心成员,组建Pad实验小组,重点探索Pad教学在自然课堂教学中的操作应用,努力转变教学方式,修复学习生态,重建课堂文化,提升课堂学习效能,把学习主动权真正还给学生。

分层教学。重视差异化教学,班际主要在科学、数学两个学科实行走班教学,课内倡导目标分层、问题分层、活动分层、练习分层,努力使每个层次的学生在原有基础上获得充分发展和最优发展。

小组合作。学生层面,小组重要的职能是合作、交流和展示。学习不是简单的接受,更重要的是学习共同体内的表达、争论、完善,以及组员之间的互帮互助、合作展示。教师层面，出台了"小组合作学习评价细则"，重点突出预习、合作、交流、质疑、再交流等环节。

导学助学。课前推动学生预习作业的前置，调整教学目标；课中合理设置关键问题或学习任务，引导学生走向学习过程；课后当堂检测，及时评价反馈，促成目标达成。借助学习终端等技术手段，积极践行"一学""二议""三指导""四个多"和"五鼓励"，引导学生在积极思维中走向深度学习。

技术融合。大力倡导信息技术与学科课堂教学的深度融合，在 PPT、App 和电子白板多媒体上课的基础之上，成立了"Pad 实验小组"，并引进平板电脑等移动学习终端，开展"自然课堂"优秀课的评选，探索以精准教学、精准诊断、精准评价为方向的未来课堂样态，促进技术与教学的深度融合，使日常课堂受到孩子们的欢迎和喜爱。

线上辅助。开展"自然课堂"线上教学模式（简称"空中自然课堂"）的研究，以此来促进学生个性化学习和自主学习能力提升。"空中自然课堂"主要是借助腾讯课堂等平台，结合 QQ、微信等通信工具，以"学习资源包"为载体，采用 PPT＋视频(音频)＋QQ(微信)＋腾讯课堂直播平台，开展基于任务和问题的教学活动。

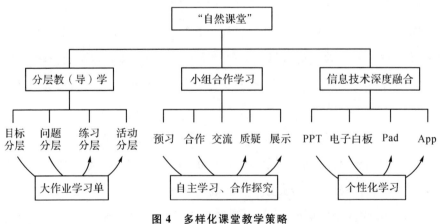

图 4　多样化课堂教学策略

创新校本研修路径

学校着眼教学常规的五大环节,提出构建以课堂为核心,以备课为前提,以作业、命题、辅导为补充的有效教学常规链条。学校以全员听课、开课活动为载体,以问题、主题、课题为主线,开展三个类型"自然课堂"的研修活动,逐步形成"五化"(教学常规规范化、听课开课常态化、教学问题教研化、教研主题科研化、校本培训项目化)的研修特点,促进"自然课堂"的深入推进(见图5)。

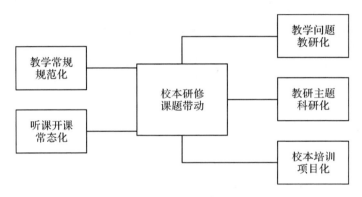

图 5　校本研修一体化机制

经过几年的努力,已经形成"课前重学习设计,编好'大作业学习单';课中重导学助学,参考'三环'(预学、共学、延学)'六步'(预习检查、目标调适、问题驱动、小组展示、检测反馈、小结拓展);课后重补偿教育,抓好作业反馈、个别辅导"的"自然课堂"基本操作流程,这也成为我们每位教师日常的个体研究行动路线。

以构建教学、教研、科研、培训一体化机制为目标,各教研组围绕"自然课堂"的若干教学问题,选择倾向性、有价值的问题确立为教研主题,从系统思维的角度上升为科研课题;学校建立了 1 个省课题、2 个市级课题、4 个区级课题、5 个校级课题,有 69.17% 的教师参与了各级课题研究,从而在全校营造聚焦课堂、研究课堂的良好氛围。

以听课开课常态化为例,学校设定随堂听课、观摩听课、调研听课、会诊听课、检查听课、研究听课等六大听课类型,以及教师常态公开课、骨干教师示范课、青年教师汇报课、主题教研研究课、"自然课堂"展示课、优质课堂评比课等六大开课类型,努力变检查式听课为主为指导式听课为主,变演练型开课为主为常态型开课为主。

每学年开展三个课型的课例展示、研讨、评选活动,分三个阶段,教师全员全程参与。普通教师开设达标课、骨干教师开设优秀课、Pad 实验小组成员开设创新课。以"自然课堂"标准和观察量表为依据,通过多形式展开,引导教师用好"大作业学习单"这个学习支架,借助 App、电子白板、移动学习终端,利用目标、问题、活动、练习,把学习的第一时间还给学生。每学年"自然课堂"达标课开出率100%,通过率92%以上,并评出优秀课课例和创新课课例。

搭建非行政教师学术组织

学校重视教师非行政组织建设,为课堂教学改进提供学术支持。2015年 9 月成立"教师智慧共同体",2016 年 9 月成立"师生成长共同体"。在此基础上,整合之前的组织,于 2018 年 12 月成立了"胜蓝书院",下设名师名校长工作室、青年教师读书会、班主任工作研究会、教师智慧成共同体、胜蓝大讲坛、渡口文学社等项目。

"胜蓝书院"是以学术研究、读书交流、同伴互助为主要特征,以发挥特长、培养骨干、丰富教育生活为主要目的,形式较为宽松、形态基本固定、教师自愿参加的非行政教师组织。其实行 PBL 项目负责制,每个项目有专门的负责人。

借力中国教科院的资源优势,以"未来学校"项目和"名师成长"项目创建为契机,以"胜蓝书院"为载体,通过骨干教师"能者为师"、邀请校外专家学者莅临讲学、校长亲自开设讲座引领等方式,在校园营造了浓厚的学术氛围。每学期开展专题项目化培训和课例指导,教师参与率100%。

打造教师骨干团队和师生成长共同体

教师队伍无疑是推进"自然课堂"的根本保障。学校提出"以性情平和、专业拔萃、尽职负责"的教师成长努力方向,有计划、分步骤实施"五个三"教师培养计划,即"三个目标"(省市区教坛新秀、新锐骨干、名师)、"三个阶段"(适应型教师、骨干型教师、风格型教师)、"三个平台"(月度教学之星、年度最喜欢的教师、学年新锐教师)、"三个策略"(夯实专业基本功、打造学习共同体、健全激励新机制)、"三个路径"(校本研修、胜蓝书院、师生成长共同体),按照分层培养、分类培训、量身打造的培养原则,努力打造一支学习型的教师团队和研究型的骨干队伍。

同时,学校以"师生成长共同体"项目为抓手,营造平等、包容、合作的人文和物理学习环境,自然、自主、自信的学习生态环境,以此反哺"自然课堂",助推教与学的持续改进。该项目是区域新时代集体主义教育的重点子项目,也是我校德育的另一张名片。主要以班组文化建设为重点,实施"全员导师、学科代表,小组合作、自主管理,同质竞赛、异质帮扶"六大策略行动,探索学科导师制、学科代表制、学习合作制、小小先生制等创新机制,逐步形成"教师人人是导师、学生人人是课代表、班级人人是主人"为特征的班集体新样态。

"自然课堂"实践取得哪些成效

基于"自然课堂"的教与学持续改进,经过近五年的努力,取得了阶段性的经验和成果,积累了大量的典型案例、课例,极大改变了原有的课堂现状、教师状况和学校面貌,走出了一条具有本校特色的课堂转型之路,为下阶段课堂改进的进一步推进打下坚实的基础。

常态课堂生态逐步修复

几年来,学校以"自然课堂"培育为抓手,立足教学常规,根植常态课堂,并把视野和触角从学业基础延伸到人格塑造、身心健康、精神成长、师生关系等方面,"自然、自主、自信"的核心素养在课堂悄然生长。据最近的学生问卷调查,99.58％的学生喜欢在学校上课,95.8％的学生喜欢分层走班、小组合作及利用平板电脑的学习方式,77.33％的学生认为自己的主动学习习惯比以前好了,88.69％的学生认为自己比小学的时候更会提出问题、更自信了。

总体上,推行"自然课堂"研究实践,改变了学生的角色。对大部分孩子来说,激发了学习兴趣,建立了学习自信,提高了自主学习的能力。尤其是对于大多数后进生而言,学习不再有畏难的情绪,学习压抑感、焦虑感明显减少,整个精神状态变得自然、阳光了。

教学质量增量不断刷新

几年来,教师越来越多地认识到课堂标准的重要性,越来越多的课堂从讲授型向对话型、多样型、智慧型样态转变,呈现"在学习、真学习、深学习"的特征,课堂标准意识、主体意识、目标意识、效率意识明显增强。教师角色得到转变,"满堂灌"和教学随意性大幅度减少,课堂教学常规更加扎实,学习活动设计、组织更加到位,教学策略更加多元,技术使用更加常态,课堂高阶思维含量提升了,课堂变得生动了、活跃了,教学效能大幅提升;同时,也促进了学生的综合发展、全面发展、个性发展。

从学科质量来看,在办学规模每年扩招 2 个班级的基础上,学科成绩总体增量明显。2018、2019、2020 年连续三年获得区教育质量(中考)优胜奖。2019 年学校被评为区优质学校、区中学生体能素质测试优胜单位。足球、射击、三模、美术等项目异军突起,成果丰硕,如学校荣获全国青少年校园足球特色学校称号,射击培养了全国冠军。

青年教师队伍快速成长

几年来,学校通过"自然课堂"这个载体,为青年教师的课堂教学提供范式和框架,提供价值引领,提供成长平台,营造向阳而生、自然生长的专业成长环境,大幅度提升其教书育人的能力,让骨干教师教学基本功更加夯实,教学风格更加百花齐放,彻底打破新教师因教学缺少"拐杖"而无所适从的窘境,有效避免青年教师专业成长走弯路、走冤枉路,也在一定程度上减缓中老年教师的职业倦怠。

新入职的 20 位新教师迅速站稳讲台,其中 1 人获中国教科院优质课展示特等奖,2 人获杭州市优质课评比二等奖。青年骨干崭露头角,8 位老师被评为市、区教坛新秀,2 位老师列入市新锐名师培养对象。5 位老师获杭州市"一师一优课"一、二等奖,11 位教师获区教学类比赛一等奖。

学校辐射影响力不断扩大

几年来,以"自然课堂"培育为龙头的实践经验和成果,先后在《中国德育》《浙江教育报》《德育报》上发表,入编《具身德育:立德树人新视野》一书,此书已由山东人民出版社正式出版。4 次在全国级会议做主题发言,4 次在区市级研讨会上做教学展示,得到教育部崔保师、陈子季司长,中国教科院陈如平、孟万金、张布和研究员,教育改革家魏书生等领导、专家的指导、鼓励。先后接待省内外及美国、澳大利亚、欧盟体育联盟等的学校数千人次的来访,产生了较大的影响力。

应该说,常态课堂的改进,很大程度上改变了学生,改变了教师,改变了学校。2019 年 4 月 28 日,教育部体育卫生与艺术教育司司长、时任中国教科院院长崔保师先生在调研我校时说:"学校提出'静心做自然的教育'的理念和持续推进'自然课堂'的实践,回归了教育本质,抓住了办学要害,取得了显著的成效。"这是对学校工作的莫大鞭策,也给学校发展带来无穷的力量。

正如夸美纽斯在《大教学论》开篇中指出的,寻找并找到一种教学方法,使教员因此少教,但是可以多学;使学校因此可以少些喧嚣、厌恶和无益的劳苦,多具闲暇、快乐和坚实的进步。其实,这也正是我们探索实践"自然课堂"的初衷所在。

常态课堂的改进,就好比打井,只有不断挖掘,活水才会源源不断涌上来。虽然过程曲折艰辛、五味杂陈,但乐在其中,幸福满满,值得我们每个老师一辈子去努力!

（"学习方式转变与课堂改进"杭州研讨会,2019 年 11 月 15 日）

指向深度学习的智慧课堂新样态构建

课堂是学校教育的主阵地,是课程改革的深水区,是孩子生命成长的地方。课堂犹如学校的前线,是教学的主战场、主阵地,可谓寸土不可丢,寸步不可让。抓住课堂这个牛鼻子,实质上就是把握了学校的中心工作,赢得学校发展的主动权。

智慧课堂是杭州市大成实验学校的一个亮点,从智慧课堂1.0到智慧课堂2.0,我们经过多年研究,在创设关怀生命的"润泽教室"的基础上,凝练课堂改革成果,形成了独具特色的"一单三环六要素"教学模式,逐渐探索出了行之有效的智慧课堂新样态。

近几年来,在课堂教学变革中,我们经历了什么样的问题,有什么样的思考,如何举全校之力开展全员草根式实践探索,又取得了哪些阶段性研究成果?

问题反思:课堂转型困在何处,难在哪里

多年前,我们提出了常态课堂改进行动计划。在计划实施前期,学校利用一个学期时间,开展两轮地毯式随堂听课等多种形式的调研。随着调研的深入,我们越来越感到,智慧课堂面临转型的多种现实挑战。

学习之困:课堂学习效能低下

(1)被动学习。

教师大多站在"教"的立场上进行"教学设计",忽视从促进学生"学"的

角度进行"学习设计"。课堂上,教师预设多、生成少,包办多、放权少,学生主动参与学习、自主探究、体验、实践的时间少,长此以往导致课堂学习缺乏主动性。在对学校 80 多节常态课堂观察中发现,学生参与"小组活动"仅占6%,参与"自主探究"仅占 4%,而"一对一师生问答"则占 67%。"以教为主、被动学习"的教学状态在日常课堂中普遍存在。

(2)浅层学习。

教师课堂活动的学习策略类型采集和分析数据表明,大部分教师的课堂教学以低层分类目标和知识传递为主要取向,课堂学习中以"记忆、理解"为活动策略的占 72%,以"应用、分析"和"评价、创造"为策略的分别占 18%、10%。大部分课堂学习活动以机械记忆和反复操练为主,缺少深度思维加工,难以迁移和深化,因此无法激发学生的潜在能力。课堂学习如囫囵吞枣,因缺乏必要的学习支架和活动,无法有效达成课堂学习目标。

(3)假装学习。

在日常课堂教学中,我们还能看到"学困生"和"伪优生",他们大多是"假学习者"。课堂上采用各种"伪装"的方式来蒙蔽老师,假装在学习,而实际上根本没有真正进入学习状态。课堂上学生的真实学习需求未能得到关注和回应,导致学生"学不会""没兴趣",课后又有大量无选择、不分层次的作业叠加,造成高耗低效的局面,形成了"学困生"和"伪优生"的"死循环"。

转型之难:智慧课堂面临瓶颈

(1)理念滞后。

智慧课堂转型的关键在于课堂教学的设计者和组织者——教师。教师教学行为的转变,首要的是理念的转变。同时,从理念到行为的改变需要一段过程。在对教师的日常课堂观察和问卷、访谈调查中发现,很大一部分教师的理念相对滞后,"学为中心"的理念缺乏,许多教师还停留在以教为中心,以知识、技能为核心的"双基时代",对"大数据""核心素养""深度学习""差异化教学"等前沿概念缺乏深刻理解。理念先导、价值引领成为最紧迫的任务。

(2)策略缺失。

新教师缺少教学"拐杖",中老年教师光凭经验授课的现象在日常课堂中普遍存在。"以教为主""以知识灌输为主要目标""以机械操练为主要手段"等教学方式方法一定程度上仍在课堂中存在。在目标、问题、活动、检测、评价、技术的设计上不够精准,分层导学、智慧赋能、作业前置、素养导向等教学策略缺失。对孩子们的好动、好玩、好奇的天性及自然禀赋的差异认识不够、办法不够、适应不够,这也是导致课堂转型困难的重要因素。

(3)技术局限。

运用大数据、智能技术赋能课堂教学是我们在智慧课堂1.0探索实践的一大特色,但也面临许多的局限,如系统应用场景受平台限制,操作繁杂,导致技术工具在教室往往成为一种摆设。主要表现在骨干教师使用较多,普及面不够;公开课使用较多,常态化使用不够;为使用而使用的较多,精准化不够。智慧系统后台数据表明,经常使用的教师仅占13%,偶尔使用占67%,从不使用的占20%。智慧课堂的相关技术应用亟待迭代升级和持续优化。

研修之惑:校本研修亟待补短

(1)意愿不强。

在"大数据""双减""新课标"的新背景下,教师作为课堂改进的最关键要素和参与主体,在指向深度学习的课堂转型中扮演着至关重要的角色,面临新的教学专业性挑战。校本研修是常态课堂改革的支撑,也是教师专业成长的主要途径。在常态课堂改进行动的纵深推进中,我们发现部分教师存在学习动力不足、课改愿望不高的情况。虽然一些老师意识到教学中存在诸多问题,但是仍选择安于现状,并不愿意做实质性的行动和措施。

(2)研修不深。

一些教师往往游走在经验与研究的边缘,仅仅停留在听评课为主的"浅表研修"上,缺乏深度、递进的研修反思。讲座培训"现场感动,听后不动";教学经验习惯定式,学习是一套,上课又是老一套;问题意识薄弱,对教学中存在的问题缺乏发现、研究和反思改进的能力,对教学研究存在观望甚至是畏难情绪。

(3)保障不足。

开展促进深度学习的智慧课堂教学实践,与学校日常教学制度的完善和落实、班级的日常管理工作、班组文化建设、人文及物理等教学环境的创设和改进都有着密不可分的关系。在智慧课堂1.0推进的过程中,除了教学理念外,我们发现原有的教学制度、教学管理模式不太适应常态课堂改进行动的现实需要,课堂学习环境缺乏应用场景的搭建和氛围的支持,这些也是导致智慧课堂改进困难的原因之一。

上述三大问题归结起来,最后都汇聚到学生的学习之困上,说到底还是课堂的问题。在我看来,常态课堂的种种问题,最核心的是课堂缺少一些合乎自然、顺乎天性、激活思维的东西,缺少对每个生命尊重的环境及唤醒学习热情的力量。其根本的原因在于学习在课堂没有自然、真实、深度地发生。

那么,教师的教如何尊重并利用学生的自然禀赋差异,如何顺应并呵护学生好玩、好动、好奇的自然天性,让学习机制在常态课堂真实发生?经过深刻反思,我们在原有实践的基础上开始新的课堂变革,基于"让学习在课堂自然、真实、深度发生,让自主、自信和美好在课堂自然生长"的理念,期望借此从传统课堂突围,从而让学生的学习方式真正进阶,让深度学习真实发生,让核心素养真正落地,让学生负担真正减轻下来。

理想愿景:促进深度学习在智慧课堂自然、真实发生

值得庆幸的是,在迷茫和困顿中,"深度学习"理念的提出让我们看到了理想课堂该有的样子,也让我们找到了课堂转型的方向和目标。通过教师团队的系统学习,我们转变课堂教育理念,并逐渐形成了智慧课堂构建的目标愿景。

深度学习背景下的智慧课堂新样态

教育部深度学习总项目组认为,深度学习是指在教师引领下,学生围绕着具有挑战性的学习主题,全身心积极参与、体验成功、获得发展的有意义的学习过程。我们认为,深度学习是在一种自然状态下的自主建构、自我超越、形成思维能力、提升精神境界的真实而高水平的认知活动或状态。它既是一个大脑内部信息加工、自主建构的过程,也是一个情感、意志、精神、兴趣等全面参与的过程。它具有合作协同、学习动机、高阶思维的特征,因而能够发展学生的核心素养。

在深度学习理念指引下,如何构建智慧课堂新样态呢?就我校而言,智慧课堂新样态就是指利用大数据、人工智能等技术,基于智能学习系统 2.0,为学生营造智能、高效、灵动的课堂学习环境,并促进学生在课前预学、课中共学、课后延学中实现主动学习、合作学习、个性学习的智能课堂所呈现的新模型、新范式和新方式。它是学生生命状态、教师自然仪态和课堂学习生态在智慧课堂的真实外显和综合呈现。

智慧课堂构建的三大目标

(1)形成智慧课堂转型实践的导向系统。

我们期待通过精心创设指向深度学习的场域环境,探索教学理念体系、教学导向体系和智能学习系统,营造促进学生深度学习、发展核心素养的"线上＋线下""课内＋课外"的泛在学习环境,用自然的环境润泽每个学生更好地实现自主学习、合作学习和个性学习,有力推动教师教学理念更新和技术硬件改造升级,着力解决"转型之难"。

(2)形成有辨识度的深度学习课堂新样态。

我们理想中的智慧课堂,是通过系统建构指向深度学习的实践模型,探索指向深度学习的课堂范式和学习方式,推动课堂从"以教为主"向"以学为主"转型,引导学生形成积极主动的学习动机,发展合作协同能力和高阶思维,促进深度理解、深度思考、亲身实践和迁移创新,从而转变学习方式,激发学习潜能,提升学习效能,不断促进生命成长,真正解决"学习之困"。

(3)形成智慧课堂新样态实践的支撑机制。

课堂转型的背后,是学校研修方式和教师成长方式的转变。通过创新指向深度学习的研修模式,探索促进深度学习相适应的教学常规、校本研修、学科实践路径,给予智慧课堂教学实施的支架、策略和技术指导,引导教师边学习、边实践、边反思、边解决问题,关注课程标准、体现学科本质、激发高阶思维,促进学生在课堂全身心投入、全过程学习进阶、全领域深度加工,更好地推动教师的专业发展和个人成长,着力破解"研修之惑"。

价值追寻:从理论到实践的教育传承

实际上,当我们回溯教育改革的历史潮流时就会发现,推动课程与课堂的变革,探究教与学的规律,从"教"为中心转向"学"为中心,进而将关注的重点放在学生身上,尊重儿童的认知规律,是现代教育的方向性共识,无论是教育教学理论的发展,还是课堂教学实践的变革,都已经为我们今天的课堂转型做了相当丰厚的前瞻性积淀。

一方面,现代课程与教学论的发展,越来越关注儿童的"学",对学习规律的揭示和学习有效性的方法研究日渐深入。19世纪末期,杜威提出儿童中心理论,主张课程应让儿童在做中学,与生活打成一片,强调思维习惯的培养。作为发展心理学家的皮亚杰提出建构主义理论,认为课堂教学以学生的学习为中心,使学生有效地实现知识的意义建构、主动建构。我国教育家陶行知也提出了"教学做合一"的理论,主张"教学做是一件事,不是三件事",强调"想要教得好,学得好,就须做得好"。

在此基础上,现代学习理论得以建立,对学习的认识不断明晰。美国教育心理学家布卢姆提出掌握学习理论,强调整个教学始终处于教学目标控制之下。注重诊断性、形成性、终结性评价。埃德加·戴尔进一步提出了学习金字塔理论,揭示了传统学习与主动学习、参与式学习的不同,认为听讲、阅读等传统方式是个人学习或被动学习,小组讨论、做中学、应用、教别人是主动学习和参与式学习。澳大利亚学者比格斯基于对学生学习行为的研究,提出 SOLO 分类理论。根据总体上的"思维水平＋反应水平",分类把学生学习结果划分五个层次:前结构层次、单点结构层次、多点结构层次、关联结构层次、拓展抽象结构层次。那么,到底什么是有效学习呢?当代教育技术学家梅里尔提出首要教学原理,认为最有效的学习是以聚焦问题为起点的,当学习者介入实际问题、激活已有知识、应用新知识、与生活体验相融合时,才能够促进学习。

另一方面,可以看到,在现代学习理论的影响下,近几十年来我国基础教育界持续不断地进行着课堂教学范式的实践变革,形成了许多卓有成效的改革经验。早在 20 世纪 70 年代末,著名教育改革家魏书生就从培养学生的自学习惯入手,建立了"六步教学法",把课堂教学分为定向、自学、讨论、答疑、自测、自结六个环节,把教学重心从教师的"教"转向学生的"学",他的成功经验产生了广泛的影响力。至 20 世纪 90 年代,江苏洋思中学提出了"先学后教,当堂训练"的课堂教学模式,让一所落后的农村中学的办学质量发生显著变化,被称为是"能够学到手,学了能够见效"的经验。此后,江苏东庐中学推出了"讲学稿"的教学改革经验,让学生通过预习,带着问题进课堂;山东杜郎口中学推出了"高效课堂"教学模式,主张教师少教、学生多学,改教案为学案,将教学流程分为预习课、展示课和反馈课,被总结为"三三六"课堂教学模式。

总结这些教学改革经验,可明显看出这样一些共性特征:其一,课堂教学从教转向学的倾向越来越明显,学生在课堂教学中的主体地位得以提升和被尊重;其二,传统的课堂教学流程被打破,支持学生自主合作学习的新的教学范式纷纷被提出;其三,作为支撑这一教学范式的重要工具,讲学稿、学案等取代了原有的教案,让教学目标的落实有了抓手。

不可否认,我们所期待的深度学习背景下的智慧课堂新样态,与上述这些教学改革有不少共通之处,也体现了相同的价值追求。但除了对改革经验的汲取与传承,我们也有许多创新发展。首先,我们的课堂转型是在育人文化变革的基础上进行的,我们提出了"润泽教室"这一"全员育人"的班级管理新模式,作为课堂转型的机制支撑,也真正凸显了课堂的育人功能;其次,我们的"一单三环六要素"教学模式,是对以往课堂教学改革经验的扬弃和发展,具有较强的系统性;最后,也是很重要的一点,我们的课堂转型是在信息技术支持下的面向未来的学习模式,信息技术手段特别是大数据手段的应用,使得课堂更为智能、也更为精准,通过智慧课堂 1.0 到 2.0 的升级,有效解决了信息技术和教学流程的有机融合。

实际上,"一单三环六要素"课堂实践模型是在长期的探索实践中,逐步积累、调整形成的。自 1999 年做校长以来,课堂是我长期关注和研究的战略领域之一。课题组和教研组联动是主要的推进策略。如 2000 年以省教科规划课题为抓手,开始"三结合课堂"的实践研究;2010 年以省教育学会规划课题为抓手,开展"灵动课堂"的实践研究;2015 年以省教科规划课题为抓手,开展"自然课堂"的实践研究。以点上突破带动面上的拓展。

而"智慧课堂 2.0"的研究,则是从 2020 年开始的,借助省大数据教研课题、市教科规划课题和市教研重点课题而开展。它是在学校原有智慧课堂 1.0 基础上的迭代研究,其实也是我之前在不同时期主持课堂研究探索的延续和深化。

顶层设计:深度学习如何在智慧课堂中发生

如何让深度学习在智慧课堂发生?我们做好了系统性的顶层设计,抓住了智慧课堂新样态的关键(即把样态定位为模型、范式和方式),从整体、系统和实践的视角,开展指向深度学习的智慧课堂改进探索实践,取得四方面的研究成果。

创设了"三位一体"指向深度学习的场域环境

智慧课堂新样态的构建,首先需要一个以支持学生深度学习、教师有效教学为逻辑起点,充满智慧、开放而又创意无限,集教学理念、实践导向、学习系统为一体的泛在场域环境。其背后不仅要打造智能学习系统等硬件设施的"硬实力",更要有提升教师教学理念、重塑实践导向的"软实力"。

(1)建构指向深度学习的教学理念体系。

没有理论指导的实践是盲目的。教学理念体系决定着课堂样态的价值取向。我们秉承学校确立的"为了每个生命自然地生长"的核心主张和"静心做自然的教育"的办学理念,围绕"培养学生自主习惯、自信品质和美好心灵,做幸福完整的人"的教育愿景,广泛收集国内外关于学习的理论和课改模式,在批判吸收和融合中,积极建构指向深度学习的教学理念体系。主要包含五层要义。

第一,学生立场。

站在学生的立场思考课堂供给,理解学生的学习规律,关注学生的学习逻辑,尊重学生的学习差异,呵护学生的自然天性,触及学生的内心世界。

第二,以学为主。

课堂应是"学"堂,教师要用目标、问题、活动、练习把自主学习的时间还给学生,做到"教师精讲少教,学生多动多学"。

第三,以教导学。

为深度学习而教是教师的使命。教师要成为深度学习的设计者、指导者和帮助者。教师的任务不仅仅是"上课",更重要的是"导学"。

第四,数据赋能。

娴熟运用技术资源和技术工具,用好智能应用平台资源,利用大数据实施精准教学、精准评价、精准诊断、精准反馈,促进学生深度学习。

第五,素养导向。

以新课程标准为指导,发展核心素养,指向深度学习,促进生命成长。

解放学生的手脚、大脑和心灵，培养学生完整的人格和全面的素养。

（2）建构指向深度学习的实践导向体系。

方向对了，不怕路远。方向永远比速度更重要，我们也反思过去一些课改项目朝令夕改、昙花一现的症结，牢牢把握正确的实践方向，让课题研究紧贴教师教学实际，更接地气，走得更远。在智慧课堂实践中应遵循以下原则。

第一，延续性。

基于学校的特殊使命和价值追求，基于学校教学实际和已有实践基础，整体系统建构指向深度学习的教学规章、实践模型、教学范式和研修模式，不搞"推倒重来"，不搞"另起炉灶"。

第二，渐进性。

尊重教师的专业成长规律，采取分层分类、愿景认同、骨干示范、课题组与学科组双轨联动等策略，带动一线教师调整课堂教学环节，重组学习关键要素，持续促进学教方式渐进式转变。

第三，有效性。

探索大数据精准教学的效度，充分发挥系统软件在数据采集存取、智能化处理、互动反馈、资源共享等方面的优势，让智慧课堂逐渐走向精准化、常态化、个性化。创设最适合学生的学教方式，实现从教学设计走向学习设计，保障每个学生在课堂经历充分、完整的学习过程。

第四，开放性。

在智慧课堂实践中提炼形成的实践模型、教学范式和研修模式，仅仅是一个"框架"，并非模式化的"箩筐"；对于教师来说，更是改进结构、转变方式、促进学习的"拐杖"和"梯子"，最终的理想是让教师扔掉"拐杖"、跳出"箩筐"、爬上"梯子"，形成自己的教学风格。

（3）建构指向深度学习的"润泽教室"。

教学技术工具在课堂往往成为摆设，学生在课堂昏昏欲睡，我认为，缺乏系统支持是一个很重要的原因。要让学习真实地发生，就要让课堂处于一种安全润泽的氛围之中,让学生降低紧张焦虑的心态,呈现一种真实自然的学习状态。

第一,"三空间三维度"。

学校全面升级智慧课堂 2.0 智能学习系统,从教师、学生、家长三个维度进行空间重构,明晰课前、课中、课后三环节的智能应用场景,丰富课程学习资源,构建了以大数据赋能为支撑、指向深度学习、实现有效互动、助力学生自主学习的"线上+线下""课内+课外"的泛在学习环境,助力精准诊断、精准评价、精准反馈,以智能化教学促进学生个性化深度学习(见图1)。

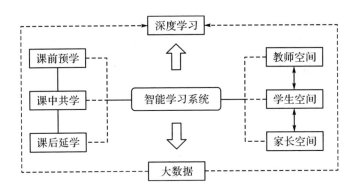

图 1　指向深度学习的智能学习系统框架

第二,"三时段一教室"。

课堂作为学生学习和生命成长的重要场域,要为学生提供安心而适宜的学习环境和温暖而自信的情感支持,并通过高品质的学习设计及协同合作的学习关系的建立,从根本上转变学生的学习方式,提升学生的学习品质。学校大力推进"润泽教室"德育创新项目,利用课前、课中、课后三个时段,实施"全员导师、学科代表、小组合作、自主管理、文化建设"的五大行动策略,建立师生学习共同体,密切生生学习伙伴关系,完善班级治理模式,浓郁班组润泽文化,从而在每间教室建立真实、自然、愉悦的学习生态,促进了学习在课堂的自然、深度、真实发生。

建构了"一单三环六要素"课堂实践模型

在课改实践中,我们围绕学校的教育主张、教育愿景和办学理念,坚持以学习理论和教学思想为先导,以常态课堂改进行动、大数据赋能教学、润泽学习环境创设为引擎,以校本研修创新为支撑,以学生的学习为逻辑起点,基于核心素养,整合教学内容,立足学教关系、课堂结构和学习方式重塑,系统建构了以"一单三环六要素"为特征指向深度学习的智慧课堂实践模型。

"一单"指的是学习单,旨在为学生提供学习支架;"三环"指的是"课前预学、课中共学、课后延学"课堂教学三个环节,凸显学为中心、技术赋能的理念;"六要素"指的是"目标、问题、活动、练习、技术、评价"六大关键学习行为要素,指向核心素养下的深度学习(见图2)。它是一种指向深度学习的课堂教学实践模型。其最终目的是让学习在课堂自然、真实、深度发生。

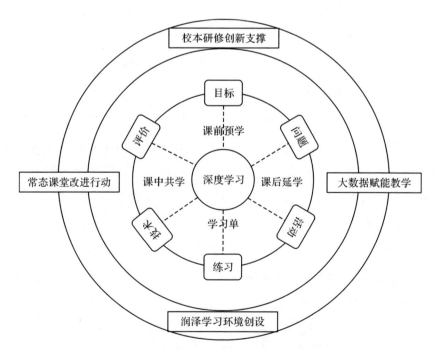

图2　指向深度学习的智慧课堂2.0实践模型

丰富了"多元多样、百花齐放"课堂教学范式

课堂教学范式影响学习发生的深度和广度。在学科实践和课例研讨中,教师依据教学真实情境,积极运用如任务学习、情境教学、倾听对话、分层教学、小组合作、导学助学、技术赋能、实验操作等大数据背景下的多样化学导策略和关键技术。

借鉴 SOLO 分类评价等理论,衍生提炼了活动导学型、任务驱动型、项目学习型、混合式学习型等多种类型的课堂教学范式,呈现了多元多样、百花齐放的指向深度学习智慧课堂样态。如活动导学型教学,往往要"卷入"挑战性的问题、驱动性的任务之中;任务驱动型教学,重在以任务驱动引发学生深度学习;项目学习型教学,强调用核心概念聚集更多的知识来整合成项目,以完成项目引发学生深度学习,从而推动知识的结构化理解和可迁移运用,促进了学习方式从浅层学习到深度学习的梯级进阶,让学生的学习过程可见、高阶思维外显、学习效能提升(见图 3)。

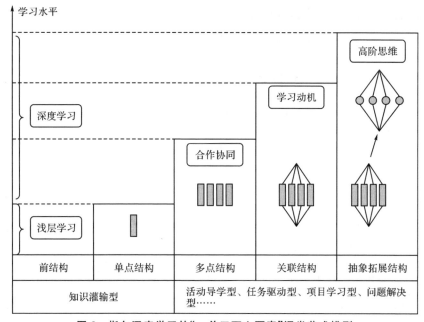

图 3   指向深度学习的"一单三环六要素"课堂范式模型

形成了"以教导学、阶梯递进"的学教方式

"一单三环六要素"智慧课堂2.0实践模型的落地,最终指向深度学习,实质是一个学习方式的进阶、转变过程。

深度学习发生的过程,从教师课前的精准备课开始,到课中的大数据赋能教学,再到课后的作业靶向分层,就是一个教师精准"教"的过程;从基于学情的课前预学(自主学习),到问题导学下的课中共学(合作学习),再到检测拓展为主的课后延学(个性学习),也是一个学生精准"学"的过程。以教导学、以学为主、阶梯递进,促进了学教方式的转变(见图4)。

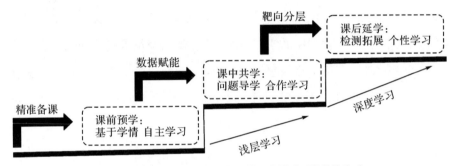

图4　指向深度学习的"以教导学、阶梯递进"学教方式

课题研究：以课堂样态研究支撑教师专业发展

课堂转型的背后,是学校研修方式和教师成长方式的转变。在近几年智慧课堂2.0教学实践的同时,为了提炼升级实践经验,形成可推广的教学成果,进而促进教师课堂教学观念转变和教师群体专业发展,学校实施了"校本研修、课题带动"策略,实行课题组、教研组双轨联动方式,进一步对智慧课堂2.0的理念和实践进行系统梳理,形成智慧课堂新样态实践的支撑机制,推进课堂新样态的深化研究。

学校申请建立了以市级规划课题"一单三环六要素:指向深度学习的智慧课堂新样态研究"为主干课题、由30余项子课题组成的省、市、区、校四级校域课题网(见图5)。

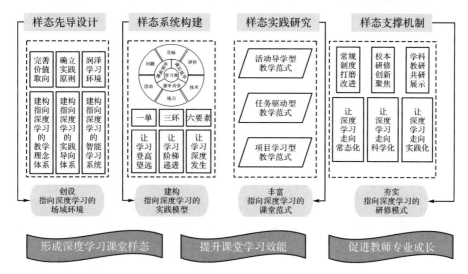

图 5 主干课题研究思路框架

具体来说,我们的主干课题研究从课堂样态的先导设计、系统构建、实践研究、支撑机制四个维度依次展开,整体搭建研究思路框架。在"样态先导设计"维度下,我们重点对指向深度学习的智慧课堂的价值取向、实践原则、学习环境进行了进一步研究,进而创设深度学习的场域环境;在"样态系统构建"维度下,我们对"一单三环六要素"的价值目标进行了深入思考,在此基础上构建指向深度学习的教学实践模型;在"样态实践研究"维度下,我们探索形成了活动导学型、任务驱动型、项目学习型等多种指向深度学习的课堂教学范式;在"样态支撑机制"维度下,我们从常规制度、校本研修、学科教研三个方面,夯实指向深度学习的研修模式,由此使得智慧课堂 2.0 的研究成为一个系统的、有机的整体,构建了充满活力的学校教研文化生态,催生了教师专业发展的强大动力。

总之,近年来,以课堂转型为重要抓手,在省、市级课题的引领下,学校涌现出一批研究课堂教学的微课题,教师的科研素养普遍得以提升,有一批教师在市区级教学比赛和论文评选中获奖,学校的教学质量提升显著,以"一单三环六要素"为特色的智慧课堂 2.0 成为大成实验学校的标志性成果,受到越来越多的教育同行关注,为学校下一步的发展奠定了坚实的基础。

(杭州市教科研优秀成果推介会,2022 年 10 月 26 日)

"一单三环六要素"：如何撬动课堂变革

在大成实验学校的智慧课堂2.0新样态中，"一单三环六要素"课堂教学模式是其核心的操作系统，为教师的课堂教学行为提供了方法支撑。它既保障了课堂教学的科学、高效实施以及教学质量的持续改进，也帮助教师在转变教育理念、提升教学智慧中实现了快速的专业发展。

作为一项具有创新性的课堂教学特色实践，"一单三环六要素"是我们在顺应现代教学改革潮流，借鉴吸收国内外一系列教学改革成果的基础上，旨在实现信息技术与教学改革的有机融合，通过多年实践探索总结提炼出的一种深度学习理念下的课堂教学方法体系。

那么，在这一创新教学方法背后，体现了我们对课堂教学怎样的价值认知？其中的"一单""三环"和"六要素"如何解读？又如何转变为教师真实、有效的教学行为，落实在学校的各科教学中？它究竟给课堂教学带来了什么样的变化？这里结合一些具体教师的课堂教学案例予以说明。

"一单"：让学习登高望远

深度学习如何真实发生？关键还要看"三环节""六要素"是否在课堂真正落地，是否落实到教与学的行为上。我们认为，学生是课堂的中心，需要方向性引导、资源性支持、方法性帮助。因此，必须给老师和学生提供自主选择的"学习支架"。于是，学校把目光聚焦到"一单"设计上。

具体来说，"一单"即"学习单"，即指导、帮助学生参与深度学习，经历真实学习过程,促进学生高阶思维、迁移应用、主动建构的导学助学方案。它是教师引导学生自主学习、合作学习、个性学习的"线路图"。从系统上看,"一单"则是"三环""六要素"的可视化呈现。学习单分课时学习单和单元学习单两种类型。"一单"的教师端呈现是导学案。

供学生使用的学习单

课时学习单是在大单元整体视角之下,对课时学习活动的一种点状设计,主要供学生学习使用。它是专门为学生学习而设计的支架,更加侧重学生的全过程学习活动,更加强调核心素养、关键能力和必备品格的培养导向,旨在培养学生的问题解决能力和自主学习能力,使其成为一个主动的学习者。一张完整的课时学习单由学习目标、课前预学、课中共学、课后延学、课外作业、学后反思六个部分组成。

教师在使用时,也可以根据课堂教学的具体需要,把课时学习单分解为预学单、共学单、延学单的形式,有侧重地进行学习设计。完整的学习单其实就是一个完整的学习事件,从课时还可以拓展到单元(见图1)。

在设计课时学习单时,我们着重提出如下建议。

(1)从大单元的视角,分解单元目标、单元任务;依据课标、基于学情而确定学习目标,要有明确的素养导向。

(2)课前预学重在自主预习,要把教学目标转化为学习目标。

(3)课中共学要突出真实情境下的任务驱动、问题解决,在动态交互、分享交流和表现性评价中达成目标。

(4)课后延学注重当堂检测、拓展提高、实时反馈,关注问题解决的进阶测评和形成性评价。

(5)课外作业采用"2+X"套餐模式,强化预习、复习环节,关注学科作业分层、自主作业和个性作业,体现教学评一致。

(6)学后反思实质是一种自我评价,是学习式评价最为核心的部分,为孩子们反思任务、感悟学习、沉淀素养创造机会。

（课题名称/第一课时）

班级_____　　姓名_____　　____月___日

学习目标	1. 2. 3. （具体、简洁、清晰，突出学会什么，要有明确的素养导向，由教师自行确定）
课前预学	1. 2. 3. （教师采用预习提纲、微课、微视频等，引导学生课前自主学习）
课中共学	【参考模式1】问题一：……问题二：…… 【参考模式2】活动一：……活动二：…… 【参考模式3】任务一：……任务二：（问题＋活动）…… 【参考模式4】想一想、读一读、说一说、练一练、写一写 （四种格式教师可根据不同的课型灵活选择，引发学生思考，学做合一）
课后延学	练习（检测）1： 练习（检测）2： （基础＋拓展，瞄准学习目标） 小结反馈
学后反思	1.本节课让你知道了哪些知识？ 2.疑难问题有哪些？ 3.学习目标达成情况怎么样？ （已达标_____、待达标_____）

图1　课时学习单模板

学习单的教师端呈现

导学案是教师指导学生学习的教学设计方案，是教师上课、指导学习的脚本，也是学习单设计的依据和学习单教师端的呈现，主要供教师自己使用（见图2）。它既是教师"教"的方案，也是学生"学"的方案，更是指导学生的"导"的方案；不仅要解决"教什么""怎么教""教得如何"的问题，还要解决"学什么""怎么学""学得如何"的问题，更要解决"导什么""怎么导""导得怎么样"的问题。

从本质上看，导学案与学习单的设计必须是环环对应、一脉相承的，以体现"教师的'教'为学生的'学'服务"的思想。一个完整的导学案主要包括教学目标、教学重难点、评价任务、教学过程、课外作业、板书设计、教后反思等七部分。

也就是说，"教"的环节必须对应"学"的环节，呈现学生的学习过程。如"板书设计"部分，最好能完整呈现知识结构与思维进阶关键点；"教后反思"部分，建议要基于目标达成对比、教学自我评估和教学改进设想，进行反思性总结。

在实践操作过程中，为减少老师的重复工作量，我们建议老师可以将导学案与学习单两者的设计、使用合二为一，以学习单为主，灵活选择使用。

课　　题				
课　　时			课型	
教学目标				
教学重难点				
评价任务	□课堂观察　□小组交流　□检测反馈　□表扬鼓励　□其他			
资源准备	□文本解读　□PPT　　□学习终端　□seewo 技术 □实验器材　□学习单　□其他			
环节	要素	教师导学助学过程设计与实施		学生学习活动
课前 预学	【目标】 【技术】 【评价】			
课中 共学	【问题】 【活动】 【技术】 【评价】			
课后 延学	【检测】 【评价】 【技术】			
课外 作业 布置		1.复习作业 2.分层作业 3.预学作业		
板书 设计				
教后 反思				

图 2　课时导学案模板

"三环":让学习阶梯递进

学习在什么情况下会深度发生？我们认为,课堂教学的结构化设计至关重要。学生以建构的方式学习结构中的知识,通过将学习内容关联的结构再建构,形成自己的知识结构。

在常态课堂的观察中,许多低效、无效的课堂,教学环节往往过多、过密,每个环节停留时间短,留给学生解决挑战性问题的时间少,课堂留白的地方更少,学生的学习一直停留在低阶思维之中,没有深度理解、迁移应用的机会。我们提出的"三环"指的是课前预学、课中共学、课后延学三个教学环节,原因正是基于此。它是承载"六要素"的基本骨架,旨在优化课堂教学结构,引领学习方式进阶,促进学生高阶思维、自主建构、素养发展。

环节一:课前预学

教师通过设计预习型作业(预习提纲、学习单或微视频),引导学生自主预习;教师根据课前反馈和预习数据,摸清学情,找准学生的最近发展区,精准定位教学目标。

过去教师在智能化运用上有畏惧心理,一个重要的原因是智能应用场景不清晰。因此,我们利用学校搭建的智能学习平台,梳理出课前预学环节的三个智能应用场景:教师空间提供学科工具、习题题库、微课视频及课件;学生空间向学生靶向推送分层微课、学习单等预习资料供学生自主预习;老师实时收到学生学习时长对比、答题正确率详情、班级概况分析等数据反馈,帮助精准掌握个体学习进度和了解知识掌握情况。

环节二:课中共学

教师创设真实的教学情境,选择适切的教学策略,利用任务型作业(关键问题或学习任务)开展有意义的学习活动,引导学生建立伙伴型学习关系,在活动体验、联想迁移、评价反馈、问题解决中走向真实、愉悦的学习过程。

环节三:课后延学

教师瞄准教学目标和教学重难点,组织分层练习、当堂检测、变式延展,并结合课前、课中、课后形成的数据,开展精准诊断、反馈和评价。根据学情大数据,为不同的孩子靶向推送课外分层作业。

本环节通过智能平台的应用,教师空间可以分层下发资源,学生空间当堂答题检测。同时,可以全面及时展示学习数据,实现多维度精准评价。课后还可以一键录制课堂教学视频,帮助学生理解薄弱知识。课外分层作业可以靶向推送,帮助学生实现个性化学习。

以七年级科学《压强》一课为例,在课前预学环节,老师通过微课、微视频的形式布置五道选择题,分别考查大气压存在、吸管吸饮料原理、钢笔吸墨水原理、吸盘的工作原理、大气压水柱问题,以此引导学生预习课本、引发思考。教师通过智能学习平台查看预学数据,精准诊断学生的学习起点,并确定本节课的五个教学目标、两个教学重难点。

在课中共学环节,教师先出示一筐鸡蛋,抛一个挑战性问题:猜一猜,若你双脚站在八个鸡蛋上,鸡蛋会碎吗?然后设计了三个学习任务:解压力之谜、解受力面积之谜、探究压力和受力面积之间的关系。课堂上,设计了一胖一瘦两同学现场体验踩鸡蛋活动情境,并运用同屏技术动态交互,引发学生的学习兴趣,激发好奇心和想象力。之后,通过小组合作完成观察沙子或海绵的凹陷程度的实验方案设计和动手操作,引导学生验证自己的猜想,完成挑战性任务。最后,以小组展示、类比归纳的形式,共同得出结论、引出压强的定义。整个过程,学生主动参与、积极体验、深度思考、全身心投入,有效达成了学习目标。

在课后研学环节,老师设计了五道选择题(基础练习)和一道问答题(拓展练习)来考查学生目标的达成情况。学生利用智能平台很快完成了练习,结果反馈显示,考查知识点和准确率分别为:大气压存在及方向92.31%,证明大气压存在方法判断92.31%,吸盘工作原理84.62%,用大气压解释生活现象84.62%,利用大气压估算压力15.38%。于是,教师重点对此加以巩固和强化,并根据学生学习表现,如教学互动、积极发言、学习时长、答题正确率等,以雷达图的直观形式进行及时诊断和实时反馈,并将对应的练习智能推送给相应的学生。

可以看出,通过数字赋能,实现了教师终端授课、学生终端答题,师生用抢答、加分、同屏等方式多维互动、交互反馈,产生课中数据;一键推送互动课件,让每个学生都能参与到互动实践中;多成员实时编辑,快速收集观点,互传高效展示,丰富小组合作学习形式。这些应用场景让数据赋能教学变为现实。

"六要素":让学习深度发生

如何促进深度学习真实发生?我们查阅了大量的国内外文献和资料,同时结合多年的智慧课堂课例,认为"六要素"是深度学习设计的关键。"六要素"是一个指向深度学习的教学整体,各要素之间互为关联,不可或缺。目标是深度学习的起点,问题是深度学习的核心,活动是深度学习的基础,练习是深度学习的工具,技术是深度学习的辅助,评价是深度学习的诊断,最终的落脚点在高阶思维,指向核心素养。"六要素"通过"学什么、怎么学、用什么学、学得怎样"的问题线索,引导学生在课堂体验真实、深度的学习历程。

具体来说,促进深度学习发生的六个要素如下。

要素一:清晰的学习目标

学习目标的清晰度越高,学生投入实现目标所需学习中的可能性就越大。在课堂观察中,我们发现,一节低效的课堂,教师设定的教学目标往往是迷糊、不清晰的,或者教学目标过多、过杂、分不清主次。实际上,不论是传统的"双基"目标,还是"三维"目标,或者新课标倡导的"素养"目标,清晰、具体、恰当始终是共同要求,它包括学生在哪里、要到哪里去、有哪些困难点、发展点,要明确学生经历什么活动、能够做些什么、在哪些方面有所发展等问题。

所以,我们提出"只有明确、恰当的目标才能呈现出让学习深度发生的课堂"的观点,并提炼了学习目标设计的三个重点。

(1)基于班级学情。通过课前预习型作业,了解学生学习实际水平,找准学生最近发展区,设计单元整体视野下的课时教学目标、学习目标。

(2)突出学习目标。根据学科标准和学生实际,描述学生经历学习过程后应达到的目标,做到明确、具体、可观测,体现应用、分析、综合及评价等层级分类目标进阶。

(3)指向核心素养。倡导学习任务的"逆向设计",体现素养导向、核心内容和学科思想,落实必备品格和关键能力。

要素二:挑战性关键问题

杜威认为,学习是以问题解决为导向的复杂的思维和互动过程。思维不是自然发生的,它是由"难题和疑问"引发的。可以说,对"未知"的好奇心和对问题解决的渴求是学生进行深度学习的重要动力来源。挑战性问题(或复杂任务)的解决和体验应该是课堂学习最核心、最迷人的地方。当前一些教师的课堂暮气沉沉,与老师热衷于"听记背"等学习任务设计有关,课堂往往缺少挑战性问题和驱动性任务,学生鲜有解决问题的"高峰体验"。

针对这一现象,我们就关键问题设计提出三点建议。

(1)遵循"少而精"的原则。每堂课应该都有两三个关键问题。要求把教学内容设计为具有挑战性的关键问题,保证学生的主动学习时空,给学生完整的学习历程和思维过程。

(2)把关键问题转化为驱动性任务(课中任务型作业)。围绕学习目标,精准解读教材文本,联系学生生活经验、学习基础和学习困难,巧妙地找到结合点。

(3)倡导问题(任务)分层设计。适度增加开放性问题,让课堂教学有适当的深度、广度和思维含量。鼓励每个学生挑战不同难度的问题和任务,唤醒其好奇心和学习愿望。引导学生通过问题进行学习,通过学习生成问题,促成有价值、有深度的思考和经历。

要素三:卷入式学习活动

它是深度学习的核心特征。杜威认为,"活动是学习的基础"。一堂课要"活"起来,就要有丰富的"学习活动",而这些活动必须围绕学生展开,主角是学生,而不是老师自己。教师上课的主要任务是"导学",组织好"学"的活动,如精讲、倾听、对话、点拨、追问、讲评等。学习活动强调的是学生作为主体的主动活动和深刻体验。它往往要"卷入"挑战性的问题、驱动性的任务之中,让学科知识与学生学习关联起来。

当下低效课堂的问题,很多时候是缺乏有思维深度的学习活动设计导致的。因为没有学习活动的设计,导致学生在课堂很"闲",无奈之下,教师只好一"灌"到底、一"讲"了事。所以,我们大力倡导学习活动的任务化、情境化和生活化设计,比如小组学习的交流讨论、互助合作、展示评价;学生互讲互动,鼓励学生当"小先生",关注课堂生成;还有对话倾听、实验操作、讲练结合等,让每个学生都有机会得到充分的学习。

要素四:诊断性检测练习

余文森教授指出,有效教学要做到课堂每个学生的活动、作业要落实到位,重要的练习和作业要当堂完成,在教师眼皮底下过关,当堂评点。在常态课堂中,"练习"环节常常因为备课的忽略而缺失,教师对当堂课学生的学习目标达成情况心中往往是没有把握的,这为课后作业的分层布置和课后教育补偿带来极大的"盲区"。因此,《教师新教学常规》的备课环节明确提出"精准编制诊断型作业"的设计要求,按照教学评一致的原则,紧扣教学目标,对准教学重难点,重视课末检测练习设计,做到有层次、有变式、有拓展,并在导学案上注明匹配的学习目标。

我们的具体要求:

(1)基础练习,要保证知识目标。教师须预留五到十分钟的当堂练习时间,检测学生课堂的学习情况,并利用大数据手段,收集学生数据,进行精确校对、精准反馈和个性化指导,保证基础知识人人过关,基础运用人人掌握。

(2)变式拓展,促进能力提升。当堂达标检测练习的拓展提高部分,要挑战不同层次学生的思维,尤其要让尖子生"吃得饱""吃得好",帮助学生养成学习习惯,保持学习兴趣,促进思维能力、学习能力的提升。

(3)评价反馈,激发学习动力。要创新当堂检测方法,对不同层次的学生实行免检、抽检、必检的管理办法。利用大数据技术,对各小组检测表现进行及时反馈和评价。

要素五:有意识地使用技术

深度学习源自技术上的学习科学突破,大数据、智能化是"深度"的应有之义,也是智慧课堂2.0的核心内涵。智慧课堂2.0采取的是从课前、课中到课后的结构化全场景教学,主张模拟真实的教学情境,依赖线上线下相结合的智慧环境,巧用App等技术工具和智能应用场景,助力教师用好交互反馈、精准诊断、靶向推送等策略,帮助学生建立新旧知识联系,使学习过程可视化、学习诊断精准化。

为解决大数据赋能的普及面不够、常态化不够、精准化不够的问题,我们主要做了三件事。

(1)在每间教室升级软件一体机系统,部分配置移动学习终端和应答器,丰富技术资源和技术工具。

(2)建立智能学习2.0系统,明晰课前、课中、课后智能应用场景,打造一种可以随时随地实现有效互动的、助力于学生自主学习、值得信任的学习环境。

(3)在备课环节提出"精备资源"的设计要求,引导老师精心准备课件、白板、软件、微视频等技术素材,用好智能应用平台资源,利用大数据、技术工具为常态课堂精准教学赋能。

要素六:持续性的学习评价

评价作为激励唤醒学生、教学诊断改进的工具,在学习活动中有着不可替代的作用。其实,对于一堂课来说,从课前预学的学情评价开始,到课中共学的过程性、表现性评价,再到课后延学的诊断性、形成性评价,本身评价就是一个基于问题的解决,贯穿课堂学习始终的持续性过程。因此,在深度学习设计中,我们提出:

(1)以建构持续性的学习评价体系为目标,精心设计好每个单元、每个课时的学习评价目标、评价标准、评价任务、评价资源、评价工具和评价实施过程。

(2)学习评价要与教学设计、学习活动进行一体化设计,聚焦教学评一致性,发挥评价的诊断、改进和激励功能,并指向素养导向的单元和课时学习目标达成。

(3)关注学习性评价、学习的评价和学习式评价的设计,重视评价主体多元和评价方式的多样化,倡导绿色、多元、精准的个性化评价,激发学生的学习动机,发展学生自我评价的能力。

课堂范式:让学习更有深度和广度

教学范式影响学习发生的深度和广度。在"一单三环六要素"学科实践和课例研讨中,我们鼓励教师结合不同学科特点,依据教学真实情境,积极运用任务学习、情境教学、倾听对话、分层教学、小组合作、导学助学、技术赋能、实验操作等大数据背景下的多样化学导策略和关键技术,大胆探索基于大概念教学、大单元教学、跨学科学习的学科实践。同时,借鉴SOLO分类评价理论,从深度学习的合作协同、学习动机、高阶思维三个特征出发,将学习的循环特征与认知发展的层次结构联系起来,创新教学范式,凝练教学风格。

在"一单三环六要素"的总框架下,我们不断突破知识灌输型教学的壁垒,优化学习路径和方法,衍生提炼了活动导学型、任务驱动型、问题解决型、项目学习型等多种类型的课堂教学范式,呈现了丰富多彩、百花齐放的指向深度学习的智慧课堂样态,推动知识的结构化理解和可迁移运用,从而促进了学习方式从浅层学习到深度学习的转变,让学生的学习过程可见、高阶思维外显、学习效能提升。现通过具体的课例分别予以说明。

活动导学型教学范式

当下课堂的低效问题,很多时候是缺乏学习活动,尤其是缺乏有思维深度的学习活动设计导致的。"教师精讲少教、学生多动多学"是我们提出的深度学习实践改进的行动纲领和重要目标。活动导学型教学,往往要"卷入"挑战性的问题、驱动性的任务之中,目的是解决如何让学生"动"起来,怎么"卷入"进来的问题,以此培养学生的高阶思维、合作协同能力。

以小学英语四年级上册 Unit 4:My home A—Let's talk 一课的教学为例(本案例入选"杭州市智慧教育示范校优秀成果集",发表于《中小学外语教学》,作者余晓鸣)。在课前预学环节,教师结合旧知,加入新知,提前设计一套题目,于上课前三分钟发布到学生平板端,进行课前小测,通过分析数据精准定位本节课目标;进而通过"Look and guess""Look and describe"和"Listen and match"等小活动创设真实情境,引导学生感知本课主题,并初步感知学习重点。

此环节中,教师根据课前小测结果初步评价学情,确定学习目标,通过指定软件中新的"题库""课件推送""互动配对"等技术实时反馈数据,精准分析学情。

在课中共学环节,为激发学生好奇心、满足其求知欲,教师引导学生看图大胆猜测,并尝试运用目标句型进行简单表达,激发学生的兴趣和好奇心,并自然进入新知的学习。进而通过闯关活动,让学生在"玩中学"。教师设计"寻找失踪小猫"的活动,并设置各个闯关关卡,通过问题引导活动的进行,学生要闯关成功,就必须完成看、听、说、跟读等语音练习,最后才能找到小猫,由此达到让学生熟练掌握目标句型的设计意图。

在此环节中,教师主要以闯关大活动展开,精心设计一系列问题推动活动进展,每个问题都将运用技术推送到学生平板端,学生在平板上进行作答,实时将数据上传给教师端,以便教师及时反馈,并给出形成性评价。

接下来的课后延学环节,教师为达成"模仿真实生活,实现理解迁移"的目标,引导学生进行角色扮演活动。为保证全员参与,教师给每个学生都安排任务,除了上台表演的学生,其他学生做小评委,让每个学生充分卷入。教师运用"主观评价"技术,让学生在平板上面为表演者打分并根据标准说明打分理由。

在游戏时间内,教师或者指定学生藏一件东西,引导学生运用所学进行提问,最终找到目标物。此活动将更大的自主权交给学生,引导学生进入真实生活情境,并运用所学句型完成活动。

此外,教师还会通过课后小测,设计两套练习题以检测学生本课的学习情况。和课前小测一样,教师将题目推送给学生,并及时批改和反馈。教师可以根据学生的答题情况有针对性地布置课后作业,实现有效教学。

在此环节中,教师主要以检测和评价学生学习情况为主。教师将游戏、练习等相结合,合理运用技术,多方面评价学生的知识点掌握情况。

任务驱动型教学范式

任务驱动型教学范式,是以任务驱动引发学生深度学习的学与教方式。其关键是要设计"有疑""有劲""有用"的挑战性问题和复杂任务序列,让学生在真实的教学情境中全身心投入、"一探究竟"、"一展身手",在解决问题的"高峰体验"中完成学习任务,激发学生的学习动机。教学任务的设计,前提是教师深刻理解课程标准,聚焦学科本质、思想方法和学科核心素养的内涵、具体表现,选择恰当的学科素材。

仍以科学八年级上册《大气的压强》一课的教学实践为例(本案例获浙江省教育厅教研室组织的论文评比二等奖)。在课前预学环节,教师给学生布置任务:大气有压强吗?你能证明吗?如果有的话,它有多大呢?请学生用身边的物品设计小实验。上课时,教师遴选并展示学生作答。数据统计显示,31.8%的学生无从下手,46.6%的学生能从生活经验出发举例大气有压强,21.6%的学生能独立想到用巧妙的实验去证明。

在此环节,为确定学习目标"探索大气压的存在",教师提出问题"如何用实验证明大气压的存在"。通过检测了解学生的学情,并通过技术反馈学生的观点,精准定标和确定问题。

随后的课中共学环节,教师引导学生围绕课前三个问题展开小组讨论,然后分解复杂任务,形成递进序列,依次通过小实验进行验证,以激发学生的好奇心和注意力。

比如,针对有没有压强的问题,教师提供一些器材,供学生探究使用。在教师引导下,学生通过气球变形、覆杯实验、真空罩覆杯实验等,证明大气压的存在,通过这一系列任务,驱动思维活动,并利用技术实现信息交互。同时也是借助教师搭建的"脚手架",完成课前有困难或有疑惑的复杂任务,提升学习信心。

在此基础上,学生们继续进行实验探究,用吸盘重历马德堡半球实验,利用弹簧测力计拉吸盘,粗略计算压强的大小。通过进阶活动、任务驱动,引导学生计算大气压的大小。

为调动学生的学习积极性,教师又设计了一个参与性小实验。教师准备了两瓶可乐,一瓶敞口、一瓶封口,由教师和一个肺活量很大的学生比赛谁吸饮料吸得快,引导学生观察并分析为什么能"吸"和为什么他"吸"得快。通过组织活动,聚焦任务,让学生分析、体验与大气压相关的应用,促进科学概念的迁移和应用。

为在课堂内考查学生的掌握情况,在课后延学环节,教师根据课程中系统生成的检测结果(自动赋分)和教师评价、生生互评(课堂打分)的数据留痕结果,布置分层作业,实时评价学生深度学习达成情况,通过技术及时反馈。

项目学习型教学范式

项目学习型教学范式,是用核心概念聚集更多的知识整合成项目,以完成项目引发学生深度学习的学与教方式。主要聚焦"完成怎样的项目""设计怎样的驱动性问题""设计怎样的出项方案""怎样进行项目实施"等关键标准。学生在"项目"中亲历知识间的深度关联与融合,在情境问题中实现知识与生活、社会、世界的联结与迁移,更实现了项目与知识、能力及素养的耦合,培养学生高阶思维。

以五年级"制作良渚沙盘——地球表面地形地貌变化实践拓展"的教学实践为例(本案例收录于《基于小学科学教学的 STEM 项目设计》一书之中,作者刘晰晰)。在课前预学环节,教师通过创设情境,驱动项目问题。教师给学生布置这样的任务:你参观过良渚遗址吗? 良渚古城是什么样子的? 课上,班内共同分享有关良渚古城的信息,并进行交流,思考怎样更好地认识几千年前良渚古城的全貌。由此,教师导出本节课的学习项目:"今天,就让我们一起走进良渚古城,一起来制作一个良渚沙盘吧。"本项目旨在通过近在身边的历史文化资源,在良渚沙盘制作活动中实现两大学习目标:让学生认识地形地貌变化的成因和保护文化遗产的重要性。

在课中共学环节,教师通过对项目进行分解,引导学生实施序列任务。首先,学生通过收集资料,认识良渚古城。学生根据教师提供的《良渚古城介绍》短片,完成相应的记录单。为加强对良渚古城的认识,学生可以在课后继续收集资料。其次,教师出示沙盘的单体模型材料,和学生一起分析材料特点,思考材料的使用。同时,师生共同商讨作品的评价指标,提前将作品的"成功标准"内化在学生心中。随后,根据老师提供的材料,学生分小组讨论并设计良渚古城全景,按照自己的设计图,利用提供的材料,用沙盘的形式还原古城。最后,各小组介绍沙盘(从布局、材料选择、成本、制作心得等角度出发),组间互评,小组记录改进建议。

看得出,项目活动的设计由简入难。先让学生初步认识良渚古城,并学习单体模型的制作步骤。而单体模型的制作关系到沙盘的整体呈现效果,因此通过评价量表的辅助,时时提醒学生制作过程中的一些注意点和要求,引导学生的行为,改进学生操作,起到检测和评价并进的效果。

在完成上述任务后,教师继续提出问题:"我们可以从哪些方面评价我们的沙盘作品?"学生讨论后形成共识,认为可从沙盘布局、美观性、制作成本、组内合作等方面进行评价。最后,基于学生的展示评价,教师对整个项目活动进行总结和回顾,鼓励学生对本组作品进行多次迭代和改进。

课后,教师又布置了拓展项目,让学生对比分析良渚古城遗址和现今地貌的变化,综合物理、化学、生物等跨学科知识进行地形地貌变化的成因分析,并以我校的信园为例,设计一个沙盘作品。

可以说,"良渚沙盘"是一个极富地域特色的工程技术项目,也是一份难得的教育资源。学生通过经历古城复原的项目化学习,不仅可锻炼综合能力,还可引发保护世界文化遗产的情感,并通过将对地形地貌认识的学习延伸到课后,很好地达到强化学习目标的作用。

"以教导学、阶梯递进"的学教方式

学教方式的转变,落脚点在学习方式上,首要的是重塑学教关系。就像课堂中的教与学的关系一样,深度学习在课堂的发生,存在多条明暗交织的线索。从"一单三环六要素"课堂实践来看,一条是教师从课前的精准备课开始,到课中的大数据赋能教学,再到课后的作业靶向分层,就是一个教师有效"教"、精准"导"的过程。另一条是从基于学情、精准定标的课前预学(自主学习)开始,到问题导学、任务驱动下的课中共学(合作学习),再到检测拓展、精准诊断、反馈评价的课后延学(个性学习),是一个学生精准"学"、

深度"学"的过程。

说到底,"教"与"学"之间这些线索的交织联系,是从核心素养生成出发,基于真实情境、关键问题、活动任务、学习项目等组织"学"的活动,让学生在"做中学""用中学""创中学"中,逐步构建起灵活、多元的学习方式,培养概念性思维、批判性思维、创造性思维和协助性思维,进而推动了"以教导学、阶梯递进"学教方式的形成,助力学生的学习方式从浅层走向深度,从虚假走向真实。

如何理解这一学教方式的变化呢?这里以八年级英语 *Unit 5:Do you want to watch a game show* 的教学为例予以说明(本案例在杭州市教科优秀成果推介会上展示,作者周蓓蓓)。

在课前预学环节,教师采用任务驱动,精准定标。学生观看预学视频,认识不同种类的电视节目(different types of TV shows),然后完成课本上的学习任务(Match TV shows with pictures),并完成问卷星上的小调查。教师利用智慧平台收集学生数据进行分析,并根据预学情况微调本课教学目标。学生通过预学数据反馈,大致了解自己的学习疑惑点和困难点。

在课中共学环节,教师首先通过预学反馈,自然导入"Free talk about students'results",然后组织学生通过"Watch and learn",观看视频,学习表达。智能 2.0 系统自带的手机传图功能,帮助教师放大学生学习行为,也能发现学生的经典错误,并予以纠正。

然后,教师通过三个共学小任务,让学生听录音填空,由浅入深,回答三个问题:"What does Jack think of these shows?""What does Sally think of these shows?""Why does Sally like/dislike these shows?"三个共学任务紧密围绕本课教学重点"What do you think of ... ?"和"Why?"进行设计,同时由易到难,从整体感知到细节理解层层深入,促进学生更深层次地学习。学习效果可以通过平台产生的即时数据赋能教学。

在课后延学环节,教师设计了"Make a Plan for Happy TV Time"的任务,让学生在真实情境中实现迁移应用。作为一节听说课型,教师将本课教学目标融入一个较大的学习任务之中,通过学生的口语输出进行检测、评价与反馈。评价单的制定让学生自评、小组互评、教师评价有据可依,也为课外作业设计提供依据。在课后作业中,教师设计了分层作业,围绕"TV shows",为不同学习程度的学生设计了写一段话、写一篇调查报告和拍摄一个介绍短视频的作业,利用智能2.0系统靶向推送给各层次学生,帮助学生实现个性化学习。

我想,通过以上真实的课堂实践案例,相信大家对我们的以"一单三环六要素"为核心的智慧课堂2.0实践模式有了直观了解。坦率地说,尽管这几年我们的课堂教学有了显著变化,但课堂的缺憾、不完美是一种真实的存在。我们在实践和研究中仍有许多的困惑:如不同学科、不同老师在研究推进上的表现参差不一;走进课堂做研究,渐进转变学习方式,并非一日之功,需要久久为功;老师的教学压力大,非教学事务多,解放老师有时很难真正做到彻底。

为更好地开展课堂教学改进研究,学校正在思考在新课标视域下如何以教学评一致的视角更好地驱动学习方式的深层次变革,以梅里尔的首要教学原理、比格斯的SOLO分类、维金斯的UbD理论等为指导,推动智慧课堂从2.0向3.0超越。接下来将着力做好以下三点。

(1)强化核心素养导向的教学内容结构化设计研究,开展"一单三环六要素"主题设计系列研究,更好引领教师从"教学设计"走向"学习设计",更好推动智慧课堂从以教为主向以学为主转型。

(2)强化学教方式的阶梯递进实证研究,探索大单元教学、跨学科学习、项目化学习等多种策略引领下的多样化课堂范式,更好推动学习方式从浅层次学习走向深层次学习,助推学习方式的转变,促进教师走出模型、范式,形成自己的教学风格。

(3)强化教学评一致行动研究,放大评价的诊断、改进和激励功能,推进课堂评价、学习评价、学习性评价、学习式评价研究,让新课标和核心素养在常态课堂真正落地。

构建指向深度学习的智慧课堂新样态,尽管被认为是素养导向下课改领域"一块难啃的硬骨头",但我们"明知山有虎,偏向虎山行",从深入调研、顶层设计,点上突破、面上拓展,到如今在全校九个年级常态化地开展。我们探索着,实践着,痛并快乐着。回首整个探索过程,我最深的体会就是,挑战课堂的学校是有勇气的,是有希望的,也是值得尊重的;挑战课堂的教师是灵动的、高雅的,而且是美丽的。只有敢于触动自己的奶酪,冲破心理的大山,突破思维的峡谷,打破行动的枷锁,那么常态课堂转型、学习方式转变才会大有可为。

　　(根据《指向深度学习的智慧课堂新样态实践研究》的结题报告改编,有删改,2022 年 10 月)

改进、创新、实践，让教师成为研究者

学校如何持续推进指向深度学习的智慧课堂实践的有效落地，保障机制设计显得举足轻重。"学然后知不足，教然后知困"，可以说，教师与学生的深度学习是相互成就的。教师是学校的第一生产力。教师的学习设计水平，决定学生是否发生深度学习。因此，指向深度学习的智慧课堂改进行动，需要校本研修的强力支撑。教师必须成为研究者。

近些年来，学校着力开展"指向深度学习的智慧课堂 2.0"主题校本研修活动，坚持立足教学常规、根植常态课堂，聚焦制度改进、机制创新和学科实践，让教师告别浅表研修，突破自我边界，将经验做法上升为科学方法，做拥抱变革的研究者。同时，形成推动课堂教学改进和深度学习实践，促进教师成长的强大动力，也为教师群体专业发展注入了源头活水。

教学常规改进：让深度学习走向常态化

教学常规的规范是保证有效教学和深度学习的基础。为让指向深度学习的智慧课堂 2.0 改进实践成为学校的教学、研究常态，解决教师的转型之难和研修之惑，我们从完善备课、上课、听课、作业、辅导、考试以及导学案模板、学习单模板、技术应用、课堂观察、小组评价等常规机制入手，制定《指向深度学习的智慧课堂 2.0 操作手册》，并形成可借鉴、可操作的学习范本。

其中，学校把"一单三环六要素"实践模型的各环节、各要素融入教学常规的规范中,重构备课、上课、作业、考试、辅导五大环节"有效链条",采取自上而下与自下而上相结合的办法,梳理、制定《教师教学新常规》,明确教学常规的五条底线、二十条规范,并建立教学常规的视导、自查、评优、反馈、展示、免检六个制度,引导老师自我评价、自我反思,指导并推动备课、上课、作业、命题等常规环节的规范在日常教学中落细落实、见成效。

在教学设计上,我们强化精准备课、集体备课和备课管理。对教师个人备课,我们强调"心中有学生、眼中有课标、手下有文本",突出"五个精备",即精备目标、问题、活动、练习、资源,把备课聚焦到促进学生深度学习的高品质学习设计上。

在集体备课上,我们提出"分工明确、个人加减、多轮打磨、资源共享"的思路。在个人自主备课基础上,鼓励积极参与备课组集体备课:第一轮,根据分工,认真完成相应的任务;第二轮,备课组集体解读,整体把握,相互探讨,修缮改进;第三轮,根据个人实际,进行加减、再加工,并在课后及时反思、记录改进。在集体备课的过程中,既要互通有无,又要不断优化,体现个人风格。倡导"多次加工",反对"拿来主义";倡导自觉、自主的专业精神和多样的备课呈现方式。

我们认为,减负不能只"盯"作业,要着眼整个有效教学链。学习不能只"盯"课外,要着眼课外到课内的整个学习链条。于是,我们创新提出了"大作业"的概念,把课内外有意义的学习活动任务纳入其中。坚持以"精准、自主、有效"为目标,从"量、质、形"三个维度,从"有效教学常规链"的视角,开展基于课内外学习优化的"大作业"变革,着力打通课堂内外的学习通道,撬动指向深度学习的智慧课堂的持续改进,逐步形成"3+2+X"作业套餐模式。"3"指课内"三个作业",即课前预习型作业、课中任务型作业、课后诊断型作业;"2"指的是预习和复习作业;"X"指的是课外学科作业(基础+拓展+挑战)、自主作业(申请、投票、确认、公布)和个性作业(实践型、项目化、主题式等)(见图1)。

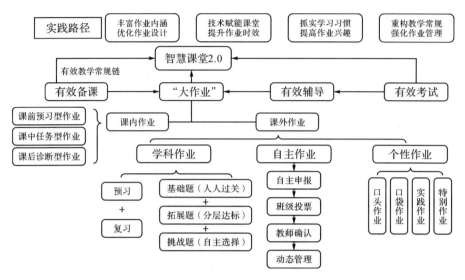

图1 "大作业"作业套餐模式

以二年级语文《蜘蛛开店》一课的课后诊断型作业设计(作者曹云娟)为例,教师分别设计了"我会画"(达标作业)、"我会讲"(分层作业)和"我会编"(选做作业)。

通过"我会画",让学生给课文中的几段文字画上合适的表情图,并带有感情地朗读句子,体会小蜘蛛的心情。运用表情图的方式,引导学生内化理解人物内心变化,外化情感朗读。课堂教学中已经提供了支架,由扶到放,在轻松愉悦的作业中体会到童话故事的乐趣。

通过"我会讲",让第一层次的学生结合第一题心情提示图和课后示意图,试着完整地讲一讲蜘蛛开店的故事;让第二层次的学生与同学讲一讲蜘蛛卖口罩的故事。借助示意图把故事讲清楚是本课的基础性目标,把故事讲得有趣是发展性目标,根据学生层次,分层达标,达到人人实践、人人达成。

通过"我会编",给出既定情境,让学生设想一段蜘蛛开店的新创意,创编成故事。为课堂教学中创编故事提供"语言表达"的学习支架,让学生的语言建构和思维发展相融合。

校本研修创新：让深度学习走向科学化

教师课改愿望不高、习惯难改、反思意识弱，症结到底在哪里呢？我们认为，起点是对教学行为的问题反思，因此迫切需要校本研修方式、路径、策略的创新，为教师提供深度、递进的研修路径。在实践探索中，我们坚持教学、教研、科研、培训的一体化，构建了"四题五化一重点"的研修范式（见图2）。

具体来说，就是以"促进深度学习在常态课堂真实发生"为目标，以"聚焦常态课堂"为重点，以"四题"（问题、主题、课题和专题）为主线，推进"五个化"（教学常规规范化、听课开课常态化、教学问题教研化、教研主题科研化和校本培训专题化）。

换言之，即倡导各学科老师和教研组寻找明确的教学问题指向，选择有价值、切口小的真实问题作为教研组的教研主题，把教研主题提炼、提升为校级科研课题，并开展与之对应的专题培训，从而唤醒教师专业自觉和研修动力，为学习方式转变助跑，推动校本研修走深走实，走出成效。

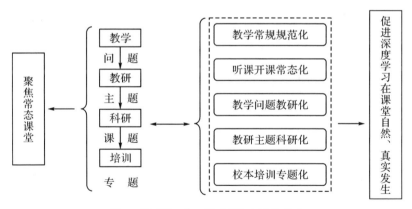

图2 "四题五化一重点"校本研修范式

以2021学年度为例，学校提出以"指向深度学习的智慧课堂2.0"为研修总主题的研修方案，分理论研修、实践研修和成果展示三部分（见表1）。各教研组按照学校的总主题和"四题五化一重点"思路制定研修分计划，每个教研组要确定一学年的"四题"和研修日常安排，做到目标明、思路清、活动实、有成效。年终开展教研组研修总结交流会,并列入规范教研组和优秀教研组的评比考核。

表 1   学年校本研修一览表

模块	研修课程(专题)名称	学时	责任部门	实施日期	研修方式	研修对象
理论研修 10	智慧课堂 2.0 导学案及教学新常规辅导	2	课程教学处	2021 年 8 月	专题讲座	全体教师
	Steam 项目化学习的核心要素与关键问题	2	专家	2021 年 8 月	专题讲座	全体教师
	探索智慧课堂 2.0,促进深度学习	2	校长	2021 年 11 月	专题讲座	全体教师
	指向深度学习的"大作业"设计研讨	2	专家	2022 年 4 月	交流分享	全体教师
	智慧课堂 2.0 智能应用场景解读	2	专家	2022 年 10 月	专题讲座	全体教师
实践研修 12	基于教材解读的"一单三环六要素"课堂研讨周活动	4	课程教学处	2021 年 12 月	团队共研	全体教师
	指向深度学习的智慧课堂 2.0 研究课例观摩	4	课程教学处	2021 年 12 月	团队共研	全体教师
	骨干教师送教帮扶	8	校长室	2021 年 11 月	观摩学习	部分教师
	基于项目化学习的"一单三环六要素"课堂研讨周活动	4	Steam 项目学习中心	2022 年 3 月	团队共研	全体教师
	指向深度学习的"五个一"赛课暨新锐教师评选	4	课程教学处 教师发展处	2022 年 5 月	比赛评选	全体教师
成果展示 8	指向深度学习的智慧课堂 2.0 优秀课例观摩活动	4	大数据智慧应用中心	2022 年 4 月	团队共研	全体教师
	优秀导学案、优秀作业设计评选	2	课程教学处 教师发展处	2022 年 4 月	公开征集	全体教师
	"四题五化"校本研修成果展示、"一单三环六要素"教学设计心得交流	2	课程教学处	2022 年 6 月	教学会议 微信发布	学科教师
	校主干题研究汇报	4	李建飞	2022 年 6 月	课题研讨	全体教师

近几年,学校已经建立了由省、市级课题为主干,区级、校级课题为补充,近 2/3 教师参与,由 30 余项子课题组成的校域课题网,其中省级课题 2

项,市级课题 6 项,区级课题 8 项,校级课题 16 项,并组建大数据精准教学、项目化学习核心团队,开展与问题、主题相配套的主题培训,初步实现"教学有问题、教研有主题、科研有课题、研训有专题"的校本研修目标。

学科实践共研:让深度学习走向实践化

教师成长的土壤是课堂,课堂始终是学科实践的主阵地。教师只有在听课开课、磨课评课的摸爬滚打中,才能快速成长。正如佐藤学所说的,要改变一所学校,需要不断开展校内教研活动,让教师们敞开教室的大门,进行相互评论,除此以外,别无他法。

在基于深度学习的常态课堂改进实践中,我们引导老师把教学设计的视角,从"教"的设计转移到"学"的设计上来。以教学行动研究为抓手,着力在个体行动、团队共研、观摩展示三方面进行有效的学科实践探索,让研修活动递进式推进、螺旋式上升。

个体行动

教学研究的逻辑起点是学生。学校着眼教学常规的五大环节,提出构建以课堂为核心,以备课为前提,以作业、命题、辅导为补充的有效教学常规链条。经过近些年的努力,教师在指向深度学习的教学理念和实践导向引领下,借助智慧课堂 2.0 智能学习系统,已经形成课前重学习设计,编好"一单";课中重导学助学,参考"三环六要素";课后重补偿教育,抓好靶向作业、个别辅导的智慧课堂 2.0 实践基本操作流程,这也成为我们每位教师日常的个体行动路线。参考流程如图 3 所示。

图 3 智慧课堂 2.0 实践基本操作流程

团队共研

学校坚持"立足常态、全员参与,点面结合、整体推进,突出重点、分步实施"的原则,践行指向深度学习的"一单三环六要素"智慧课堂。每周两个半天为教研组集体活动时间。聚焦学生的学习历程,针对教学真实问题,借助课堂观察量表,设计不同层次教师思考或行动的参与点,以"四课"(磨课、开课、观课、评课)联动方式,让老师们深度参与进来。课后以学习过程产生的数据和学习单后测结果,通过评课会议分析、共享,促使教师做好反思性教学,努力促进同伴互助、交流共享、科研"共富",使人人成为课堂的研究者、共享者、促进者。在实践中,逐步形成"团队共研"的行动模式。基本程序如图4所示。

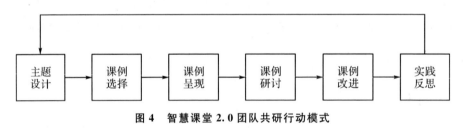

图4 智慧课堂2.0团队共研行动模式

观摩展示

学校开设"大成讲坛",实行"三讲"(校长带头讲、骨干跟进讲、专家引领讲),让教师明确在价值层面学校倡导什么、追求什么、敬畏什么。除了教研组层面的研究课以外,学校按照分层分类的思路,对应入格期、升格期、风格期教师的成长,每学年开展以达标、评优、创新为目的的"一单三环六要素"课例观摩展示交流系列活动,形成教学成果分享激励机制,在全校营造"人人聚焦课堂、人人展示课堂、人人研究课堂"的学术氛围。

比如,1—4年教龄的参加校入格青年教师新苗赛课活动,35周岁以下的参加风格教师新秀赛课活动,36—45周岁的参加骨干教师绿荫赛课活动,46周岁及以上参加领雁教师赛课活动。此外,还有新教师课例展示、精准教学研讨骨干示范、复习课专题研讨,以及全员达标课、创新课、优秀课等。以2022年入格青年教师赛课为例,设置备课、上课、说课三个内容,重点考查导学案、学习单、作业的设计和课堂教学、教学反思的能力及水平,共有28位老师参加、全校教师参与活动(见表2)。

表2　2022年学校青年教师赛课一览表

第一组

日期	课节	上课教师	课题	班级
5月25日	2	车沈佳	《平均数》	401
5月25日	3	江正阳	《观察土壤》	401
5月25日	4	唐　慧	压强	704
5月25日	5	王　婕	图形的放大与缩小	604
5月26日	5	傅晓青	找规律	102
5月26日	6	傅喻芳	《影子的秘密》	303
5月26日	7	刘晰晰	《种子的传播》	402

第二组

日期	课节	上课教师	课题	班级
5月25日	2	凌　静	《慢性子裁缝和急性子顾客》	304
5月25日	3	葛思琦	《杨氏之子》	504
5月25日	4	雷　敏	《小壁虎借尾巴》	104
5月25日	5	曹云娟	《蝴蛛开店》	204
5月26日	2	周容羽	《巨人的花园》	404
5月26日	3	郭燕萍	《学弈》	602
5月26日	4	王思琪	《火烧云》	302
5月26日	6	郝晋澜	《挑山工》	401
5月27日	2	谢亚清	《小毛虫》	202
5月27日	3	汤惠亚	《棉花姑娘》	103

日期	课节	上课教师	课题	班级
		第三组		

日期	课节	上课教师	课题	班级
5月25日	5	于　静	《法律保障生活》	702
5月25日	6	胡琼珺	中考复习课	903
5月25日	7	胡倩云	中考复习课	901
5月26日	1	徐妍玥	PEP 七下 Uint 11 How was you	701
5月26日	2	余少鸣	PEP4 四下 Uint 4 My clothes B le	403
5月26日	3	周雅欣	PEP8 六下 Uint 4 Then and now	601
		第四组		

日期	课节	上课教师	课题	班级
5月25日	1	诸洁颖	《阳光照耀着塔什库尔干》	704
5月25日	2	刘　磊	技巧:远撑前滚翻	703
5月25日	3	梁润龙	篮球:急停急起	801
5月25日	4	刘梦如	《山外有山》	301
5月26日	2	蒋诗语	技巧:肩肘倒立	604
5月26日	3	白晓洁	篮球:行进间高低运球	803

阶段性课改的成效与思考

历经多年的实践研究,以课题组成员为核心,经过专家的指导、会诊,指向深度学习的智慧课堂教学新样态实践取得了阶段性经验成果,较好地改变了原有的课堂现状、教师状况和学校面貌,在课堂教学改进、智慧课堂实践、深度学习研究和教师专业成长等方面取得了显著成效,走出一条具有本校特色的课堂转型之路。

常态课堂呈现新景象

(1)教学理念更新转变。

随着指向深度学习的智慧课堂教学改进策略和路径愈加明晰,"学为中心"的教学理念逐渐取代了原来的"教为中心"的固定思维。"教师精讲少教、学生多动多学"的行动纲领成为上下的共识,在常态课堂中逐步落地生根。在越来越多的常态智慧课堂中,指向深度学习的优秀教学设计不断涌现,线上线下结合,师与生、生与生互动,智慧场景应用开始走向常态化,大数据评价实现精准反馈,学生高阶思维得到激发,学习热情不断唤醒,学习品质得到改善,核心素养得到发展,形成了丰富的课堂样态。相应地,课堂生态得到修复,师生关系更加融洽,学生对常态课堂的满意度显著提升。

(2)学习方式迭代升级。

"一单三环六要素"实践模型愈加成熟,逐步走向常态、精准和个性化。各学科针对学科特点和课型实际,逐步衍生出目标导学、问题解决、任务驱动、活动导学、智慧助学、项目学习等多元、开放的智慧课堂教学新范式。从自主学习、探究学习、合作学习到个性学习,从课前预学、课中共学、课后延学到课外个性化学习,学生的学习方式实现迭代升级、阶梯递进,推动了深度学习的真实发生。调研数据显示,学生学习兴趣得到了更好的激发,自主学习习惯及思维品质到了较好的培养,学生作业负担普遍适中。

(3)课堂学习效能提升。

在课堂改进实践中,教师利用大数据,精准制定教学目标,有的放矢,从课前"备作业"开始,到课中"导作业",课后"改作业",再到课外"研作业",精准设计"教、学、评"一致的学习任务,实现学情在教学常规各环节的良性循环,让课内外作业更精准、更有质量、更适合每个层次的学生,被动学习、浅层学习、假学习的现象明显改善,学生的学习效能和学业质量得到新的提升。以期末检测为例,各年级、各学科教学质量增量和后 1/3 减量显著。其中,本届九年级与七年级入口相比优高上线率增量近 11 个百分点、后 1/3 减量超 10 个百分点。

教师成长开辟新路径

在智慧课堂实践推进过程中,校本研修模式得到创新,焕发了教师的教研自觉,教师在反思批判、深度卷入、同伴互助中逐步走向成长。以教研组、备课组、年级组等为单位,从教学真实问题出发,到教研主题和课题研究的推进,以及系列校本培训的跟进,助推实践模型和范式的深入实践。

以青年教师为主体,以骨干示范为引领,为在教学上有想法、有能力、有追求的教师们提供了展示交流、学习提升的平台,进而在校园营造了人人聚焦、人人参与的浓郁课堂研究氛围。近两年,学校的校本研修方案、项目、成果均获得区优秀奖、一等奖等。

随着课题研究的推进,教师课堂教学的目标、问题、活动、练习、评价、技术的设计意识,智慧赋能、分层导学、作业前置、素养导向等教学策略、方法意识,以及智慧课堂驾驭能力明显增强,专业水平、科研能力都有了较大提升。"一单三环六要素"的深度学习实践模型为青年教师的课堂教学提供范式和框架,也让骨干教师的教学风格更加百花齐放。近三年,学校获评市教坛新秀 2 人、区教坛新秀 11 人,优质课获市级一等奖 1 人、区级一等奖 9 人次,被评为高级班主任 5 人,晋升高级教师 2 人。

学校影响辐射再扩大

学校提炼、积累了一整套可操作、可复制的教学规章,近 100 节典型课例、优秀案例和教学实录。课题成果也得到了各界的认可,13 篇相关研究成果(论文)在省、市级获奖,5 篇文章在核心期刊发表。

其中,"指向深度学习的智慧课堂新样态实践研究"获 2022 年杭州市教科研优秀课题成果(综合类)一等奖,"一单三环六要素:基于大数据精准教学的智慧课堂"获评杭州市智慧教育优秀成果,"'大作业'改革:作业减负的创新实践"获评杭州市首批"双减"优秀实践案例。课题成果在杭州市教科研优秀课题成果推荐会上介绍,并辐射安徽、青海、贵州及淳安、富阳等省市地县,吸引了众多兄弟学校来校学习交流。

(学校发展共同体交流会,2022 年 11 月 11 日)

第五章　育人创新：赋能自然有活力的学生成长

YUREN CHUANGXIN：FUNENG ZIRAN YOU HUOLI DE XUESHENG CHENGZHANG

"种树者,必培其根;种德者,必养其心。"自然的教育,让生命拥有更自然的内心、更自主的习惯、更自信的品质、更美好的心灵。

迈向更高水平的育人模式

高水平育人、高质量发展,始终是新时代学校的战略主题和重要使命。我们坚持以"静心做自然的教育"办学思想为统领,以学生的成长为导向,从方向、载体、动力、基础等维度出发,致力于新优质背景下育人路径、育人方法的创新实践,多层级、系统化构建更高水平育人模式,促进了每个生命的自然生长和幸福成长。

方向:致力价值引领,提供学生更优的教育生态

做好价值引领就是校长的第一要务。一所好学校最重要的标志,是其办学行为背后蕴含的思想、理念、文化等价值层面所彰显的精神高度。为了让生命种子生长的土壤更肥沃,我们主要做了三件事情。

第一,明晰办学思路

从传承创新的视角,承前启后,继往开来,确立了学校的教育主张、使命愿景和价值追求,明晰了办学定位和办学思路。我们提出"为了每个生命自然生长和幸福成长"的办学理念,确立与师生共建"一所有'自然味''幸福味'的新优质学校"的发展愿景,逐步构建起"静心做自然的教育"的办学思想、实践和保障体系,从战略上保证了学校的文化传承和发展方向。

第二,健全治理结构

坚持以学生为中心的治理逻辑,积极探索党组织领导的校长负责制,优

化行政组织,完善党群团组织,新建学术组织,健全"八会"协商监督渠道,推动治理组织从科层制向扁平化、矩阵式发展,治理方式从管理控制走向引领协商。发挥九年一贯制优势,体现实验学校的实验性,从而建立高效、畅通的学校内部运行机制。

第三,培育学校文化

以创建"润泽文化"品牌为目标,用整体系统思维,以精神滋润、环境温润、活动丰润、课堂浸润"四位一体"推进学校文化建设,营造了适性、美好、自然的润泽文化图景。在传承创新的办学实践中,逐步实现了从"生态大成""美丽大成"到"自然大成"的价值迭代、升华。

载体:致力课程变革,提供学生更多的生长可能

课程是教育理念和办学思想的支撑和载体,也是学生生命成长的重要历程,很大程度上决定着学校的存在形态和学生的生命质量。我们主要变革以下三方面。

第一,重构"大成课程"

提出"为了每个生命自然地生长"的课程理念,满足孩子个性自由发展的多元选择,关注不同潜质孩子的差异化发展,提供让每个孩子尝试各种可能的课程产品。开展多形态、多形式、多策略的课程实践探索,重构九年一贯、可供选择、指向核心素养的"大成课程",形成由"两类别三维度六模块"课程群组成的树状课程结构体系。

基础课程是树根和主干,是为了打好生命底色;拓展课程是枝条和叶子,是为了满足未来的无限可能。两者融通,成为一体,组成提供学生选择的"课程树"。

第二,改进智慧课堂

课堂是课程改革的深水区。三年前,我们瞄准学习发生机制,提出变革学习方式的课改任务,持续开展常态课堂改进行动,把目标定位在指向深度学习的智慧课堂2.0,提出课堂愿景,并以此为突破口,推动智慧课堂从以教为主向以学为主转型,走向精准化、常态化、个性化,形成了"一单三环六要素"智慧课堂的"大成样式"。

以教研组和课题组双轨并进的思路,通过顶层设计、个体行动、点面结合、赛课展示推进课堂改进,形成了"一单三环六要素"指向深度学习的理念体系、实践体系和课堂样态,促进了学习方式的进阶和转变。

第三,推进作业变革

作业是有效教学链条的一个重要环节。作业负担重,不仅仅是课外作业量的问题,更重要的是质的问题。不仅仅是课外的问题,更重要的是课内的问题。课堂学习效率低下,学习的"夹生饭"问题,导致完成课外作业相对困难,便成了新负担。作业负担问题的深层次原因,其实还在课堂上。

学校重新定义作业的概念,把课内外的学习任务统称为"大作业"。坚持以"精准、自主、有效"为目标,开展基于课内外学习优化的"大作业"变革,着力打通课堂内外的学习通道,撬动指向深度学习的智慧课堂持续改进,形成"3+2+X"作业套餐模式。

动力:致力于精神成长,给学生提供更大的内在动力

学生人格的完整和精神的丰盈,是学校教育的首要任务。教育重在唤醒每个生命内心深处自然生长的力量。着眼每个生命的精神成长,成全生命自然、和谐、美好的心灵,逐步建立成人、成全、成才的"大成成长模式"。我们主要在以下三方面努力。

第一，建构"美好德育"

"美好德育"是"大德育"概念。围绕"幸福完整的人"和"美好少年"的育人目标，以自我教育、自主学习、五育融合为主线，以"智慧课堂""润泽教室"为载体，探索建立"三全"(全员、全程、全学科)育人工作机制，全力推进德育"三化"(课程化、活动化、协同化)，不断培养学生自主习惯、自信品质和美好心灵，努力让美好成为每个生命的组成部分，让每个孩子成为自己心灵的主人。

始终把儿童放在平等、独立、自由的位置上，给童年、少年的时光必要充分地留白，还孩子自由、自主的养心时光，规则下的天马行空。学校成立的学生自管中心，以校团委、学生会、大队委为主体，以"自育、自学、自治、自律"为宗旨，对接班委和学习小组开展活动，以促进学生自主管理和自我教育，做校园生活的主人。

第二，践行五育融合

以课程、课堂、课外三个领域为着力点，设计了八个"融合点"，为学生提供多彩的生活体验，培养受用一生的习惯。如一项展示(主题晨会)、两个课程(校本德育、自主教育)、三个项目(润泽教室、心灵驿站、家校联盟)、四项常规(安全、晨读、午休、大课间活动)、五项管理(手机、网络、睡眠、作业、体锻)、八个"校园礼"(开学典礼、入学仪式、入队仪式、入团仪式、课程营、创蒋筑英中队、小手拉大手、毕业典礼)、十大"校园节"(体育节、艺术节、科技节、读书节、劳动节、感恩节、健康节、成长节、雷锋节、家长节)。

其实，比知识学习更重要的是心理、情感的关注和精神的改变。比如健康节，每年设不同主题，如从小爱护眼睛，告别"垃圾桶"，对"性侵"说不，等等。坚持开展回收牛奶瓶献爱心活动，从小培养孩子对弱势群体的关爱，也通过孩子们的亲身参与增强了其社会责任感，形成孩子"面对一丛野菊花而怦然心动的情怀"。

第三,变革学生评价

从回归评价育人的原点出发,把评价改革的立足点指向每一个具体而鲜活的生命个体,变片面、冰冷的评价为全面、温暖的评价。围绕"美好少年"的"五美"(习惯美、语言美、自主美、心灵美、自信美)、"五好"(学习好、吃饭好、睡觉好、运动好、劳动好)标准,设立"四学奖""校园之星""美丽学生""美好少年""特别作业"等项目,形成了绿色、多元、精准的全面育人评价机制,创设个性化评价激励体系,成为唤醒每个孩子向上生长的动力之源,让每个孩子被看见,在校园有存在感、自豪感(见图1)。

例如,学校在寒暑假坚持开展以订计划、找优点、尽孝心为主要内容的"校长特别作业",学期初通过主题班会、图文故事展,努力让孩子在体验中培植自主习惯、自信品质和美好心灵。利用大数据赋能教学,开展跨学科融合式教学和项目化学习,让学习更生动、更立体,为孩子全面成长"画像",为孩子的一生积蓄力量。

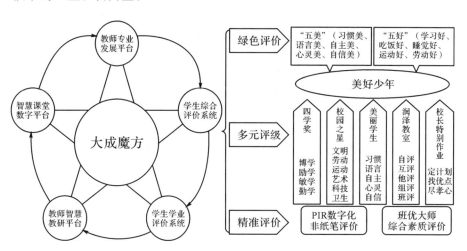

图1 全面育人评价机制

基础：致力于研修创新，给学生提供更强的外在支持

推进全员导师制，教师是第一生产力。我们提出建设生长型的教师团队，以成就教师来成就学生，引导老师不断突破自我的边界，做专注教学、爱上研究、拥抱变革的成长者。主要有三方面工作。

第一，改进研修范式

把教师的教研科研与日常教学、教学常规紧贴在一起，一体化融合推进校本研修。倡导各学科老师和教研组聚焦常态课堂，寻找明确的教学问题指向，选择有价值、切口小的真实问题作为教研组的教研主题，把教研主题提炼、提升为校级科研课题，并开展与之对应的专题培训，构建了"四题五化一重点"的研修范式，从而引导教师反思教学行为，唤醒研修动力，推动校本研修走深走实、走出成效。

第二，夯实研修基础

学校把教学常规五环节的规范作为教师的教学基本功。制定并实施《指向深度学习的智慧课堂 2.0 操作手册》，并形成可借鉴、可操作的学习范本。制定《教师教学新常规》，明确教学常规的五条底线、二十条规范，并建立教学常规"六个一"制度（常规视导、学情分析会、随堂听课、学生座谈会、表彰会、家长会），让教学新常规成为教师的共同信仰。

第三，完善研修规划

实施"五个三"培养规划，如明确入格期、升格期、风格期三个时期的适应型教师、成熟型教师、风格型教师三个类型的培养目标，实施夯实专业基本功、打造学习共同体、健全激励新机制的三项措施。成立班主任工作研究会等学术组织，建立教师激励评价机制，比如修订绩效考核方案、中考奖励

办法,建立优秀班主任、优秀教研组长、优秀备课组长、优秀教师的评价制度,搭建梯级成长平台。党建领航,关爱行动,多措并举,守护教师身心和谐,推动年轻教师站稳讲台,青年教师快速成长,骨干教师脱颖而出。

多层级、系统化构建高水平育人模式的校本探索,不仅推动了学校的内涵发展和转型发展,而且为每个孩子提供了更优的教育生态、更多的成长可能、更大的内在动力、更强的外在支持,并取得了令人刮目相看的阶段性成效。

尽管现实有些骨感,但理想依然要丰满。倡导静心做自然的教育,努力让教育更好地面向每一个人、发展每一个人、幸福每一个人,这份美好和执着值得我们全力以赴。共建新优质学校,迈向高水平育人,我们永远在奋进的路上。

(现代优质学校汇报会,2023 年 4 月 4 日)

自然的教育，让好习惯成自然

叶圣陶先生在他的《习惯成自然》一文中说："教育是什么？往简单方面说，只是一句话，就是要养成良好习惯。"在先生看来，教育的目的就是培养习惯，形成品质，养成能力，而且是一个"成自然"的过程。他以走路和说话为例，给"成自然"下了一个定义，"就是不必故意费什么心，仿佛就像那样子的意思"。也就是说，不造作，就是原本的样子。

事实上，在100多年前，蔡元培先生就提出了"尚自然，展个性"的儿童教育主张。他极力反对违反自然、束缚个性的教育，主张像农家对待植物那样，"深知儿童身心发达之程序，而择种种适当之方法以助之""干则灌溉之，弱则支持之，畏寒则置之温室，斋食则资以肥料"。

当下的基础教育确实面临各种挑战，发生着太多反自然、反天性、反教育本质的事情。急功近利、过度教育、学业过剩、忽视习惯等现象似乎已经司空见惯，导致一些学生喜欢拿来、习惯接受，不愿主动、不愿思考、怀疑和考证。从某个程度讲，与其说，这是存在的种种积弊，倒不如说是长期形成的坏习惯。

在我看来，教育就是帮助学生把行为养成习惯，并让习惯成自然，进而形成品质和能力，最终沉淀为素养。无论是生活习惯、行为习惯和学习习惯，小到吐痰、扫地、关门这些小事，您好、谢谢、对不起这些语言，大到从学习、阅读、劳动、锻炼这些习惯，自主、自信、自律及专注、静心、向上这些品质。换言之，习惯一旦成自然了，实质上行为的自觉已经外化于行、内化于心，融入血液、进入骨子里面了，最终自然变为我们常说的素养。

我始终认为,做教育最重要的是两点:一是回归静心。教育是慢的事业,有自己的节奏和规律,故不如放慢脚步,静下心来。二是回归自然。自然就是真实、朴素、美好,是生命的本色。理想的学校教育应是一种自然的生命状态。

"静心做自然的教育"是我的教育哲学。自然的教育,倡导释放天性、自由,也强调规则、自律;倡导有教无类、因材施教,也强调从容、缓慢的教育脚步;倡导生命个体的自我教育和自主学习,也崇尚生命与自然和谐统一。

从这个意义上讲,学校教育应多做符合孩子天性、生命自然法则、教育规律的事情。胜蓝实验中学提出了"用心创建一所让学生喜欢、自豪、怀念的好学校"的办学愿景和"自然、自主、自信"的教育愿景,初心也在这里。

我认为,好学校,不仅要让学生从心底里喜欢,喜欢这里的环境、课程、课堂、活动、同伴和老师,而且要让学生在校园有存在感、成就感、自豪感,更重要的是当孩子们走上社会以后,能够成为其一生情感的美好记忆和心底永远的怀念。不仅要给孩子知识基础,还要给孩子更好的身体基础、能力基础和情感基础,更重要的是为学生三年、三十年乃至一辈子的人格、精神影响及能力的改变等方面做出贡献,为学生的未来可持续发展储备和积蓄有用的东西。

我们的共同愿望,希望从胜蓝毕业的孩子,都有"自然、自主、自信"的特质。简单地说,自然,有一个"舒展的身心"(陶行知)、"真实而纯洁的人格"(丰子恺)、灵动而大气的个性;自主,自由思想、独立精神和责任担当;自信,内心和谐,从容淡定,富有才气、智慧。

其实,这六个字很朴实,没有多么高大上。我认为,一个大写的人,必定是一个人格自然的人、习惯自主的人、品质自信的人。即便一个孩子目前的学业成绩有些差,但是如果我们给予三年持续的教育影响,尤其是在自然、自主、自信的铸造上,那么,我相信他的未来一定不会差。

当然,顺应自然天性,遵循自然规律,营造自然生态,关键看我们的实践如何落地。以习惯的养成为例,我谈三点体会。

在坚持中,让习惯自然生长

坚持成习惯,习惯成自然。研究表明,人的行为暗示,经过 21 天以上的重复,会形成习惯,而经过 90 天以上的重复,会形成稳定的习惯。生活经验也反复告诉我们,只有坚持才能持久,才能养成习惯。现在我们的教育落地不下来,很多时候是由于半途而废,没有坚持下来。坚持需要引导,更需要毅力。举几个例子。

这是我们大课间活动实况。孩子们的精气神、规则意识、集体荣誉感,不是一蹴而就的,而是一天天坚持养成的。我们是从育人的高度进行整体设计,整个大课间活动集跑、操、舞、立、诵、练等环节于一体,包括短跑、排舞、军姿、诵读、素质练习等环节。明确活动要求后,除了天气原因外,天天坚持,月月评比,雷打不动。孩子们在活动中,明白了列队应该是怎么样的,跑步是怎么样的,集会是怎么样的,自信又是怎么样的。

值得一提的是,我们的跑操列队,从学期第一次以后,不用在地面上给学生做站位的记号,告诉学生学会在音乐的引导下,找到自己正确的位置。通过做操过程的自我调节,引导学生学会自我适应、学会自我调整、学会心中有他人,即便以后走上社会,也能找准自己的人生坐标。

我们学校的项目特色,一是射击。学校拥有射击馆,开设射击课程,举办射击文化周,旨在培养学生的专注习惯、静心习惯。二是足球。学校的男女足球队,每年定期开展班际足球赛和足球文化周,培养学生文明礼仪、欣赏对手、顽强拼搏、团队合作、自我鼓劲等习惯和精神。三是"三模",即车模、空模和海模,在区域赫赫有名。这些特色的树立,其实也是长期坚持、水到渠成的结果。

我们的值周班制度、包干区卫生打扫等劳动习惯制度一直在坚持,即便我们有了打扫清洁的保洁员,也没有放弃。保持一种常态,在上级检查、来宾参观、校园开放时也不搞突击,即使有些瑕疵,也可以下一步再整改,尤其是通过完善学生的自主管理来实现,目的就是培养学生自然、真实的品质和爱劳动、讲卫生的生活习惯。

校庆纪念日、校园开放日是我们学校的传统节日,有一条规矩是全校师生、家长全员参加。不邀请领导捧场,仅向家长开放,包括当天的功课、场馆全部常态开放,不搞临时调整和临阵磨枪,引导师生养成做好平时、功在平时的习惯。我们希望校园多些自然、自然而然的幸福场景。

在融入中,让习惯自然发生

我感到,习惯的养成教育无处不在,无时不在。化繁为简,把好习惯的养成有机融入学校的课程、课堂、课外活动,以及日常治理,把教师、班主任从纷繁的事务中解放出来。多做些整合式的减法,而不是刻意添加项目,这也算是对自然教育的一种回应。我们倡导保持一种教育常态,不变成一阵风、一场运动,在更加自然的状态下,帮助学生成长,让好习惯自然而然地发生(见图1)。

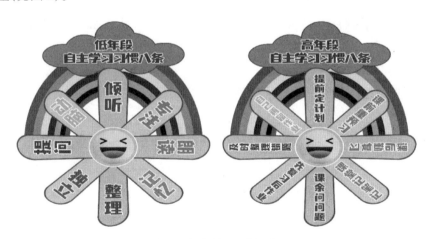

图1 自主学习习惯八条

比如,自主学习习惯养成,我们重点抓好以下四个环节:

建规矩。即重规范。如在每个教室,我们有这样两幅挂图:自主学习八大好习惯、遗忘曲线图。自主学习八大好习惯,围绕自然、自主、自信的愿景，根据我们学生的实际情况而制定。我们还制定自主整理课、作业反馈课的学生规范和教师规范，用"法"的形式固定下来。

明认知。为了唤醒生长力量，做到"五个必"：新生见面会必讲（校长）、新生入学始业教育必学（班主任）、新学期第一课必上（任课老师）、新学期家长会必听（德育部门）、班会课堂必议。同时，利用各种载体，如师生成长共同体和"一营""两日""三周""四节"主题教育活动，努力让课程、活动更有震撼力，直抵学生的内心世界，唤醒学生自我教育和自主学习的向上力量。

重融合。以学习单为支架，课内设置课前预习作业、课中设置任务型作业、课后当堂诊断作业、课外分层作业，实行小组合作等多样化的教学策略，努力让预习、思考、训练、合作习惯等自主学习习惯在常态课堂中变成自然。课外把阅读课本作为必做作业，开设自主整理课、作业反馈课，开展优秀学习计划评选活动，以培养学生知识整理、错题积累、制定计划等习惯。

树示范。坚持开展月度教师教学之星（常态课堂、有效备课、有效作业）评选，以及学生个人月度学习之星、学期优秀学习小组、假期优秀作业展评、学期"四学奖"评选。设立"校园十佳少年"和学生习惯之星评选，通过自我评价、他人评价和榜样引领，为孩子们树立好习惯的榜样。

在强化中，让习惯自然滋养

循规矩，正方圆。斯金纳的强化理论，认为强化是一种行为后的人为的操作性条件反射行为。应该说，斯金纳的强化理论，在习惯的养成上同样有意义。如果没有不断的正强化，很难让规矩变成习惯，更谈不上成自然。

比如，我们在教学新常规中，把学习习惯的养成作为教师的教学任务进行强化，设立教学常规奖。这是我们的"大作业"学习单和导学案模板，其中我们把阅读、复习、反思的环节，都纳入备课之中。同时，建立作业面批、二次纠错等制度，在新教学常规中予以明确。我们开展常规榜样班级、习惯示范班级和个人评比，把大课间活动纳入班主任职级制的考核内容。

学生一日常规,是学校重点抓好的三大常规之一。我们把自主学习习惯八条,纳入一日常规手册并对学生入校、升旗、两操、上课、作业、测试、礼仪、卫生、安全、环保、自主学习11大类37条提出习惯要求。建立起班级日记录、周小结、年级月评比、学校期评选的强化机制,努力让习惯成为自然。如每周周一晨会进行常规榜样班级颁奖仪式,由值周老师为获奖班级颁奖。

教育的最高境界是自我教育。苏霍姆林斯基说,没有自我教育,就没有真正的教育。习惯的养成,主体是孩子,说到底还是孩子自己的事,最终还是要通过学生个人、班集体和小组,以及集体成员之间的自我教育来实现。如建立个人、小组和班级评价机制,组建由学生会、团委为主体,各班班委、团委参与的自主管理中心,建立章程,明确职责,开展活动,放大学生的声音,自己能做的、能管的、能做主、能决定的,孩子说了算,把学习自主权、课程选择权、管理自治权、对话的民主权充分地还给学生。自我教育的目的是唤醒孩子内心深处的内驱力,变"要我做"为"我要做"。自然对人的滋养和教化,其实就是一种强化。

当然,我们推动"自然的教育"在课程、课堂、课外落地生根,虽然面临一定的压力,但带给孩子和学校的是每天实实在在的改变,重要的是提升了孩子们的精神力量,这是值得我们骄傲的地方。

正如一位家长在给我的短信中所说的:"跑操让孩子的体质越来越好。在没有大量刷题的情况下,还保持成绩的高位。孩子有自己的爱好,每天练竖琴,最近在学新奥。这一切得益于学校引导的好习惯。感谢校长、感谢学校!"类似的评价有很多,这就是自然的教育力量。

各位前辈、同人,自然是一种气质、一种品质,也是一种习惯。追求教育的自然,是为了促进生命自然生长。从某个角度讲,也是为了让好习惯成自然。

梁实秋先生说,充满良好习惯的生活,才是合乎"自然"的生活。那么,我们也有理由相信,自然的教育,也一定可以让好习惯成自然。这是我的信仰。谢谢大家!

(全国中小学生习惯养成现场会,2018 年 11 月 6 日)

点燃每个孩子的"心灯"

学校教育的根本使命是立德树人,培养人成其为人,成为有道德的人。新时代背景下,学校德育如何做得更加"走心"呢?近些年来,中国教育科学研究院杭州胜蓝实验中学以自然的教育思想为指导,建构以"三自"(自然、自主、自信的教育愿景)、"三全"(全员、全程、全学科育人)、"三化"(德育课程化、活动化、生活化)为框架的"自然德育"模式。全校上下努力走进每个孩子的内心世界,点燃每个孩子的"心灯",让孩子成为心灵的主人。

坚持儿童立场:尊重儿童、懂得童心

明代思想家王守仁说:"种德者必养其心。"我们认为,学生的道德成长是一个主动建构、自然生长的"养心"过程。道德教育的主体是儿童。坚守儿童立场,就是要尊重儿童,研究儿童,发现儿童,贴近儿童。只有心中有儿童,才能清楚儿童内心喜欢什么、想要什么。学校德育不仅要走进孩子的内心,还要滋养丰盈的心灵,培植向上的力量,呵护每个生命的内心自然,彰显内化于心的自然流露和自觉行动。

"自然德育"是"教育是为了生命自然地生长"这一教育主张在学校德育领域的生动实践。其核心思想就是追求每个生命的内在自然,关注每个孩子的精神成长,让每个孩子更加自然、自主、自信,进而成为心灵的主人翁。具体地说,包含以下特点:

第一,关注内心和谐、生活感悟。校园应充满生活的味道,成为学生喜欢、自豪、怀念的地方。要用最自然的育人生态、最丰富的德育课程、最有兴趣的课堂学习和最有吸引力的校园生活,唤醒每个孩子向上、向善的内驱力。关注真实感受、生活体验,获得道德经验、生活能力,锤炼强大的内心,勇敢面对真实的自己,让每一个孩子的天性自然舒展。

第二,助推自主建构、自然生长。正如麦子的生长,要按节气拔苗结粒一样。孩子的道德成长也有自己的自然节律,是一个自主建构、自然生长的过程。它既要我们精耕细作、精心培育,又要我们遵循规律、适性等待,引导帮助学生按自己的节律做好自我认知、自我调适、自我觉醒、自我完善,成为最好的自己。

第三,引领自信向上、精神丰盈。顺应自然天性,合乎自然规律,追求学校德育的自然境界。注重德育的自然浸润、心灵滋养和环境熏陶,关注每个生命的精神成长。多些尊重、赏识、唤醒,少些训斥、压制、灌输,让每个孩子更加自信地面对未来。

从这个认识出发,学校努力构建全员、全程、全学科育人机制。比如,以"师生成长共同体"项目为载体,在教师和学生中深入实施"全员导师、学科代表、小组合作、自主管理,同质竞赛、异质帮扶"六个行动策略,建立全员导师制、学科代表制、小组竞赛制、小小先生制和自主管理制,逐步形成"亦师亦友、合作共享、共同成长"的新型师生关系,呈现以"教师人人是导师、学生人人是科代表、班级人人是主人"为特征的班集体治理新样态。

守住主渠道:聚焦课程、改进课堂

课程、课堂是学生生命成长的重要场所,是学校实施德育的主阵地和主渠道。无论是课程还是课堂,都蕴含着道德教育的价值,影响着学生道德的成长。可以说,对心灵成长最有影响力的是春风化雨式的日常课程教学。我们认为,关键是要潜心致力于"自然德育"在课程、课堂等内涵领域的落地生根,把德育内容细化落实到各学科和课程的教学目标之中,引导学生在丰富的课程和真实的课堂学习情境中感悟生命成长的道德需要，促进道德自然生长。

其一，重构"自然课程"。我们觉得应试本位下的课程观，稍显狭隘，把课程窄化为学科，把学科窄化为教材；有功利的一面，学科有主副之分，为升学而设，为考试而教。而"自然课程"，除了承载学科知识外，更放眼一切有意义的教育活动，旨在促进每个生命未来自然而和谐、自主而自信、全面而有个性地成长。

以"自然生长"为课程理念，积极建构以"自然、自主、自信"三大主题课程群为核心的"自然课程"体系，为学生的道德体验和自然生长提供丰富的载体，以满足不同学生的个性需求，把课程自主选择权和学习主动权真正还给学生。基础课程着眼国家课程校本化，瞄准学科核心素养，开设名著阅读、科学实验、集思广益、心阅成旅等课程，并探索在三个年级开展分层走班教学，体现尊重差异、因材施教的思想。

体艺特长类拓展课程，依托学校社团基础，开设快乐足球、小小神枪手(射击)、SPC科技("三模")、美术鉴赏、魅力陶艺、3D打印、Scratch创意编程、电子百拼、机器人等三十门课程。实践活动类拓展课程，依托校内和社会资源，开设少年法学院、魅力跑操、自然行走、"三园"探索以及国际理解、始业教育、仪式教育、常规教育、环境文化、多元评价等课程，实行分类走班教学，最大限度满足学生个性化需求，促进学生在共同基础上的选择性、差异化发展。

其二，培育"自然课堂"。好奇、好动、好玩、好学是孩子的自然天性，愉悦、灵动、真实、自信是孩子的自然状态。我们的课堂教学应正视顺应孩子的天性，激发孩子的灵性，培养孩子的个性，顺性而教，顺学而导，努力营造有利于孩子道德自然生长、有利于自然、自主、自信学习的课堂生态。

立足常态课堂改进，实施以"大作业学习单"为载体的导学助学变革，促进有效学习的真实发生。制定"自然课堂"标准，融入分层教学、小组合作、导学助学等策略，尝试Pad辅助教学，引导教师顺性而教、顺学而导，追求

"教"得自然,如教态自然、引入自然、导学自然、助学自然、生成自然、衔接自然。

同时,提出"五个约定":"一学",以学为中心;"二议",议易错点、混淆点;"三指导",指导小组讨论、困难学生、学习方法;"四个多",多微笑激励、学习活动、自主时间、激活思维举措;"五鼓励",鼓励抬头听课、动手笔记、大声表达、交流分享、大胆质疑。引导教师重建课堂文化,修复学习生态,关注生命成长,让课堂有意思、有意义、有温度,让每个孩子"学"得自然、自主、自信,有成就感、自豪感。

探索多样化:关注价值、注重体验

在我看来,有效的学校德育活动,不仅在乎程序的完美和形式的多样化,而且在乎德育活动本身的内在价值和学生这个主体的真实感受,努力为学生的道德自然生长创设更多的道德力量、精彩故事和感动瞬间,帮助学生经历从他律到自律、自主到自觉的自我提升,让学生更加自然、自主、自信。

一是德育课程化。发挥基础课程和拓展课程的德育主渠道作用,在"三自"课程体系框架下,整合德育资源,构建校本德育课程,为学生道德实践的心路历程搭建新平台。比如环境文化课程,重在环境文化的陶冶熏陶,建立校名、校报、校歌、校训、核心价值等文化标识,建设慎独亭、君子园等文化阵地,建立班训、班徽、班旗,开展小组命名、优秀小组评比、班级文化展示。行规教育课程,重抓《学生一日常规九条》《学生自主学习习惯八条》的落实,开展常规榜样班级、习惯示范班级和示范个人评比,让习惯成为自然。

魅力跑操课程,融合跑、操、舞和诵读、宣誓、军姿等元素,体现体育育人和文化育人的本质,培育学生的"心力"。家校共育课程,成立家长委员会、家长学堂,定期开展家长志愿者活动。再如,在"四学奖""每月之星"评选、"三好学生"推荐、学习小组评优、寒假计划评定、综合素质评价等活动中,注重自评、小组评、家长评等环节的过程评价,以多元评价课程引领自我教育、自我发展。

二是德育活动化。寓德育于有意义的活动之中，从学生身边的情境出发，突出主题，关注价值，形成序列，努力把每项活动做得有意义、抵达学生内心、震撼学生心灵。以社会主义核心价值观教育为主线，利用晨会、班会、开学典礼、结业典礼等时机，定期举办"一营"（海外—社区夏令营）、"两日"（校庆纪念日、校园开放日）、"三周"（足球文化周、射击文化周、心理教育周）、"四节"（科技节、读书节、体育节、艺术节）主题教育活动。

比如，校庆纪念日，每年确定主题，2017年开展主题为"我爱胜蓝，我唱校歌"活动，人人参与，班班传唱。体育文化节，从活动育人的高度，每年聚焦一个文化主题，2016年又以纪念红军长征胜利八十周年为主题，各班以著名战役为题材，演绎、再现红军长征的场景片段。2017年以弘扬传统戏剧文化为主题，表演全国二十多个优秀剧种片段，深深触动了每一个孩子内心真实的情感。

三是德育生活化。学校紧贴学生生活实际，鼓励孩子们走出课堂，走出校园，走进社区，走向社会，在丰富多彩的生活境遇和真实体验中学习道德、滋养心灵，培育学生的公民意识、规则意识、法治观念，养成自信向上的生活态度。

比如，学校设立的"三园"课程，充分利用校园内百果园、种植园、君子园的丰富生态和德育资源，开展植物调查、标本制作、无土栽培、德育微课等活动。组织学生开展"自然行走""环西湖毅行"徒步励志活动，组织赴英国进行学生夏令营研学旅行，深入实践基地，体验地方和国际文化。与区法院、检察院联合成立"少年法学院""检察官工作室"，走进法院参加模拟法庭体验，开展情境教学现场会。

与社区和共建单位联手，走进社区，开展"寻访劳模、老党员"活动。走上领奖台，参与年度最美教师、每月学生之星评选、学期"四学奖"颁奖典礼等仪式现场，感受榜样的力量。构建每一位学生为自己负责的教育机制，凡是学生自己能管的事情尽量交给学生，如班级晨读、午休静校、升旗仪式、值周班级、小组评价等。

　　"自然德育",是新时代学校迈向高水平育人的一种模式创新。坚持儿童立场,守住主渠道,探索多样化,目的在于追求自然的育人境界,让德育走进每个学生的内心世界,点燃每个学生的"心灯",进而使其成为自己心灵的主人,这是我们践行"自然德育"的初衷,也是学校立德树人的根本所在。

(原载于《德育报》,2018 年 5 月 7 日)

"师生成长共同体"：集体主义教育的新支点

新时代背景下,传统班集体中的师生关系、生生关系需要如何调整？中国教科院杭州胜蓝实验中学基于"教育是为了生命自然生长"的核心主张,立足"润泽教室"的创建,潜心构建亦师亦友、和谐共生的"师生成长共同体",并以此撬动了集体主义教育的"华丽转身"。

实施多样化治理模式

我校的"师生成长共同体"是在常态课堂改进、班级治理转型的大背景下,在创建"润泽教室"时,边探索边完善,逐步构建起来的。其主体是师生,基本单位是小组。以班组文化建设为重点,实施全员导师、学科代表、小组合作、自主管理、同质竞赛、异质帮扶六大策略行动。全员导师制、学科代表制、小组合作制、自主管理制、小先生制,让教师和学生全员、全程、全学科互动,最终形成教师人人是导师、学生人人是科代表、班级人人是主人的班集体治理新模式(见图1)。

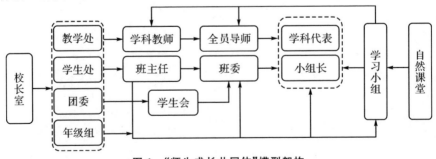

图1 "师生成长共同体"模型架构

首先,我们把班集体的基本单位延伸到小组,根据学生的综合表现,按照组内异质、组间同质的原则,建立5—6个学习小组,各层次实行动态管理。每个学习小组都是一个高度凝结的小集体,组内成员每一阶段的学习、成长、评价都与所在小组的成员休戚相关。

其次,我们主张凡是学生自己能管理的事情尽量交给学生自己管理。学习小组建成后,我们会根据每个学生的长处,并结合小组成员情况,共同商议或民主投票选出小组组长和各学科代表,明确小组成员的任务分工。组长作为课堂学习合作的组织者,负责对小组成员自主管理的评价。每个小组成员都是不同学科的科代表,负责组内成员完成本学科的课前预习和课后作业,并做好学业结对帮扶的“小先生”。各小组成员充分发挥主人翁意识,凝聚集体力量,在大家共同努力下,实现组内成员在集体中共同进步。

再次,我们制定合作学习小组竞赛办法、课堂自主学习小组评价细则。设置班级合作学习小组风采榜和班级小组合作竞赛一览表,实行堂积分、日评选、周汇总、月评比。鼓励开展同层次学生的学业、纪律、习惯等方面的竞赛;建立定期评选优秀学习小组和优秀个人制度,倡导组内成员的自我教育和自我评价,开展批评与自我批评,对表现优异者利用班会进行表彰。

最后,在合作学习小组基础上,建立全员导师制。每位任课教师都必须兼顾学科导师和德育导师的职责,以导师身份重点对班内6名学生(各学习小组的学科代表)进行全方位的思想引导、学习辅导、生活指导和心理疏导。全员导师制为学生提供了亲情化、全方位的教育服务,让更多学生感受到了人文关怀,有了个性化的交流机会,拉近了师生间的心灵距离,融洽了同学之间的关系,营造了团结友爱的学习氛围,激发了学生学习的内动力,润泽了学生精神世界,促进了学生的健康成长、全面发展。

探究多元化德育途径

"师生成长共同体"的出发点是立德树人。我校正在创建的"润泽教室",倡导的"润泽文化",是"润物细无声"下的一种自然而然的教育姿态。学校通过课程化德育的管理和规范操作、活动化德育的方式实施、生活化德育的目标引领和效果评价,增强学生集体意识,培养学生新时代集体主义精神,促进每个生命的自然生长和幸福成长。

课程化德育。课程建设是德育发展的必然,由碎片化向课程化转变,是德育成效的前提和保障。我校整合德育资源,构建校本德育系列课程:校园文化课程,通过建立校报、校歌、校训、核心价值等文化标识,建设慎独亭、君子园等文化阵地,设计班训、班徽、班旗,开展小组命名、优秀小组评比、班级文化展示,重在发挥校园文化对学生成长潜移默化的熏陶和启迪作用;常规教育课程,通过主抓学生一日常规九条、自主学习习惯八条的落实,开展常规榜样班级评比、习惯示范班级评比和个人评比,让良好的生活、学习习惯成为自然;魅力跑操课程,融合跑、操、舞和诵读、宣誓、军姿等教学内容,丰富和活跃了学生的校园生活,展示了学生朝气蓬勃、积极向上的精神面貌,促进了学生综合素质的提升,增强了班级凝聚力。

活动化德育。我校寓德育于活动之中,突出主题、关注价值、形成序列,努力把每项德育活动做得有意义,直抵学生内心、震撼学生心灵,让学生在活动中充分体验、提高思想道德素质和人文修养。我们定期举办"一营"(夏令营)、"两日"(校庆日、校园开放日)、"三周"(足球文化周、射击文化周、心理文化周)、"四节"(科技文化节、读书文化节、体育文化节、艺术文化节)主题教育活动。丰富多彩的德育主题活动,展示了我校课内教学和课外活动教育的丰硕成果,为培养学生审美情趣和合作意识、展示学生个性和特长、提升学生自主发展意识和能力、促进学校精神文明建设,提供了广阔舞台。

生活化德育。我校本着关注学生生活、贴近学生生活的原则,一改传统德育说教、抽象和空洞的特点,鼓励学生走出课堂、走出校园、走进社区、走向社会,让学生在真实的生活境遇和体验中感悟道德、滋养心灵。我们以现代生活为中心,利用社会资源,每年组织全体学生参与"自然行走""环西湖毅行",带领学生领略地方风景、学习地方文化,从中培养集体互助精神;成立少年法学院、检察官工作室,组织学生走进法院参加模拟法庭体验,开展情境教学现场会,学习法律知识,促进学生道德自律体系的自主建构;与社区和共建单位联手开展"寻访劳模、老党员"活动,学习他们热爱集体、关心集体,自觉地为党和国家尽义务、做贡献、争荣誉的集体主义精神,激发学生对他们的崇敬之情,加强自身道德修养。

倡导多样化教学策略

"师生成长共同体"的主体是师生,立足点仍在课堂。我们以"自然课堂"的探索为载体,倡导导学助学、分层教学、小组合作、技术支撑等多样化的教学策略,让师生、生生在共商共建、合作学习中,建构以教导学、以学促教的学习共同体,从而让深度学习在常态课堂中自然、真实发生。

导学助学。我们在教学过程中,实施"四个导学"和"两个助学"。"四个导学"即目标、问题、活动和练习四个要素的导学。课前明确学习目标,推动预习前置;课中设置问题任务,引领走向积极思维;课后检测反馈,促成目标达成。"两个助学":一是借助学习终端和微课、微视频、App 等信息资源,引导学生深度学习;二是践行多鼓励、多指导、多微笑、多思维、多质疑等"五个约定",助力课堂学习走向自然、自主、自信。

分层教学。我校每个年级率先在数学和科学这两个学科中实施分层走班教学,鼓励教师尝试目标分层、问题分层、活动分层和练习分层,并体现在"大作业学习单"的设计上,为每个孩子的高效学习搭好"脚手架",让学习真正有效发生。

小组合作。我校把小组合作的机制延伸到日常课堂,制定课堂小组合作学习评价细则，明确小组职能，让学生开展互助、交流式学习；突出预习、合作、交流、质疑、再交流等环节，并尝试与"自然课堂"和"大作业学习单"设计有机结合，让学生在合作中学会学习，在学习中学会合作。

技术支撑。我们充分发挥杭州市智慧教育示范学校的优势，大力倡导信息技术与学科教学的深度融合。在使用 PPT、App 和电子白板等多媒体的基础上，引进平板电脑等移动学习终端，成立"Pad 实验小组"，开展"互联网＋"下的"自然课堂"科研课题研究，鼓励教师踊跃参与"自然课堂"优秀课的评选，常态化运用信息技术，转变课堂教学方式，让日常教学受到孩子们的欢迎和喜爱。

苏霍姆林斯基说，集体是教育的工具。"师生成长共同体"向心力的形成就是一股强大的集体力量，能够促进教师和学生的共同发展。我校在"润泽教室"的创建中，以"师生成长共同体"为支点，撬动了新时代集体主义教育在校园真正落了地，可谓小举措带来大变化。师生的集体意识、集体荣誉感明显增强，自由、平等、民主、协商、包容、合作等新时代集体主义精神更加彰显，自然、自主、自信的核心素养悄然生长，整个校园弥漫着蓬勃向上的生命气息和自然生长的力量，令人刮目相看、憧憬向往！

（原载于《中国德育》，2020 年第 9 期）

个性化评价，让每个生命蓬勃丰盈

评价的终极价值是为了激发生长的内生动力，让每个自然生长的生命蓬勃丰盈。正如每片树叶各不相同一样，每个孩子都是一颗独一无二的种子，未来都有无限的生长可能。倘若我们的评价主动适应这样的生命需求，为每个孩子尽可能提供丰富多样、有特色的个性化评价，那么评价的正向功能就可能得以最大限度发挥。

在近些年的学生评价改革实践中，杭州市大成实验学校从回归评价育人的原点出发，坚持用自然的教育成全每个生命的完整人格和幸福人生，把评价改革的立足点指向每一个具体而鲜活的生命个体，建立健全绿色、多元、精准的全面育人评价机制，努力创设适合生命自然生长的个性化评价体系，让每个孩子在原有基础上获得更大增值。

绿色评价：为孩子一生积蓄有用的东西

人生就像一场马拉松。一个孩子能跑多久、多远，关键是看有多大的潜力和后劲。因此，我们的学生评价必须是一种有机、健康、无害的，有利于孩子全面发展、健康成长的综合评价，我们称之为绿色评价。

学校需要摆脱唯分数、重绝对结果、单一学科评价的束缚，走向关注全面素养、重相对进步、跨学科进阶的绿色评价，通过跨学科、多维度评价来评判其综合素养、关键能力和发展水平，为孩子们的可持续发展积蓄有用的东西。就学科考试来说，一二年级期末通常采用的是非纸笔测评。我们在测评中遵循教、学、评一致的原则,引入 Steam 项目化学习的理念,开展基于核心素养的跨学科融合。

比如,2023 年杭州举办第 19 届亚运会,为了让孩子们"参与"亚运、了解亚运,汲取亚运精神,从小种下爱国的种子,我们设计了"喜迎亚运、争当虎将"活动项目。我们采取游园闯关、争章等全新的测评形式,融合语文、数学、科学、英语、体育、美术、音乐等多学科,设置"美丽亚运我助力""亚运建筑我设计""亚运知识知多少""亚运赛事我关注""亚运主人我争当""亚运活动我参与"六个闯关环节,设计与闯关主题相关的情境与任务,并布置相应的六个测评场馆,考查孩子们在真实的问题情境中解决问题的能力,并将小朋友自己创作的特色奖牌作为奖励(见图 1)。

图 1　学生闯关随堂作品

在三年级至九年级,我们淡化分数等级评定方式,取而代之的是综合素养评价。它不仅考查学生的学科能力,还包括品德操守、体能测试、动手能力、艺术素养、个性特长和潜力提升等项目的评价。

在评价实施中,我们把学科期末考试与期中学科素养比赛,国家课程与拓展课程学习评价结合起来,突出孩子们在音体美劳技等必修考查课程和特长实践类拓展课程中的学习态度、课堂表现、作业完成、作品成果等过程性、表现性、结果性评价,引导孩子和家长关注完整人格、全面素养的自然生长,而不是一味片面地追求高分数、拿第一。

多元评价：让每个孩子在校园找到存在感

孩子们在校园的感受度，在我眼中是一个很重要的教育质量指标。一个孩子如果在校园经常被欣赏、被鼓励、被关心，不论学业成绩怎么样，我相信孩子会喜欢这所学校，喜欢这里的老师、同伴，喜欢这里的课程和环境，他的内心也一定有满满的存在感和幸福感。

从这个意义上讲，评价就是一种育人方式、一种生长方式。它是促进每个生命自然生长的"催化剂"和"加油站"，而不是通过甄别和选拔把孩子分成三六九等的"竹筛子"。

因此，在评价实践中，我们要高度重视孩子们的情感满足和成长需要，创造性地设计有效的评价载体，从方式多元、维度多元、主体多元、内涵多元的视角，把生命的个体成长过程纳入整个教育评价的视野，推动学生评价从他评为主转向自评为主，从冰冷的工具式评价转向温暖的人文评价。

比如，"润泽教室"是我校在各班级推行的德育创新项目。教室是美好学校的"微单元"。心怀热爱，哪里都是舞台。要让每个孩子在校园中找到存在感，最重要的是要让孩子在教室中找到自己热爱的理由。这个项目坚持以自我教育和自主学习为主线，实施"全员导师、学科代表、小组合作、自主管理、班组文化"五大行动策略，让每个孩子在自评、互评、他评中获得自我激励。

同时，学习小组内部建立周总结制度、批评和自我批评制度，小组之间实行堂积分、日评选、周汇总、月评比，外部组建由家长、教师、学生、社区代表组成的"家校联盟"，参与班级文化、常规竞赛和大课间活动示范班等活动的组织、评选。

再如，学校以团委、大队部为主体，成立"学生自主管理中心"，对接各班团支部、班委和学习小组开展工作。我们的理想是在每间教室创设自主灵动、自信向上的班组文化，构建互相信赖、彼此尊重、互助共生的伙伴型师生、生生关系,把每间教室打造成润泽孩子心灵的场所,丰盈孩子精神的地方。

还有,我们开展以"五美"(习惯美、语言美、自主美、心灵美、自信美)、"五好"(学习好、吃饭好、睡觉好、运动好、劳动好)为标准的校园十佳"美好少年"评选、表彰活动。设立"四学奖""校园之星"奖项。在每个假期,校长按惯例亲自布置以"定计划、找优点、尽孝心"为主题的"三个特别作业",内容每年有所调整,学期初在各班开展主题班会、优秀计划评选、感动故事图文展。

我们做这些工作的初衷,就是瞄准自然、自主、自信的育人目标,形成全面育人评价机制,建立成长动力系统。尊重个体差异和多元智能发展,呵护孩子的自然天性,挖掘孩子发展潜能,让每个孩子身上都有闪亮之处,都有一份被欣赏的期待,让其感受生命的存在价值,唤醒内心深处自然生长的动力。

精准评价:用大数据为孩子真实"画像"

评价转型的背后是理念、思维,更是技术的转向。学生个体生长的过程评价、综合评价、增值评价如何得以更精准地刻画,从实践层面看,数据的收集、积累和处理需要多方面条件的支持,技术就是其中的一大挑战。

我们充分发挥作为浙江省大数据精准教学项目实验学校的优势,以智能平台为依托,积极尝试以大数据赋能为媒介的数字化评价,推动评价从"唯分数、单一、粗放、水平比较"向"重素养、多维度、精准、纵向增值"的方向转变,为每个孩子的成长经历提供尽可能直观、具体、真实、完整的"画像"(见图2)。

"一单三环六要素"智慧课堂是我们学校的课堂新样态,也是杭州市智慧教育的优秀成果。"一单"即基于学习经历的学习单,"三环"即"课前预学、课中共学、课后延学"三个环节,"六要素"即"目标、问题、活动、练习、技术、评价",指向核心素养下的深度学习。在课程教学过程中,通过对话倾

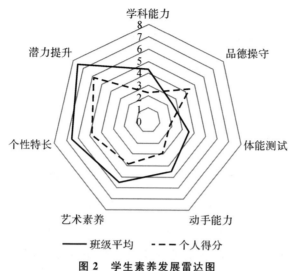

图 2　学生素养发展雷达图

听、小组合作、分层教学、课堂观察、活动记录等策略实施,利用大数据赋能评价,持续对学生的学习行为、学习态度、学习效果开展精准的学习过程性评价。

比如,"二元一次方程"这一课上,老师根据学生在预学、共学、延学期间的学习表现,如在教学互动、积极发言、学习时长、答题正确率等方面的数据,以雷达图的直观形式进行及时诊断和实时反馈(见图3)。此时的评价不再是单向、简单、冰冷的评价,而是基于教学目标、促进学习的一种教学互动、一种学习方式。

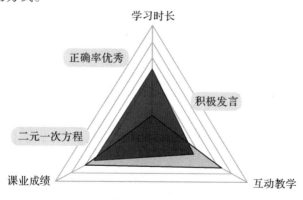

图 3　学生课堂学习表现诊断

同时,学校还成立大数据应用中心,关注大数据背景下综合素养评价目标、评价内容的研制和选择。从学生的核心素养和关键能力出发,科学设置了学业水平、品德操守、身心健康、艺术素养、劳动实践、习惯养成、潜力提升七个维度,适时开展全面素养的综合性评价,并以数字化素养发展报告单的形式及时反馈。教师还可以根据实际,为不同的孩子量身定制个性化的评价项目。

其实,每次评价数据和评价报告的累积,就是一种动态的"数字化成长档案袋"。它不仅记录孩子的收获和成长历程,也能反映某个阶段的个体成长的增值幅度。"不比起点比增量,不比聪明比努力,每天进步一点点"是我们所倡导的理念。家长和学生可以通过智能平台家长端查看孩子的"画像",及时了解孩子的优势、潜力和不足。通过纵向分析比较,鼓励孩子跟昨天的自己比,努力做最好的自己。同时也引导教师和家长用发展的眼光看待孩子的成长和进步,让孩子们在激励中温暖前行。

眼里有光、脸上有笑、脚下有力量,这是众多兄弟学校来校参观后对孩子们的总体评价,也是近年来我们推行个性化评价改革带给孩子们的"红利"。我们相信这种绿色生态、多元丰富、个性精准的个性化评价,必然是今后学生评价改革的一个新方向、一种新样态。为了每个生命的自然生长,我们一直在孜孜以求的路上!

(原载于《中国教师报》,2022 年 6 月 15 日)

多给孩子一分心灵的力量

今天跟各位交流的主题是"多给孩子一分心灵的力量"。我想讲三个问题：为什么要关注孩子的心灵成长？"心灵感冒"有哪些症状？家长怎样多给一分心灵的力量？

为什么要关注孩子的心灵成长

人活着就是为了追求幸福，这点没有错。但不知道各位有没有思考过一个问题：我们要给孩子怎样的幸福？给孩子吃好、穿好，保证基本的生活条件？为孩子未来积蓄更多的财富？希望孩子身体好、学习好，师生、同伴关系好，经常被重视、表彰，享受幸福的童年？也许每个人心中都有自己的愿望、想法和定义。

"真正的贫穷，不是物质的匮乏，而是心灵的贫瘠"，这是英国作家毛姆在《人性的枷锁》中的一个观点，我非常赞赏。其实，幸福不等于富有，富有也不等于幸福。当下，青少年成长中遇到的问题很多，最致命的可能不是考试考多少分，能不能上重点大学的问题，而是精神缺席，"心灵感冒"，甚至是心理障碍的问题。

我们不妨看看这一组数据。2021 年 3 月 1 日，中国科学院心理研究所发布的《中国国民心理健康发展报告》显示，2020 年青少年抑郁检出率为24.6％，其中，轻度抑郁检出率为 17.2％，重度抑郁为 7.4％。小学阶段为一成左右，初中阶段约为三成，高中阶段接近四成，其中重度抑郁检出率为

10.9％—12.5％。

对我们来说,这些数据确实有些触目惊心了。叔本华说,真正的幸福不在他处,而在我们心中。可以想象,心灵一旦出了状况,孩子们是很难感受到学习生活的快乐和幸福的。因此,培育一个孩子的美好心灵,对于每一个生命的自然生长和幸福成长,对于一个家庭而言,其重要性是不言而喻的。

当下,确实是到了要高度关注孩子心灵状况的时候了。最大限度满足孩子的精神需求,丰盈孩子的精神世界,提升孩子感受幸福的能力,让孩子有一个明亮的心灵和强大的内心,无疑是学校教育、家庭教育的当务之急、重中之重。

在我看来,成全一个孩子的幸福,莫过于让其拥有三样东西:一是自主的习惯;二是自信的品质;三是美好的心灵。自主的习惯,能促进孩子独立人格和自由精神的形成;自信的品质,为其未来的美好生活创造条件;而美好心灵,是享受成长快乐和生命精彩,走向幸福完整的基石。

"培植自主习惯、自信品质和美好心灵,做幸福完整的人"是大成实验学校的教育愿景和育人目标。近些年来,我们从方向、动力、载体三个维度出发,多层级、系统化构建了"静心做自然的教育"的育人实践图谱,最终也是想给予孩子们九年乃至一辈子积极的教育影响。学校创新心育模式,配备专兼职教师,开设心理课程,成立"心灵驿站"聊天室。融入"三全"育人系统,开展学生喜闻乐见的心理体验、健康辅导活动,助力孩子们形成完整人格、养成自主习惯、提升自信品质、塑造美好心灵。学校被评为浙江省心理健康教育示范点、杭州市优秀心理辅导站。

"心灵感冒"有哪些症状

所谓"心灵感冒",指的是孩子在成长过程中所遇到的心理困境。青少年正处于生长发育的关键时期,面对着来自学业、人际、家庭、社会的各种压力,难免会出现情绪、心理上的波动,甚至出一些状况,其实都是正常的。如果孩子犯了"心灵感冒",除了一定的自我调节外,学校也会通过课程、组织、活动、筛查等途径来加以干预、引导,一般情况下,都可以痊愈。

假如出现严重的情绪障碍,甚至抑郁倾向,那是属于"严重感冒"级别了。那么,除了我们自己要积极应对以外,必要时也要积极寻求专业人士、医疗机构力量的帮助。

对于家长来说,正确的态度是:既要敢于正视心理问题,做到不回避;又要科学地防范心理问题,做到不恐惧。

根据心理科普和现场观察,心理抑郁的倾向性表现往往比较隐蔽,很多家长不清楚孩子有抑郁倾向,也常常被误认为是青春期叛逆。有的孩子自己也不知道或者无法用语言来表达自己是什么状况,甚至有的表面上看起来"阳光开朗"。

但并不是说,抑郁倾向没有症状可循。孩子吃饭、睡眠、体质、情绪、兴趣、学习、交往及语言等方面的异常变化都是观察点。几个标志性的主要症状如下:

(1)是否常常痛哭。有抑郁倾向的,往往容易在深夜、独处时发声痛哭。家长可在这个时段、各个活动区域多加观察。

(2)是否经常失眠。有抑郁倾向的,常常紧张恐惧,难以入睡,或者易醒,睡眠质量很差。家长可以观察孩子白天的状态和情绪。

(3)是否有"恐学症"。有抑郁倾向的,注意力很难集中,考前极其焦虑,成绩明显下滑。甚至不想去学校,害怕去学校。

(4)是否有厌世倾向。有抑郁倾向的,老是觉得自己是一个没有用的人,失去活着的意义,甚至经常出现自杀的想法。

(5)是否愿意倾诉。有抑郁倾向的,总是报喜不报忧,不愿透露内心的真实感受。难以承受时,偶尔会向信任的人透露部分心声。

(6)是否有自残行为。有抑郁倾向的,往往用自残来释放极度压力,这是到精神崩溃的临界点了。

其实,孩子有情绪起伏是很正常的,但不能长时间超过承受的能力。真正心理健康的孩子有正常的喜怒哀乐,也有生活和学习上的压力,但会积极去面对,遇到自己解决不了的难题时会寻求帮助,愿意向家长或知心朋友倾诉,并对未来充满憧憬和期待。

对于"心灵感冒",最为关键是,我们要尽早发现孩子"不对劲儿"的苗头,及时调整家庭教育的方法,给予孩子温暖、幸福的力量,避免孩子的负面情绪长期积累,堆积如山,难以自拔。要警惕是否患有抑郁的可能性,并及早找寻专业人士和医生介入问诊。

家长怎样多给一分心灵的力量

叔本华说,一个人幸不幸福,取决于我们与他们相遇的方式。家庭是我们与孩子相遇的地方,学校也是。所以,要塑造每个生命美好的心灵,对于两者来说,其目的是高度一致的。

培植孩子美好的心灵,我认为重要的是,要千方百计多给孩子一分心灵的力量,让其内心渐渐强大、丰盈、美好起来,尤其要防止"心理感冒"、降低心理疾病发生的可能性。毋庸置疑,家长角色、家庭教育至关重要。

2020 年 10 月 23 日,十三届全国人大常委会第三十一次会议表决通过了家庭教育促进法,这是我国首次就家庭教育进行专门立法。2022 年 1 月 1 日,中国正式进入依法家教、依法带娃的时代。所以有人说,"双减"之后,当父母的要"持证上岗",真正"拼爹妈"的时代正式到来,孩子之间的差距将从家庭拉开。

生活经验告诉我们,每个优秀孩子的背后,确实都是父母的奋力托举。那么,怎样多给孩子一分心灵的力量呢? 我提四点建议:

用家风滋养心灵

一个家庭就是一个小环境。家风其实就是一种氛围。环境氛围对人内心的影响往往是潜移默化、持续长久的。好的家庭应该是孩子们排解疲惫的港湾,安放心灵的栖息地。孩子们在一个自然的状态下,享受被尊重、被关爱、被包容、被激励的亲情氛围,享受尽情释放喜怒哀乐的民主氛围,享受一起读书、运动、成长的"家人"氛围。

用榜样润泽心灵

家长是孩子最好的老师、最好的榜样。家长其实就是一面镜子、一个标杆。而榜样的力量是无穷的,我们常常看到左邻右舍,父母不识字,但他的孩子照样能成为优秀的大学生。一个很重要的因素,我认为就是家长的身体力行、以身示范,包括家长为人之道和处世态度,尤其是与人为善、诚实守信、孝心爱心、通情达理、脚踏实地、不畏艰难、勤劳进取的精神品质。

用陪伴温暖心灵

父母是孩子精神的依靠,陪伴是最长情的告白。陪伴让孩子感受到被爱、被关注、被鼓励的温暖。建立良好的亲子、亲情关系,温暖、持久的陪伴是一剂良方。陪伴的形式有很多,家长可以根据自身的实际选择,如读书、运动等任务型陪伴,倾诉、对话等聊天性陪伴,运动、旅行等感受性陪伴,等等。父母不能只顾挣钱,忙于生计,不愿陪孩子。即便是单亲家庭,也要避免自己的孩子无人看管,无人倾诉,无人关爱。

用习惯强大心灵

好习惯受益终身,好习惯成就美好的心灵,让内心更加强大。习惯的养成关键在于孩子的自我教育。家长要做的就是呵护孩子的自然天性,帮助、激发孩子自我教育的主动性,以及养成习惯的内在动力。如养成锻炼习惯,运动本身可以改善情绪,释放压力,是最好的心理调节剂之一。家长要思考如何鼓励孩子每天运动,养成锻炼的习惯。又如养成自主学习的习惯,规律作息的习惯。家长应给予孩子规矩下的自由,保证让孩子有学习的时间,也有玩的时间。

当然,在塑造孩子美好心灵的同时,家长还要竭力避免给自己"挖坑",防止出现极端的做法。

第一,万事都包办代替。从小被过度保护的孩子,失去了独立的机会,越来越依赖父母,会影响成年后的自立。如果过于宠溺,容易导致孩子性格缺陷,如以自我为中心,不懂得宽容、让步和感恩。父母要减少控制欲,给予适度的监管和压力。过于严格,会压抑孩子的成长。尊重孩子正当的选择,但要告诉孩子对自己的选择负责。

第二,看不到孩子的优点。父母对孩子没有信任感,甚至看不起自己的孩子。父母总拿孩子的缺点与别人的优点比较。被父母瞧不起的孩子,自尊心和自信心都很低,还会怨恨父母。总是被怀疑的孩子,做什么都容易泄气,很难获得自信,于是就通过叛逆来证明自己。要鼓励孩子自己跟自己比,跟自己的过去比。父母要包容孩子的缺点,鼓励孩子找到优点和长处,并坚持把优点变成习惯。

第三,轻视孩子的错误。父母总觉得孩子是完美的,哪怕他犯错、闯祸,都觉得只是小事。过度迁就孩子,会让孩子学会要挟父母,变得自私无情、任性、缺乏自制力。小错不断,总有一天会酿成大错。父母要让孩子明白犯错要付出代价,自己要对自己的行为负责,并承担相应的责任。

第四,教育的方法简单。家长过于焦虑,方法粗暴,导致孩子倍感压力。从某个角度讲,这绝不是孩子前进的真正动力,还有可能压垮孩子。遇到一些棘手的青春期问题、情绪心理问题,如厌学、刷手机与玩游戏上瘾、早恋、网恋等,家长要疏堵结合,以正面教育为主。最好的办法是与孩子协商,保证孩子有尊严地出口,尤其是缺乏亲情陪伴、缺乏关系好的同伴、性格内向、有心理障碍的孩子。

第五,一直忽视孩子情绪。不去关注孩子情绪变化,其实就是在伤害孩子。心理问题不是一朝一夕产生的,是负面情绪的持续累积。孩子的心灵很脆弱,负面情绪越积越多,总有一天会爆发。父母要赞赏、放大孩子的优点、长处,让孩子感到我干啥都行。想赢是孩子的天性,但重要的是要学会输得起,经得起失败。父母要引导孩子积极乐观、自信地面对困难和挫折。

其实,处在心理困境的孩子并不可怕,可怕的是有的家长对此马虎大意,甚至麻木不仁,听之任之。很多时候,孩子就像一个扫地机,在前行的道路上,可能会遇到各种各样的障碍。关键时刻,假如有人抱一下,掉个头,充下电,他就不会走入死胡同;必要时,擦一擦,洗一洗,修一修,那他行走得就更顺畅。

说到底,家长要扮演的就是这样的一个角色。也就是要走进孩子的内心世界,点亮孩子的"心灯",多多关注、倾听、认可、表扬、理解、支持孩子,不把自己的认知、焦虑、恐惧、愤怒转移给孩子,尽可能多给孩子一分心灵的力量。

即便是误入歧途,也要打着灯笼照亮孩子在黑暗中前行的路,带着孩子走出心灵阴霾,越过难关,走向开阔。在一片空旷的田野里,自主呼吸,自信绽放,自然生长,幸福成长,成为幸福、完整的人。与家长共勉,谢谢大家!

(家长学堂,2023 年 4 月 25 日)

第六章　教师生长:过好自然真实的学校生活

JIAOSHI SHENGZHANG: GUOHAO ZIRAN ZHENSHI DE
XUEXIAO SHENGHUO

为教师专业成长注入源头活水，做专注

教学、爱上研究、拥抱变革的成长者。引领

教师不断突破自我边界，向下扎根，向阳生

长，过自然真实、幸福完整的校园生活。

激活青年教师自然生长的力量

我始终认为,教师是学校教育的第一生产力。学校的发展往往与教师的成长周期相匹配。可以说,没有教师的高水平成长,就不可能有学校的高质量发展。青年教师是学校的主力军,是学校可持续发展的关键所在。青年教师强,学校则强!

我们发现,青年教师自我意识强,自尊心强,上进心强,但工作焦虑感、受挫感也很强,一旦出现预设与实际有差距,理想与现实有落差,就会有消极懈怠的情绪出现,长此以往可能就丢掉了向上的欲望和成长的动力,甚至过早出现职业倦怠现象。

解决这些问题的关键,必须更新教育理念,优化治理文化,做好发展规划,搭建成长平台,形成适切、持续、长效的青年教师专业成长培育机制,以更好地促进青年教师的适应、成熟和成长。

更新教育理念,像关注学生一样关注青年教师的成长

从教师队伍现状来看,胜蓝中学作为一个独立分设的年轻初中,由于历史的原因,初创时期近 2/5 为病弱教师。随着每年 2 个班级的扩招,我们严把教师招聘关,从 2015 年到 2020 年招聘优秀毕业生 20 余人,引入骨干教师近 10 人。大成实验也有类似情况,2021 年招聘优秀毕业生 9 人,学校第一次结束了有代课老师的历史。到 2023 年 6 月,35 周岁以下的青年教师占 42%,其中 5 年教龄以下的占 22%。青年教师逐渐成为学校的主体。

两所学校的共同特点是,都已经从过去缺编缺人的"数量扩张",逐步进入了提质强能的"质量优化"关键期。致力于把这样一支年轻、有活力,但又缺乏经验的青年教师团队使用好、培育好、成长好,无疑是学校队伍建设的"重中之重"。

"人人是主人,人人都重要,人人有发展",是我在这两所学校提出的教师管理理念。学校就是一个家,每个老师其实都是学校的主人。学校的每项工作,老师都有发言权。学校的发展,与老师们荣辱与共、休戚相关。每个岗位,都担负着学校管理系统的一个能级,有的岗位甚至还有不可替代性,无疑每个老师都很重要。

因此,学校的一项重要工作,就是依照因需设岗、因岗设人、人岗匹配的原则,把每位老师尽可能安排到最合适的岗位,最大限度地人尽其才、才尽其用。如每年6月,学校人事会下发岗位聘任意向表,每个岗位设置多个意向,供老师们选择。由此,学校可以了解老师们的想法,这为学校的最终聘任、双向选择提供了第一手资料。

同时,学校还提出"像关注学生一样关注老师的成长"的队伍建设要求。学生有差异,需要关注,这是常识。其实,教师也一样。关注重在引领、陪伴和示范,目的是促进人人有发展。从学科角度来说,既要抓好骨干教师,打造学科领袖,做强优势学科,更要抓好薄弱老师、困难老师,直面问题,引领鼓励,使其走出临界状态,补齐学科短板。

从这个思想出发,学校以解决教师的思想症结、理念更新和工作动力为着力点,强化价值引领,努力改善教师的工作状态,减缓职业倦怠,提升专业水准,使得教学长板更长,逐步补齐短板,促进教师群体专业实力的整体提升。

一是设立讲坛。邀请专家来开讲座,如中国教科院基教所李铁安研究员、德育所孟万金教授、教师所张布和研究员,教育改革家魏书生,"时代楷模"陈立群;校长开设讲座,如《探索自然课堂,促进有效学习》《有效学习,从有效备课开始》《为深度学习而教》《走指向可持续发展的提质之路》;还有骨干教师和青年教师的经验心得分享。

二是全员读书。结合每学年的校本研修主题,每年下发教师 1—2 本书籍用于精读,如 2015 年的《有效教学十讲》,2016 年的《走向专业的听评课》,2017 年的《教学工作漫谈》,2021 年的《学习共同体——走向深度学习》,2022 年的《核心素养导向的课堂教学》,2023 年的《跨学科项目式学习》,等等。同时,利用暑期开展教师读书交流等系列活动。

三是外出学习。学校支持教师解决工学矛盾,积极参与各类学习培训。如 2015—2016 年组织全校教师分两批走访苏州、温州多所知名学校。2017 年参加了魏书生自育自学联盟学校的研讨活动,2018—2019 年组织教学骨干参加中国未来教育大会。在胜蓝的五年,每年均有 1—2 次全员外出学习活动,共外派 6 位教师出国考察研修,提供国内外的学习培训机会。

四是重建精神。梳理学校历史,提炼学校精神,凝聚精神文化,创设积极向上的校园核心文化,促进良好群体导向的形成,如胜蓝的"自然文化"、大成的"润泽文化"。倡导自然真实的校园生活,凸显人文关怀,用暖心的制度、贴心的服务、舒心的环境,打造校园精神高地,使师生在校园持续获得精神上的滋养和润泽。

优化治理文化,为青年教师营造自然安全的成长环境

有什么样的治理模式,就会有什么样的文化。这些年来,我们一直在推动从过去行政的单一治理、管理控制,走向多元共治和协商引领,营造了自然、安全、有温度的成长环境。

首先,淡化行政管理色彩,强化尊重、理解、支持、共情的校园心理环境。我在多个场合强调,学校不是行政机关,不提倡搞森严等级;校长首先不是官,其他干部更不是。在治理上,强调重心下移、工作前移。走进教室,走进班级,走进活动现场,与师生同甘共苦,拉近干群关系,密切师生关系。如我们学校开会或活动不设"领导席",也不请"领导站台",除非相关领导

部门有要求。

所以，我到校以后的第一件事，就是与行政团队约法三章，协商制定《干部作风规范》。每学年的干部读书会，这是必学的内容。学校一再告诫干部教师，要用好手中的权力，多给不同意见的老师以包容和理解。允许老师出现一些"小状况"、偶尔吐点"苦水"，根据就事论事的原则，给予客观的评价和正面的引导。杜绝耍小聪明、搞打击报复，给老师"穿小鞋"，甚至"晾起来"。

学校尽量少开大会，鼓励办公室、教研组、备课组利用课余时间，开小会、微教研，形成学习共同体，建立可依赖的同伴关系。党员领导干部与非党员、学生、家长建立谈心谈话制度。作为书记，每学期我会重点选择与老师们，尤其是青年教师，利用各种课余空隙、闲暇时间，谈理想、谈人生，谈师范、谈师能，甚至还谈为人、谈处世，谈困惑、谈成长。大部分时间是走进课堂，一边向老师们学习，一边课后相互交流。

其次，建立公平公正、奖赏分明的评价机制，形成正确的群体导向。健全各项规章制度，用制度弥补自觉、弥补忠诚。大的方面如学校规划章程，年度教师绩效考核方案，课堂教学新常规，优秀班主任、教研组长、备课组长的考核办法，年度最美教师、月度教学之星、教学常规优秀奖、教学质量团队奖的评选办法，小的方面如出勤请假、校园就餐、值周值日、外出培训、集体活动等，让教师做事有规矩，让奖励有依据，让努力有方向。

完善评优评先机制，形成靠实绩说话，靠数据说话，靠程序说话的导向，形成"不靠关系靠实力、不靠投机靠努力、不靠嘴甜靠魅力"的教师评价氛围，彻底改变"先进轮流坐庄""会哭的孩子有奶吃"等不公平的现象。在综合考察德勤能绩的基础上，各类评选设立侧重点，如市区教坛新秀评比推荐，侧重教学、科研的成就；市区优秀教师的评比推荐，侧重教学质量增量的大小；市区春蚕奖的评比推荐，侧重师德师范的影响；市区新锐、楷模班主任评选推荐，侧重班主任工作业绩；等等。

再次，呵护好青年教师的热情，营造被尊重、被重视、被关爱、被期待的良好氛围。每年召开青年教师座谈会,定期听取意见和建议。创设各种平台,鼓励教师参与区级以上各类教育教学评比,让更多的老师在校内外有更多的经历、展示、成长的机会,增强工作自信和工作动力。如学校组建的各种非行政组织、项目中心,主体基本上都是青年教师。鼓励青年教师参加学校组建的名校长工作室、名教师工作室。如今年的新秀赛课活动,涉及9个学科28位青年教师的参加,全校教师全程参与。对获奖的积极鼓励,对未获奖的加油鼓劲。

关心、指导青年教师,是校长责无旁贷的重点工作。日常每天的巡课、巡校,我会特别观察教师,特别是青年教师的精神状态,跟踪、留意青年教师的课堂教学、班主任工作、课外活动、指导学生等重点工作状况,了解真实情况,及时给予指导,有效疏通鼓励。特别是遇到住房、婚姻、疾病等生活问题,千方百计给予力所能及的帮助,争取资助政策,适时调整岗位,解决孩子入托入学等实际困难,为青年教师解决后顾之忧。

除了每年带好自己的徒弟之外,对于刚入职的青年教师,我会结合自己独创的"一单三环六要素"教学法,经常手把手教其备课、作业、上课的规范和技巧。对于处于再成长时期的骨干教师,与其探讨,为其修改课题方案、提炼研究成果,引导他们走上教研科研之路。如2021年与12位青年教师一起讨论修改课题方案,其中获市级立项2项、区级立项6项。

最后,坚持高标准、高起点的要求,在放手和支持之间找到培育教师的平衡点。如师徒结对活动,这基本上是每个学校都有的常规制度。我们觉得,青年教师的专业起步就像一张空白的纸张,要有一个人引领着他们把空白的地方写好、画好,所以师父就显得特别重要。

过去存在一种现象,就近配置、近亲配置师父,也不管师父肚子里有多少东西。结果呢,如果运气好,碰上业务、品格比较好的师父,那算是一种幸运。但是,也有一些很好的苗子在"蹩脚师父"的带教下,一年下来居然也"瘸"了。无论是教学技巧,还是带班能力,甚至是工作态度,都没有多少进展,反而有被带"坏"了的感觉,这让我特别害怕。

所以，我们提出必须给每位青年教师配优秀的、合适的教学师父和班主任师父。要求拥有市教坛新秀及以上级别称号，区级优秀班主任及以上级别称号、具有实际经验的老师，方有资格带教。

学校同时调整了师父的待遇。刚开始，因骨干教师捉襟见肘，这一愿望没能完全实现。为了打破这个窘境，我们多方努力，克服困难，一边调入多名骨干教师，一边校内培养新秀骨干。记忆特别清楚的，为了给我们从中国美院招聘的美术教师配好师父，我特别邀请了兄弟学校的名师担任其导师，短短几年他便快速成长为区教坛新秀。胜蓝中学一直到了第三年，才终于完全实现了这个愿望。

做好发展规划，构建分层分类的青年教师梯度成长机制

规划力，是校长不可或缺的专业素养，是学校领导力的具体体现。做好教师发展规划，形成分层分类的青年教师梯度培养机制，我认为非常必要，尤为重要。

根据福勒和布朗的教师成长理论，从一般的趋势看，教师的成长往往要经历关注生存、关注情境、关注学生三个阶段。我是这样理解的：

其一，关注生存，是老师初成长的特点。对于刚入职不久的教师，会比较担心自己是否适应教育教学，比较在意学生、同伴、领导对自己的评价。因而，可能会把主要的精力放到如何控制学生，让学生服从自己的管理，而不是考虑如何让学生获得进步和成长。

其二，关注情境，是老师成熟的标志。教师一旦站稳讲台之后，越来越关心教育教学的有效性，可能会聚焦带班、备课、上课、作业等与教学情境有关的问题，如如何让学生喜欢我，班集体怎么建设，课堂时间如何分配，备课材料怎样搜集，等等。

其三，关注学生，是风格型老师的表现。在这个阶段，教师经常会反思自己组织的教育教学活动是否体现儿童立场、学生观点，是否满足学生的成

长需要。可以说,能否自觉关注学生的差异,适应学生的差异是教师是否成熟、走向优秀的关键性标志。

学校提出了"建设一支充满生长力量的学习型教师队伍和研究型骨干团队"的教师建设总体目标,并结合学校的实际,制定、实施青年教师"五个三"培养规划,从培养的目标、阶段、策略、平台、路径五个维度,构建起研修型、引领式、实践化的青年教师梯度成长培育机制。其基本框架如图1所示。

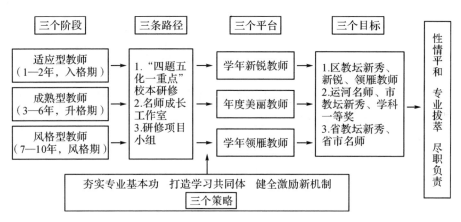

图1　青年教师"五个三"培养规划

依循福勒和布朗的教师成长理论,结合教师专业成长周期规律,把我校青年教师的成长大致分为入格期(1—2 年)、升格期(3—6 年)、风格期(7—10 年)三个阶段,分别对应适应型、成熟型、风格型教师的培养。

每个阶段培养的重点有所侧重,不断激励教师提升教育境界。

适应型教师按合格教师的标准,重站稳讲台,不断成型,养成专业锐气,瞄准校级新锐教师(校教坛新秀)的目标;成熟型教师按学科骨干标准,重教学内涵,不断磨炼,养成专业底气,瞄准区级教坛新秀(区优质课一等奖)的目标;风格型教师按学科名师标准,重教学个性,不断突破,养成专业霸气,瞄准省市级教坛新秀(市优质课一等奖)的目标。

"三个策略",即夯实专业基本功,打造学习共同体,健全激励新机制。"三个平台",主要指全校性的学期领雁教师评比、年度最美教师评比、学年新锐教师评比。"三条路径"主要包括校本研修机制、名师成长工作室、研修项目小组等。

在培养规划组织实施上，把策略、平台、路径有机融合起来，有计划、有步骤地一体推进和落实。如按照分层分类的思路，对应入格期、升格期、风格期教师的成长，每学年开展以达标、评优、创新为目的的"一单三环六要素"课例观摩展示交流系列活动，形成教学成果分享激励机制，在全校营造"人人聚焦课堂、人人展示课堂、人人研究课堂"的学术氛围。

具体地说，入格期这个阶段，最需要对班主任工作常规、教研常规、教学常规，包括教师的备课、上课、作业、辅导、考试等教学常规的环节进行科学、具体、规范的有效性指导，不断夯实专业基本功，让青年教师尽快适应环境、站稳讲台、获得自信。如学校出台《教师教学新常规》，把"一单三环六要素"实践模型的各环节、各要素融入教学常规的规范中，重构备课、上课、作业、考试、辅导五大环节的"有效常规链条"。

升格期这个阶段最需要教育理论、教学理念的价值引领，用理论武装头脑、指导教学实践。侧重校本研修，通过课例研讨、读书学习、教学反思等路径，唤醒教师的专业自主和专业自觉，充实专业发展的底气。要尽可能避免因理念陈旧，重复单调工作，过早走入成长的高原期。如各教研组按照学校的总主题和"四题五化一重点"范式制订研修分计划，每个教研组要确定一学年的"四题"和研修日常安排，做到目标明、思路清、活动实、有成效。年终开展教研组研修总结交流会，并列入规范教研组和优秀教研组的评比考核。

风格期这个阶段最需要鼓励教师研究学生，了解不同学生在不同发展阶段的水平，根据学生的学情差异，实施差异化教学。鼓励教师研究自己，提炼核心技能，做到"华丽转身"，做学生身后的组织者、指导者、引领者。健全激励机制，在理论支撑、深度挖掘、团队组建、成果展示中，引领教师走上专注教学、勇于改革、拥抱研究的生长者。如备课上，如何从教学设计走向学习设计；课堂上，如何从以教为主走向以学为主；管理上，从被动控制转向自育自治。如举行全校性的风格教师新秀赛课活动，引导青年教师在听课开课、磨课评课的摸爬滚打中，形成自己的教学个性，凝练自己的教学风格。

搭建发展平台,让青年教师收获专业成就感

马斯洛的需要层次理论指出,人的五个层次需要,除了生存、安全、交往、自尊的需要外,最重要的便是自我实现的需要。要有效减轻青年教师工作焦虑感、受挫感,必须要为青年教师搭好平台,提供舞台,满足其对专业成长的期待,引导教师追求积极的自我价值实现,并收获专业成就感。

其一,依据分层分类的不同成长定位,创设适合青年教师成长的多元平台和亮丽舞台。

2015 年 9 月,在胜蓝中学成立之初,学校成立了以师徒结对、Pad 智慧教学小组、读书交流、职前跟岗为主要内容的"教师智慧共同体"。师徒结对主要是为教龄 5 年以内的青年教师配备导师;Pad 智慧教学小组主要针对教龄 10 年以内的青年教学骨干和有兴趣的其他青年教师;读书交流则是针对教龄 10 年以内的全体青年教师;职前跟岗主要是为即将参加工作的入职教师提前一学期专门安排的培训活动。

之后,学校申请参与了中国教科院未来学校联盟学习方式变革项目和魏书生自育自学联盟德育创新项目,参加了中国教科院名师成长项目。2016 年 9 月,成立了德育创新项目——师生成长共同体,全体教师,包括班主任和任课教师参加活动。

2018 年 1 月,学校整合成立了非行政教师学术组织——"胜蓝书院",下设名师成长工作室、青年教师读书会、班主任工作研究会、教师智慧共同体、胜蓝讲坛、渡口文学社等项目,并实行 PBL 项目负责制。全校 35 周岁以下的青年教师按照自己的发展定位,有选择地参与这些项目,参与率达到了 100%。

在大成实验学校,也有类似的情况。如 Steam 项目学习中心、大数据智慧应用中心、阅读推广中心、班主任工作研究会等组织,也为广大青年教师提供了锻炼展示、同伴互助的成长天地。

其二,立足教学常规,根植课堂教学,引导教师走出舒适区,不断突破成长的边界,在课程教学实践中摸爬滚打,总结反思,收获满满的专业成就感。

学校从完善备课、上课、听课、作业、辅导、考试,以及导学案模板、学习单模板、技术应用、课堂观察、小组评价等常规机制入手,制定《指向深度学习的智慧课堂2.0操作手册》。引导青年教师借助智慧课堂2.0实践模型,形成课前重学习设计,编好"一单";课中重导学助学,参考"三环六要素";课后重补偿教育,抓好靶向作业、个别辅导的智慧课堂2.0实践基本操作流程。

学校实施常态课堂改进行动,创新校本研修路径,以聚焦常态课堂为重点,以问题、主题、课题和专题为主线,推进教学常规规范化、听课开课常态化、教学问题教研化、教研主题科研化和校本培训专题化,促进深度学习在常态课堂真实发生。立足学科实践、课题共研,以"四课"(磨课、开课、听课、评课)为形式,每年开展的全员听课开课、全员赛课制度,让全校各层次的老师都参与到课堂改进的实践中。学校逐步形成的省市区校四级课题网,让近2/3的教师、几乎所有的青年教师参与了其中。

学校通过"自然课堂""智慧课堂"这些载体,为青年教师的课堂教学提供范式和框架,提供价值引领,提供成长平台,营造向阳而生、自然生长的专业成长环境,大幅度提升其教书育人的能力。这彻底打破了新教师因教学缺少"拐杖"而无所适从的窘境,有效避免了青年教师专业成长走弯路、走冤枉路,让骨干教师教学基本功更加夯实,教学风格更加百花齐放,也在一定程度上减缓中老年教师的职业倦怠。

实践证明,高起点、高平台促进了青年教师的高位发展。这些年在这两所学校,青年教师就像雨后春笋一样,一个一个冒出来,逐渐成为学科教学的中流砥柱。如胜蓝中学,5年时间里,市区级教坛新秀从12人递增到27人,其中市教坛新秀增加6人。列入市新锐名师培养对象2人。获杭州市优质课一等奖2人,"一师一优课"获市一、二等奖5人。从此,教师队伍也告别了昔日的"五个瓶子三个盖"的尴尬局面,为学校后续发展奠定了坚实的基础。

总之,时代在变幻、在加速,青年教师逐渐成为学校的"后浪"已是大势所趋。也许青年教师培养这条路没有捷径,但相信科学、务实的培养机制和自然、真实的成长环境,能让青年教师少走弯路,快速地成长。激活青年教师自然生长的力量,引导帮助青年教师在每个成长阶段走好走稳每一步,持续提升对教师职业的感知度、对所在学校的归属感、对从事岗位的成就感,是每所学校、每任校长责无旁贷的使命和责任。

(名师在成长项目汇报会,2022 年 8 月 3 日)

"四题五化一重点"：校本研修的新范式

校本研修，顾名思义，原本是指以校为本的教师学习、研究和反思方式，就是通常说的，基于学校、在学校，为了学校。实践反思、同伴互助、专家引领是校本研修的三大基本要素，通过教师与自我的对话、与同伴的对话、与专家的对话，实现教师的专业成长。

然而，在实际工作中，许多学校的校本研修渐渐走了样，甚至离初衷越来越远，走不出徘徊不前、原地踏步的怪圈。我认为，目前校本研修存在的主要问题：

一是校本研修目标往往是完成上级布置给学校的学习任务，脱离教师的日常教学实际，忽视教师的教学需求。

二是校本研修内容碎片化的、经验式的居多，常常是远离课堂谈研究、论成长，缺乏顶层设计和逻辑关联，教学、教研、科研、培训各自为战，成为"多张皮"。

三是校本研修形式单一、行动走形式，仅仅停留在听评课为主的"浅表研修"上，缺乏深度、递进的研修机制。教师每天基本是"两眼一睁，忙到熄灯""面朝黄土背朝天"，无暇顾及自身成长，缺少反思和提炼，游走在经验与研究的边缘。

确实，对于教师来说，"不搞教学过不了日子，不搞教研过不了好日子，不搞科研好日子过不长久，不搞培训再好的日子也会厌烦"。这是一个普遍共识。

要破解校本研修的种种积弊，提高校本研修的针对性和有效性，我们认为,关键要有效整合教学、教研、科研、培训工作,使之有机融入教学工作体系,并努力建立一种以课堂改进为阵地、以问题解决为中心、以实践反思为核心、以科研带动为动力、以促进教师专业发展和深度学习真实发生为归宿的校本研修长效机制。

近些年来,大成实验学校提出"问题即主题、主题即课题、课题即专题""工作即研究、教师即专家、成长即成果"的研修理念,坚持以赋能、提质、增效为目标,持续开展指向深度学习的常态课堂改进行动,着力构建精准化、个性化、常态化的智慧课堂,并充分发挥校本研修的重要支撑作用,在实践探索中形成了"四题五化一重点"校本研修模式。

也就是说,以促进深度学习在常态课堂真实发生为目标,以"聚焦常态课堂"为重点,以"四题"(教学问题、教研主题、科研课题和培训专题)为主线,推进"五化"(教学常规规范化、听课开课常态化、教学问题教研化、主题教研科研化和校本培训专题化)的开展和落实。

学校每年策划校本研修总主题和实施方案,倡导各学科老师和教研组寻找明确的教学问题指向,选择有价值、切口小的真实问题作为教研组的教研主题,开展主题式教研活动。鼓励把教研主题提炼、提升为科研课题,并开展与之对应的专题培训,目标指向深度学习在常态课堂的真实发生,从而唤醒教师的专业自觉和研修动力,为课堂转型和学习方式转变助跑,推动校本研修走深走实,走出成效。

如何推进"四题五化一重点"模式的实践? 我们着重抓好四点。

研修基础:教学常规规范化

我始终认为,没有教学常规的规范化,就不可能有教学的高质量。可以说,教学常规的规范是有效教学、优质教学的底线,是教师的专业基本功。从整体来说,它像根链条,备课、上课、作业、考试、辅导等环节,环环相扣,缺一不可。

我们着眼于备课、作业、考试等常规环节的内在关联和持续改进，制定了《教学新常规》。相较于传统，教学新常规主要"新"在两点。

一是划定5条新底线。有效备课：守住良心，不备好课不上讲台。有效课堂：以课为天，上好每一节常态课。有效作业：精编精选，不搞狂轰滥炸，杜绝无分层、不批改、无反馈。有效辅导：心中装着辅导对象，不放弃每一个学生。有效考试：不搞密集考试，不让孩子害怕考试。希望让教学新常规成为教师的共同信仰，着力把常态课堂打造为"有效常规链条"中最耀眼的环节。

二是确定20条新规范。以"一单三环六要素"为主线，落实《学生自主学习习惯八条》和"习惯、兴趣、思维"学科育人六字要求，促进深度学习在课堂自然、真实发生，让教师带着问题去备课、听课、评课，补齐校本研修的"短板"。

每条教学规范，既符合教学常识和教育规律，又贴近教师教学日常实际，整体构建"以有效备课为前提，以有效课堂为中心，以有效作业、有效考试、有效辅导为延伸和补充"的有效教学链，最终指向深度学习的智慧课堂2.0的构建。

建立教学新常规的一个重要目的，是把研修任务与教师的日常教学有机结合起来，尽可能多地做好"减法"而不是"加法"，贴地而走，让教师真正静心来做教学的工作。

比如，建立了常规视导的"六个一"制度。与随堂听课、教学调研、学生问卷座谈、交流展示、优秀评选等活动有机结合，把听课、评课、教案、会诊、反馈等环节串联整合起来，使备课管理做到"管中有放、放中有管"。

基于核心素养和学为中心，研究确立智慧课堂2.0的模型图，设计导学案（学历案）、学习单等模板，借助备课工具，为教师提供前进的"灯塔""路线图"和"梯子"。

借助智能学习2.0系统，结合课前预学、课中共学、课后延学三大环节，梳理、形成了12个智能化应用场景，帮助教师克服技术辅助应用的"盲点"，为有效产生大数据提供路径支撑。

研修形式：听课开课常态化

我一直认为，课堂始终是学科实践的主阵地。校本研修的主战场在课堂，教师成长的土壤是课堂。教师只有在听课开课、磨课评课的摸爬滚打中才能快速成长。

所以，我们大力倡导"走进课堂做真实的研究"的理念，一方面，学校以优秀教研组评选、特色教研组的创建为载体，不断促进教研常规规范化。另一方面，通过磨课、开课、观课、评课等环节，促进老师们同伴互助、成为"学习共同体"。

在许多学校，教师不愿敞开大门让老师进来听课，我想很多时候是因为对自己课堂的不够自信，同伴互助的氛围也不好。还有最致命的，可能是领导总抱着检查的目的、挑刺的态度来到教室。这给教师增加了不少不必要的忧虑。

为了改变学校老师怕开课、怕听课的不正常现象，引导全体老师聚焦常态课堂，过自然真实的校园生活，营造一种浓郁的教学气氛和学术氛围，让每一堂课成为教师精心准备、对得起良心、可以自信面对别人的课，我们分四步走：

第一步，校长带领团队，走进常态课堂。持续开展随堂听课调研，用近一个学期时间听遍每个教师的课堂，找准优势和痛点。一个可喜的现象是，从刚开始的抵触，到后来的主动邀约，老师们与我对话最多的一句话是"校长，什么时候来听我的课啊"。

第二步，对症下药，建立完善全员开课、全员听课制度，变任务开课为主动开课，变检查听课为指导听课。从单一的开课听课，走向多样的开课听课，形成教师常态公开课、骨干教师示范课、青年教师汇报课、主题教研研讨课、试卷评析展示课、教学竞赛评比课，随堂听课、观摩听课、调研听课、会诊听课、检查听课、研究听课六大类型的开听课模式。

第三步，团队共研为形式，采取"四课"联动策略。广泛开展磨课、开课、观课、评课的滚动式日常教研活动。以常态课堂为阵地，针对教学真实问题，聚焦学生学习历程，借助课堂观察量表，设计不同层次教师思考或行动的参与点，让老师们深度参与研修过程。

第四步，以课例行动为载体，深耕课例研究。对应入格期、升格期、风格期教师的成长，每学年开展以达标、评优、创新为目的的"一单三环六要素"课例观摩展示、全员赛课交流系列活动。通过以课促课、交流互动、同伴互助，努力让磨课、观课、评课成为教学研究的常态和教师日常教学生活的习惯。

研修核心：教学问题教研化、教研主题科研化和校本培训专题化

我认为，校本研修的核心在于教学问题如何教研化、教研主题如何科研化和校本培训如何专题化。关键是"化"起来，形成"研修链"，从而推动校本研修实践告别浅表研修，形成递进的研修机制。

教学问题，是校本研修的起点。毋庸置疑，对教学行为的问题反思，是教师愿意参与研修的前提。目前大多数教师习惯于"教"，而疏于"研"，更忽视"研"之后的成果凝练与展示，其背后往往是不清楚自己的课堂教学存在什么问题，缺乏对教学行为的反思和改变自己的勇气。

而教学问题不是教师拍脑袋想出来的，是基于老师们的日常教学。所以，我们提出，学科老师和教研组的一个重要任务，即在学校研修总主题的基础上，寻找具体明确的教学问题。教研主题则源自教学常规中教师自己的问题、真实的问题和实际的问题，促进教师更好地反思和提升。

比如，我们针对课堂学习效能低下、课堂转型遇到瓶颈、研修亟待补短的现状，提出"学习之困、转型之难、研修之惑"的教学问题。

有了问题，更重要的是怎么去解决。围绕教研主题，策划、组织教研活动方案的实施，重在过程的优化。

在问题的基础上,我们设立了"一单三环六要素:指向深度学习的智慧课堂2.0"的研修主题,第二年再升格为"新课标视域下指向深度学习的智慧课堂探索"。以学年为单位,校本研修项目分为理论研修、实践研修、成果展示三模块。每一模块设计3—6项活动。显然,这一研修主题的提出是为问题解决而设计的。

当然,形式上的解决不是目的,深层次解决问题才是关键。我们认为,科研可以为老师们提供更多的科学研究手段和方法,使教研成果更有深度、更具推广价值和参考意义。因此,学校的另一项任务,就是开展草根式研究,引导教师把"问题"意识、"主题"意识上升为"课题"意识,有意识地选择有价值的教学问题、教研主题提炼、提升为科研课题,带动教学问题的深层次解决,促进教师更好地反思和提升。

比如,围绕"一单三环六要素:指向深度学习的智慧课堂2.0"的研修主题,三年来,学校陆续建立了由省级课题2项、市级课题6项、区级课题8项、校级课题16项组成,近2/3教师参与研究的子课题网。如省级课题"'四题五化一重点':指向技术赋能教学的校本研修新样态研究",市级教科规划课题"一单三环六要素:指向深度学习的智慧课堂新样态研究"、市级教研重点课题"指向深度学习的智慧课堂改进路径实践研究"。通过课题研究,带动教研主题的深化和教学问题的解决,促进教师教学行为的自觉和理论素养的提升。

而校本培训的跟进,侧重于实践与理论的对话,引导老师用获取的立场、观点来反思、改进行动,还可以打开教师教研和科研的视野,尤其是以科学的理论指导研修实践,给研修工作注入生机和活力。精心组织培训活动,不搞形式,不走过场,不为培训而培训。重要的是要形成与问题、主题、课题环环相扣的培训专题。充分利用好学校自身的优势,发挥土生土长的"实践专家"的引领作用;并针对性地邀请学科专家,特别是有学科实践背景、接地气的"真专家"莅临指导。

比如,我们结合"一单三环六要素"指向深度学习的智慧课堂研究,开展项目化学习、任务型驱动、活动化问题解决等课例展示研讨和观摩研讨,以及教学新常规解读,智慧课堂2.0导学案、学习单设计,指向深度学习的大作业设计,智慧课堂2.0应用场景解读等专题培训。结合信息技术2.0培训和学校智能平台2.0升级,开展了基于智慧课堂改进的智慧课堂智能场景应用的系列培训,克服了教师使用技术的畏难情绪,极大促进信息技术与学科教学的融合,推动了教学、教研、科研、培训的深度融合,促进课堂教学范式和学习方式的转变。

再如,针对形式化的教案检查和过重的学生作业负担,我们提出"怎样备课才有效,让教师说了算;作业做什么,学生说了算"的想法,并要求把"有效自主备课"和基于课内外学习优化的"大作业"变革作为教研组研修主题,在组内不断进行碰撞、行动、反思、修正,并申报省市区级课题,设立专题培训项目,以课题、专题的形式,推进教学问题、研修主题的升华,并力求取得可预见的成果。

研修推进:非行政教师组织多样化

在我看来,校本研修的推进,教研组无疑是主力军。教研组往往是承担着"自上而下"的研修任务,有一定"给任务"的色彩。但是,很多时候,让一班志同道合的老师在一起,这些非行政教师群体,往往隐藏着"自下而上"的力量,有更超乎想象的主动性和创造力。

学校成立的名师名校长工作室、大数据精准教学实验团队、Steam项目化学习小组、智慧课堂种子教师团队、教师成长共同体、青年教师读书会、班主任工作研究会等机构,都是非行政学术组织。活动形式灵活性强,活动内容接地气,这些都是优势。

比如,大数据精准教学实验团队,以骨干教师为主,分批次分阶段吸纳其他教师加入实验组,着力开展基于大数据的精准教学、精准诊断、精准评价和个性化学习的教学研究。在研修实践中,他们发挥了教师处、教研组无法替代的研究功能,助力了研究型骨干队伍和学习型教师团队的成长,促进了校本研修从"一个人的行走"走向"一群人的共舞"。

经过多年的实践探索,"四题五化一重点"校本研修机制愈加成熟,逐步形成新范式和新样态,成为学校教学创新的新亮点。

从备课、上课、作业、命题到辅导,从问题、主题、课题到专题,从教学、教研、科研到培训,始终贯穿实践反思这一校本研修核心要素。立足教学常规,根植常态课堂,学校教学、教研、科研、培训进一步融合,真正走向了一体化,实现了从"多张皮"到"一张皮"的根本性转变。

校本研修的价值取向更加明确,逐步为广大教师所接受,带动一批青年教师快速站稳讲台,一批教学骨干脱颖而出,形成"各美其美,美美与共"的可喜局面。在全校教师近100项教科研成果中,半数是在省市区校四级立项课题,有70%的主题和素材来自教师日常教学课例行动研究。

学校校本研修的阶段性工作成效显著,并得到上级的认可,校本研修项目已经连续三年获区一等奖,案例获区优秀案例。校本研修支撑下的课堂改进研究成果获杭州市课题研究优秀成果综合类一等奖,学科教学质量有明显的增值。这是对我们的鼓励和鞭策,我们还会继续努力!

(成都名师研修团,2023年6月6日)

给老师们的四条建议

第一条建议

老师手里拿着的绝不是一堆木头,而是一粒粒鲜活的种子,生长周期不同,未来各有期待。培植、浇灌、等待,是一种坚持不懈的信念。不揠苗助长、急于求成,相信每个孩子都有一颗开花的心。再怎么普通的种子,如果种在心里,静静等待,也会绽放出美丽的生命之花。

没有一个孩子是缺乏潜力的,只要方法得当、策略合适,改变就会发生。所以,关注每一个,发展每一个,成全每一个,幸福每一个,是我们的最终目标。我们要学会五个"放下":放下急躁的情绪,给孩子们温柔的笑脸;放下师道的尊严,蹲下身子与孩子们平等对话;放下心中的"规矩",鼓励孩子们"异想天开";放下一味地批评,多用赞美浇灌孩子;放下有色的眼镜,帮助孩子们发现自己的天赋,让整个校园充满想象。

说白了,就是要想方设法呵护好每个孩子好奇、好玩、好动的自然天性,让其保持好奇心和想象力。给孩子的童年时光充分留白,唤醒其成长意识和内生动力,给予孩子们九年乃至一辈子积极的教育影响,让每个孩子更自然、自主、自信一些,心灵更美好一些,是我们的教育愿景。眼里有光,脸上有笑,脚下有力量,是孩子们幸福童年应有的模样。

第二条建议

我们不仅要关注分数,更要关注分数背后的三样东西,即兴趣、习惯和思维的含量。坚持学习的生态取向，把兴趣的激发、习惯的养成、思维的培养，融入孩子们九年的教育和成长全过程，让孩子们学会学习，喜欢学习，爱上学习，努力做学习的主人，未来成为终身学习者。

孩子们的入口在一年级，出口在九年级。每个老师扮演什么样的角色，每门学科教得怎么样，都直接影响九年的教育成效。要树立"九年一盘棋"的系统思维和"人人都是接力棒"的团队精神，发挥好体制优势。在教育教学中，少一些"凭经验凭感觉"，多一些"依科学依理论"，用敬畏之心和专业水准严谨对待孩子们成长中的每一个环节、每一个问题。

提质、增效、攻坚，让每个孩子的成长有更大的增值，苦练内功是首要。一是开阔学科视野，丰盈人文底蕴和精神世界，让阅读成为日常的教育生活方式。二是始终站在学生学习的立场上，认真对待每一节课，把课上得有趣、有用、有意义，让思维真实外显、习惯内生可见。三是鼓励自由、大胆提出问题，让孩子们愿意思考、会思考、享受思考。四是注重"吾日三省吾身"，反思在兴趣、习惯、思维的培养上做了多少努力，影响了多少孩子，激励了多少孩子，成就了多少孩子，努力让自己从"教的专家"走向"学的专家"。

第三条建议

对年轻老师来讲，不必过于焦虑，也不要太委屈，成长之路就在自己的脚下。教师的成长是一个吐故纳新、突破自我的过程。青年教师就像春芽春叶，自然生长着，并孕育着含苞待放、开花结果的希望。也许你一起步就挺顺利的，走得不错，值得珍惜；也许你不够顺心，心情老是不好，也没什么大不了的；也许你早出晚归、废寝忘食，可是成效并没有你期待的那么好，也不必垂头丧气。

实际上，一路跌跌撞撞、磕磕碰碰，摸爬滚打、满身泥浆，这是老师成长过程中再正常不过的事了。难的路不是谁都有资格走的。即便没有可走的路，实质上也都是出路。扛得住涅槃之痛，才配得上重生之美。关键是自己以怎样的心境、怎样的姿态去寻路、走路、赶路。心若自然，幸福才会生长。

不必急于一时的成功,也不必急于一时的得失,更不必急于一时的泥泞,而放弃前行的勇气。

越是走得不顺,越要沉住气,要相信厚积薄发的力量。其实,每个人都需要一个沉淀期,那是精神成长所必需的。它可以让你未来走得更稳、更远。如果有那么一段路,可以使自己远离喧嚣,真正沉潜下来,未必是坏事。懂得沉潜,是一个人了不起的能力。请记得不忘欣赏沿途的风景,也许最美之处就在前方。追随你的热爱,打磨好专业本领,努力让自己成为最好。

我们做教育、当老师,需要严谨细致、真才实学,容不得半点马虎、半点虚伪,学校不欢迎投机取巧的形式主义者,更不欢迎精致的利己主义者。既仰望星空,又脚踏实地,走好未来之路,是每个年轻老师应有的生活态度。

第四条建议

教师职业越来越充满各种不确定的压力和艰辛,需要保持定力和本色。就像医生的本能是救死扶伤一样,老师的存在意义就是让人成其为人,成为幸福、完整的人。也许你我心里有太多的无奈、太多的委屈,甚至早已无数次地想要放弃,想要逃离这个职业。但在每个孩子离开学校之前,我们依然会毫不犹豫地执着地紧拉着他们不放。

真正把孩子们装在心里,乐于在普通学校,做普通的教师,过普通的生活,是作为老师的本色之处。日复一日、竭尽所能地做好每一项平凡的教育工作,甚至毫无怨言地做出个人牺牲,这便是教师的真正职业本能。

我们应学习"大先生"的风骨,带着爱和责任做老师,不畏浮云遮望眼,不为半斗米而折腰。守住教育良心,守住教育底线,潜下心来教书,静下心来育人。坚持健康第一、工作第二,用强健的体魄去支撑繁重的教育任务,用充沛的精力完成高质量的育人工作,用健全的人格影响每个孩子的精神世界。不放弃任何一个孩子,不让一个孩子掉队,这是我们的信念和使命所在。

(教师师德培训会,2022 年 8 月 27 日)

教育国际化：我们的责任与使命

今天论坛的主题之一是走向教育国际化。作为一所发展中的普通公办初中，从 2015 年 8 月初小独立分设组建，10 月挂牌中国教科院胜蓝实验中学以来，学校各项工作也处在良好发展阶段，着重是做了一些方向性的顶层设计和基础性的常规工作。实事求是地讲，就教育国际化而言，我们还没有多少成熟的经验可谈，权当向各位学习，敬请批评指正。

我们的认识

走向教育国际化，是时代大势所趋，也是责任使命所在。今天我们已经步入"地球村时代"，教育国际化的浪潮和气息扑面而来。我们培养的孩子，未来必定要走向国际社会。而中小学作为基础教育，是用来打基础、做准备的。从这个角度来说，学校的特殊使命就是要为每一个生命未来的可持续发展做准备，为每一个孩子的幸福生活积蓄和储备有用的东西。从教育国际化而言，就是要为培养既有中国情怀、心系国家，又有国际视野、胸怀天下的"世界公民"做好准备、打好基础，这是当下中小学教育的价值、责任与使命所在。

走向教育国际化，首要是理念思想，重在借鉴和融合。我认为，衡量一所学校是否真正走教育国际化之路，其标志是要看这所学校的办学理念和思想是否体现开放、包容、尊重、理解等国际精神，是否是站在国际视野、中国情怀和学生立场的高度来统筹、引领学校的发展。当然，我们的办学首先是扎根中国大地的。其实，中国的基础教育也有自己的优势，有许多值得西方国家借鉴的地方,这是一个共赢的过程。

走向教育国际化,核心是课程教学,贵在持续改进。我认为,走向教育国际化的核心是让学校的教育思想理念在目标、管理、育人、队伍、评价,尤其是课程与教学等领域落地生根,内化到学生学习生活的方方面面,从而促进学校教育生态和育人环境的优化,带动学校的内涵、特色发展。所以说,走向教育国际化并非赶时髦、出风头,更不是作秀,而是要有实实在在地改变学校的行动,特别是持续改进课程教学的行动。

我们的实践

完善思想体系

走向教育国际化,我们首先考虑的是如何让我们的办学思想理念与国际化接轨。

近些年来,学校在传承传统的基础上,加快办学思想和实践体系建设,理清了"一个主张、二个愿景、三个维度、四个策略"的办学思路,明晰了"秉自然教育、重自主能力、育自信品质"的办学思想。

我们的办学目标是"用心创建一所让学生喜欢、自豪、怀念的好学校"。教育国际化是好学校的应有之义,争创杭州市教育国际化示范校是我们中期努力的目标之一。

"培养学生做自然、自主、自信的人"是我们确立的教育愿景。自然大气,包容乐观,懂规则、宽视野;自主独立,思维灵动、有批判思维和多元文化的理解能力;自信从容,当然也包括孩子的国际竞争意识、沟通与合作能力等。这与基础教育国际化的侧重点和出发点是相吻合、相一致的。

改进课程教学

走向教育国际化,其次我们考虑的重点是怎样持续改进课程教学。主要在以下三方面努力。

(1)探索"自然课程",努力建构"三自"课程体系(见图1)。

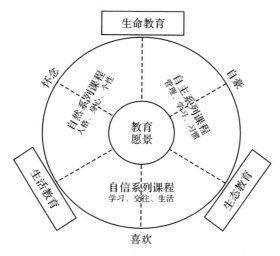

图1 "三自"课程体系

学校正在构建的"三自"课程体系,品质上要让学生喜欢、可供选择,内容上涵盖生命、生活、生态教育元素,同时也要考虑民族化、国际化的因素。以"长课+短课""大课+微课""必修+选修""基础+拓展"为课程组织形式,采取学院制、导师制、分块制的课程管理模式。在三大课程群建设里,包括在社团活动、拓展课程的开发,逐步让国际理解课程占有一定的比例。我们一直在推动社团活动的课程化、拓展课程的精品化。目前,已经建立书法、杭州人文历史、陶艺、素描、国画、国际礼仪、快乐足球课程等30余门拓展课程。

同时,学校积极创设良好的语言学习环境和英语交流的氛围,让校园多些英语的味道和气息。如学校成立光影声社,开展英语原版影视配音活动;小小外宾接待社团,开展用英语模拟接待外宾的活动;举办了"英语周",开展英语画报比赛等活动;建立英语长廊(英语角),为师生课余英语交流提供场所;在校首届田径运动会上,组织各班以亚洲国家代表队的形式入场,孩子们在查阅材料、扮演角色、体验风情中促进对国际文化的理解。

（2）探索"自然课堂"，努力修复课堂学习生态。

实施常态课堂改进计划，分阶段、分步骤推进常态课堂向要素型、导学型、智慧型转型，重建有利于学生更加自然、自主、自信学习的课堂学习原生态，让学习在课堂上真正有效发生。

其实，我们的初衷很朴素，一是关注常态课堂，争取日常每堂课的有效；二是减少教师"满堂灌"，变课堂"一个人唱戏"为"几十人的舞台"；三是修复课堂原生态，让学习自然愉悦、自主灵动、自信有效。

其背后是课堂的文化，包括教学理念，如学生主体，学习中心，自主、合作、探究等。注重培养学生的学习兴趣、思维能力，激发其学习内驱力。探索、实践这些理念的过程本身就是教育国际化的表现。

（3）启动探索智慧校园创建，努力让世界成为学生的教材。

加快校园的信息化建设步伐，为中西教育融合的实现提供技术支持。学校参与了杭州市智慧校园示范校创建工作，向中国教科院申请"未来学校"建设项目，设立"三模"教室、创新实验室等与课程开发相配套的场所，目前各项工作进展顺利、有序推进。

坚持开放办学

走向教育国际化，我们再次考虑的是如何贯彻好开放办学的办学策略。

在办学规划中，我们明确提出要鼓励和吸引校外资源参与学校发展，让社区、家长、老外走进来，让教师、学生走出去，开阔国际视野，增进对不同国家不同文化的理解和体验，从而让学校更有胸怀、更具视野和包容。

目前，学校与中国教科院实行合作办学，挂牌成立中国教科院杭州胜蓝实验中学。接待美国莱蒙曼哈顿私立学校、北布罗沃德私立学校来访。成功组团赴英国开展"自然行走"游学夏令营，并与英国国王蒙克顿学校达成姐妹学校合作意向。外派教师到新加坡、英国、西班牙参加访学进修。"自然行走"被评为杭州市国际理解教育特色项目。

此外，积极推进社区家校"育人共同体"建设，与学校周边社区、单位等建立协助共建关系,召开社区共建单位恳谈会,听取对学校办学的建议和意见;健全家委会,逐步完善家长学堂、家长义工等机构,成立家长资源中心、家长社团。建立校长接待日制度,每学年开展两次校园家长开放日活动,把学校常态展现给家长,积极引导并创造条件让他们参与学校管理、课堂建设,让社区、家长成为学校发展的第三只眼睛和另一种力量。

方向对了,就不怕路远。走向教育国际化,是学校内涵发展的必然选择,也是我们学校和老师的使命与责任。要扎根中国的土壤办教育,重在理念、思想的借鉴融合、取长补短。我们会朝着这个方向继续努力!谢谢各位!

(教育国际化战略论坛,2017 年 2 月 28 日)

"三心"行动守护身心自然

　　"一二、一二、一二……"六位老师骑在"龙背"上，有节奏感地大喊着口号，盯准终点大步向前走着。这是杭州市大成实验学校为老师们特别举办的一场教工趣味运动会。

　　为助力"双减"政策落地，缓解教师的工作压力，学校实施"三心"关爱行动，多措并举，守护教师身心和谐。贴心的制度、暖心的服务、舒心的环境，这场教工趣味运动会就是"三心"行动的活动之一。

　　"上次轮到我晚自习，可是临时有急事不能参加，多亏学校给的'应急假'，让我安心地去处理自己的事情，真的很贴心。"毕业班教师周蓓蓓说。为帮助教师更好应对特殊情况，减少焦虑值，学校出台贴心制度，开启弹性上班新模式。课节错时、错峰编排，尽可能给教师上班以弹性时间。有晚自修的老师可以在第二天推迟上班，学校为每位老师设立的人文假制度已经实施多年。

　　"在'双减'背景下，确实，学校给予我们的关怀不断增加，让我们在繁杂的工作中也感受到了幸福。"过了集体生日的郭燕萍老师笑着说。据了解，学校为提高教师幸福指数，推出多项暖心服务，如每个季度会为教师举办集体生日，为有晚自修工作和晚托有困难的老师提供晚餐，以解决值班老师新常态下班时间带来的后顾之忧。学校还成立"教工俱乐部"，如此一来，紧张且忙碌的工作之余，教师可约上志同道合的好友打打球、跑跑步、跳跳操，放松心情的同时锻炼身体，储蓄能量。

　　"办公环境的改善真的太棒了，护眼设施能有效缓解我的视力疲劳，我很喜欢这个灯光和壁纸。"大队辅导员周雅欣感慨办公环境的升级。大成实验学校不断改善工作环境,提升舒心值,为老师打造幸福新空间。"学校这些年的环境变化还是很大的,特别是体育馆和运动场的翻新,提高了我运动的积极性呢!"傅喻芳老师为学校的改变点赞。

贴心的制度、暖心的服务、舒心的环境,学校的关爱行动让老师们倍感欣喜。"我们倡导做自然的教育,并非无所作为。学校一直追求形散神不散、有所为有所不为的管理艺术,高度关注老师们的健康指数、幸福指数和魅力指数的成长。'双减'之下,让老师们有尊严感、有归属感和安全感,过好自然、真实的教育生活,永远保持对教育那份信仰和美好,是我们学校的特殊使命。"李建飞校长说。

(原载于杭州网,余晓鸣,2021 年 11 月 30 日)

第七章　学生立场:唤醒内心自然生长的力量

XUESHENG LICHANG：HUANXING NEIXIN ZIRAN

SHENGZHANG DE LILIANG

坚持儿童立场、学生观点，放低身段，蹲下身子，与每个孩子对话，让校园真正成为每个生命自主呼吸、自信绽放、自然生长的栖息地。

疫情之下，我们该读懂什么

2020年的春天似乎来得特别慢，一场疫情打乱了我们的生活节奏。虽然身居家中，不在一线，但我们都不是局外人。眼前发生的许多事，超出了孩子们的经历和想象，在我看来，它就是一本鲜活而沉重的教科书，值得每个人用一辈子的时间去读懂它。那么疫情之下，我们该读懂些什么呢？

第一，读懂生命

很多年前，我曾经在一节自习课上在一个男孩的抽屉里翻到一本郭敬明的书，书名叫《悲伤逆流成河》。那天下午我把他"请"到办公室，让他谈读对这本书的感受，谈为什么要读这样悲伤的故事。他的一句话让我改变了对他的看法："老师，这世界上没有什么比生命更重要的了。"是啊，每个人的生命都来之不易。苏联作家奥斯特洛夫斯基在《钢铁是怎样炼成的》一书中写道："人最宝贵的是生命，生命属于人的只有一次。"我想说，不管一个人的身份如何、财富如何、成绩如何，他都只有一次生命，生命一去不复还。在这点上，生命对于每个人来说都是绝对公平的。

时代的一粒灰，落在个人头上，其实就是一座山。新冠病毒已让数千人失去宝贵的生命，数万人的生命受到威胁。目前，国内的疫情形势持续好转，但境外的形势却异常严峻，感染病毒的人数还在持续增加。全球正处在疫情的"至暗时刻"。我们不禁感慨，生命如此宝贵，却又如此脆弱。

我们要珍爱生命、尊重生命、呵护生命，因为这世上没有什么比生命更重要了。疫情当前,我们要学会科学防护,比如坚持有规律的作息,不熬夜,不沉迷电子游戏;坚持适量运动,劳逸结合;管控好情绪,合理调节学习节奏;注意卫生,勤洗手,勤通风;出门戴口罩、少串门;等等。我觉得让自己的免疫力强大起来,才是抵御病毒最好的药物。更为重要的是,我们要守住规矩,沉着应对,不慌乱,不抱怨,对自己负责,也对他人负责。

第二,读懂生活

什么是生活?生活的意义在哪里?这是疫情之下我们需要思考的另一个问题。最近,网络上两个梦想故事感动了无数人。河南南阳有个小男孩,学校要上网课,但他家里没有网络。为了蹭邻居家的网络进行学习,他每天搬个小凳子在自家的屋顶上课,这里成了他的"空中教室"。同样,在武昌方舱医院也有一间特别的教室,医护人员称之为"梦开始的教室"。它属于一名确诊为新冠的高三女孩小付。她一边坚持治疗,一边努力学习,为了梦想不轻言放弃。网友评价说,他们努力和专注的样子真美!

疫情之下,居家学习、居家锻炼、居家劳动成了孩子们假期的常态。其实,大家要面对的是一张难度不小的"生活考卷"。可以说,这个超长版的寒假最能考验孩子的自主品质和自律能力。是放纵,还是慎独?是混日子,还是抢时间?是走向优秀,还是自甘平庸?我相信每个孩子都已经做出自己的选择。在我看来,疫情会像大浪淘沙一样淘出那些品质和能力更好的人。

作家海明威说,生活总是让我们遍体鳞伤,但到后来,那些受伤的地方一定会变成我们最强壮的地方。我们要学会感恩,感恩生活给予我们的一切。纵然生活苦涩,也要怀揣希望,向下扎根,向阳生长,让生命不断增值、发光。

在这次抗疫行动中,既有钟南山院士那样的国士级专家,也有大批90后医护人员,更多的是奋战在疫区和后方的普通劳动者,他们舍生忘死、主动请缨、夜以继日、负重前行,用生命拯救着生命,用生命守护着生命,用生命温暖着生命。一位在浙大一院康复出院的新冠患者哽咽着向医护人员道别，"我看不到他们的脸，也不知道他们的名字，但看到他们的眼睛给我莫大的力量"。

作家罗曼·罗兰有句名言，世界上只有一种真正的英雄主义，那就是认清生活的真相后还依然热爱生活。我想，正是千千万万最美逆行者热爱生活的态度和勇气，撑起了整个武汉、整个湖北、整个中国寒冷的冬天，他们不愧是我们心中永远的英雄。

第三，读懂生存

最近，一段名叫《大自然母亲》的小视频在网络上走红，"在大自然中，未来是否还有人类的一席之地"的质问引起我们深思和忧虑。工业化时代以来，人类开始加速对大自然的索取，甚至大量捕食野生动物，打破了原本平衡、稳定的食物链，导致生态系统的失衡和地球环境的恶化。以色列历史学家尤瓦尔·赫拉利在《未来简史》一书中，把人类发展历程中始终面临的三大问题归结为瘟疫、战争和饥荒。就从2020年来看，澳大利亚山火、美国流感、东非蝗灾，包括这次新冠疫情，都给人类再次敲响警钟。

我们要学会自警自省，敬畏自然、敬畏地球、敬畏生命。人类只有遵循生存的法则，与大自然和谐共存，才能在地球上繁衍生息。也正是这样，2020年2月24日全国人大常委会审议通过了《关于全面禁止非法野生动物交易、革除滥食野生动物陋习、切实保障人民群众生命健康安全的决定》，行动之迅速，态度之鲜明，值得我们点赞。

"山川异域，风月同天。"在中国人的眼里，地球就是个"村"，我们是"人类命运共同体"。中国离不开世界，世界更离不开中国。面对新冠疫情，中国采取了比世卫组织更加严格的防控标准和措施，为全世界各国疫情防控争取了时间、积累了经验。疫情当前，我们还对巴基斯坦、伊朗、意大利等国家伸出援手，让世界看到了中国智慧、中国精神和中国力量，看到了中国特色社会主义强大的制度优势。

家是最小国，国是千万家。没有国，哪来的家？家庭的命运从来就同国家和民族的命运紧密相连。疫情之下，我们要以爱之名，守望相助，同舟共济，共克时艰！我们要倡导绿色环保，关注公共安全，在成长中体验责任和担当，在经历中厚植家国情怀和法治精神，共同守护好人类赖以生存的地球家园。

孩子们，一场疫情让我们明白，世界只有变化才是不变的，只有不确定才是确定的。我们要读懂生命的价值，读懂生活的意义，读懂生存的危机，在适应世界的变化和不确定中更好地改变世界。

磨难压不垮，奋起正当时。孩子们，等风雨过后，待春暖花开，愿归来，你已自然生长！

（在线上主题晨会的致辞，原载于《中国教师报》，2020 年 4 月 8 日）

塑造自然的品格

当冬日的脚步逐渐远去时,我们又一次踏着时间的节拍,迎来了一年一度的寒假,中华民族的传统佳节春节也日益临近。在此,我向孩子们致以最诚挚的节日祝福和问候!

过去的这个学期交织着梦想与快乐。回顾一学期快乐又紧张的学习生活,许多温馨、精彩的画面仿佛还在昨天。还记得开学典礼上那个铿锵有力的声音吗?还记得校名揭牌仪式上弥漫于校园的那种家园般喜庆氛围吗?还记得体育节开幕式上各班级展示的异国风情吗?还记得田径运动会上拼搏的身影和呐喊声吗?还记得艺术节中那青春的活力、美妙的歌声吗?还记得军训时一个个坚毅的眼神,一个个标准的军姿吗?还记得晨读时琅琅的书声,自主整理课上的安静,课堂中互帮互助,表彰会上的喜悦笑脸吗?还有教学月、英语周、足球课、大课间……所有这些美好的瞬间都已经定格在昨天,值得我们每一个人去珍藏、去回忆。

站在新的起点上,过去的这个学期更是收获了累累硕果。学校被确定为浙江省青少年校园足球特色试点学校,校男女学生足球队分获杭州市第五、第十名,科技、足球、陶艺各社团荣获区精品社团称号。孩子们参加区级以上各类比赛频频获奖,其中黄芯茹同学获浙江省射击比赛第三名,近90%的学生分获校博学奖、笃学奖、励学奖、敏学奖四大奖项,90多人次被评为校每月之星……

老师们在各级教育教学比赛取得优异成绩,8位老师获市级一等奖,4位老师获得市、区教坛新秀称号,70%以上的老师获得校年度最美老师、新锐教师、月度教学之星等荣誉称号。

所有这些沉甸甸的成绩来之不易，值得我们为之骄傲和自豪。这些成绩的背后，没有平时的刻苦努力、不懈修炼，我想一切都是不可能的事情。也正是这些荣耀为我们树立了身边的榜样，绘就学校越来越美的未来画卷，值得我们每一个人去好好点赞、好好效仿、好好分享。

唯自然，方大气；唯自主，方独立；唯自信，方从容。记得在开学典礼上我曾向孩子们提出要做一个崇尚自然的人，做一个学会自主的人，做一个走向自信的人。通过一个学期的努力，我相信大家离这个目标都更进一步了。

今天我还要告诉孩子们，崇尚自然，学会自主，走向自信，最重要的就是要塑造自然的品格。放眼未来，我们必须向三个方向努力。

第一，塑造自然人格。所谓自然人格就是指舒展、向上的人格，幸福、完整的人格。要敬畏生命，珍惜生命，提升心理承载吨位，学会对自己的行为负责。要敬畏自然，亲近自然，与大自然和谐共处，成就宽广的胸襟。要热爱生活，相信生活，为美好的未来生活而打好基础，努力成为内心和谐发展、幸福完整的人。

第二，塑造自然气质。所谓自然气质就是指舒展的身心、纯洁人格的外在表现。要通过多读书、多思考来积淀内涵、丰富内心世界。当前，最重要的是要利用好寒假，做好复习、作业、阅读、锻炼四件事情。坚持把每一天的事情做好，把每一件事情做好。通过礼仪、习惯的修炼和坚持，来提高精神境界，强健体魄，塑造真实的自我。

第三，塑造自然心境。所谓自然心境就是指与生俱来的真实、自然感受。要看得起自己，相信自己是独一无二、一定能行的。学会以诚待人，对别人关心体谅。学会欣赏同伴的长处，包容别人的短处。学会不回避挫折，不拒绝眼泪，坦然面对学习生活的起起伏伏，迎接学习、生活中的风雨和挑战，塑造美好的心灵。

著名诗人汪国真说，既然选择了远方，便只顾风雨兼程。希望孩子们在学习和生活中重塑自己自然人格、自然气质、自然心境，勇敢迎接新的挑战。祝愿孩子们都能拥有健康的体魄、舒展的身心、流动的个性、独立的精神和美好的心灵，过一个平安、快乐、有意义、有收获的假期！

（在休业式上的致辞，2016 年 1 月 27 日）

重建丰盈的精神世界

大家好！短暂的假期已经结束，我们共同迎来了一个值得期待的新学期。今天的校园，因为你们的返校，因为一年级小朋友的到来，显得格外生机盎然。秋风至，日渐凉，丰收的季节，也让我们满怀着无限的憧憬和希望！

这个夏天，我观看了纪录片《读书的力量》，从文字发展到中国文化经典对文明的影响，从读书对个人和家庭的影响到全民阅读倡议，从文明根脉到历史之轮，从精神底色到书写人生，不长不短的五集视频，让我再次感受到读书带给我们的力量！

中国的甲骨文，记载了3000多年前殷商王朝的辉煌与荣耀；蔡伦造纸术的伟大发明，极具划时代意义；印刷术，如雕版印刷、活字印刷，也随着文明演进，纷纷登上历史舞台。历史，因为有文明的存在得以精彩；文明的传承，因文字的存在而充满生机。

有了文字，便有了书籍。书籍的传播，使文明思想得以延续。中华文明五千年的历史，衍生出百家争鸣的一众大家。一部部巨著展示了诸子百家的思想，塑造了民族深层次的人文价值，影响着中华文明发展的脉络。

"唯书有华，秀于百卉。"书籍记载着历史，延续着文明，蕴含着人文精神。一本好书就像一位忠实而友善的朋友，一位善良而真诚的伙伴，一位学问渊博、诲人不倦的师长。从这个意义上讲，手执一本好书，就好像握住了整个世界。

今天，我们为什么要读书？读书，除了给予我们知识、素养，而且还给予我们力量。《站着上北大》一书的作者甘向伟，通过自学成人考试得以进入北大校园进行学习,在这之前,他本是一名北大的保安。或许正是因为环境给他造成的影响,读书给他带来冲破困难的力量。

林语堂曾说过一句话,读书的意义是使人虚心、通达、不孤陋、不偏执。在书中,我们可以感受庄子的超脱、陶渊明的隐逸、岳飞的壮怀、路遥的奋力,让书籍带给我们一片澄澈之心、平静之心、充沛之心、向上之心。可见,读书还可以净化我们的心灵,让我们的内心世界更辽阔,视野更宽广。

对于孩子们来说,我始终认为读书是改变命运、通往未来的希望之路。培养自主的习惯、自信的品质和美好的心灵,做幸福、完整的人,是我们大成实验学校的教育愿景。钱锺书先生说,如果不读书,行万里路,也只是个邮差。我们很难想象,如果今天我们不好好读书,不读好书,那么明天我们拿什么来选择生活,拿什么奉献社会,拿什么报效国家?

我们学校大力倡导全员阅读,师生共读,亲子伴读,并带动更多的人参与阅读,努力让校园、教室、家庭飘满书香。我们学校新成立的阅读推广中心,新设置的读书吧、读书角,以及即将成立的大成书院,旨在为全员阅读提供更好的平台。我们需要这样的读书氛围!

老师们,同学们,让我们一起读书吧,一起感受读书的力量!与书香为伴,与圣贤为友,与大师对话,在阅读中汲取能量,在阅读中改变自我,努力让阅读成为我们日常的生活方式,进而成为一种习惯。日积月累,坚持不懈,用薄薄的书页为自己重建一个丰盈的精神世界!

(在开学典礼上的致辞,原载于《教育之江》,2022 年 9 月 1 日)

爱国，我们的第一素养

今天是新学期正式上课的第一天。如果说秋天是一幅徐徐展开的画卷，那么我相信今天便是我们在胜蓝最美的开篇。如同每周晨会升旗仪式一样，当我们共同唱响国歌，当雄壮的旋律在校园响起，我们为生活在这样一个伟大的中国而感到无比骄傲和自豪。

此刻，我想起著名的"爱国三问"。南开大学张伯苓校长在1935年开学典礼上，曾经问了大学生们三个问题：你是中国人吗？你爱中国吗？你愿意中国好吗？虽然这件事情穿越时空八十多年了，但现在看来，仍然值得我们这一代人做出响亮的回答。

是的，我骄傲，我是中国人。我爱中国。我希望中国一天比一天好，并愿意为之奋斗终身。现实不是如此吗？当我们在电视画面上看到战火纷飞的叙利亚时，你会强烈感受到生活在和平的中国有多幸福；当我们在中美经贸摩擦事件中看到美国政客霸凌蛮横的种种表现时，你会强烈感受到一个强大的中国有多重要；当我们看到近期发生在香港的黑衣暴徒乱象时，你会强烈感受到作为中国人的香港年轻人回答好"爱国三问"是何等的迫切和重要。

今天，我们为什么要爱国？习近平总书记说，爱国是本分，也是职责，是心之所系、情之所归。在我们看来，家是最小的国，国是最大的家。爱国是中华民族一脉相承的民族精神的核心，更是当代每一个中国公民的第一素养。对于每一个中国人来说，爱国是刻在骨子里、流淌在血液里的、融进文化里的基因。热爱我们的国家，热爱这一片土地，热爱这里的一切，就是我们几千年来至高无上的荣耀。

今天,我们如何来爱国?爱国,从来不是一句华丽的口号,而是实实在在的行动。神舟飞船首任总设计师戚发轫院士说:"什么是爱国?每一个中国人把自己的工作干好就是爱国!"

的确,对于胜蓝的孩子们来说,我们的"工作"就是学会学习,学会做人,努力做自然、自主、自信的人。这是我们学校的培养目标,也是我们的努力方向。我想,一个自然、自主、自信的人,首要的前提是爱国的中国人。我们要从爱学校、爱社会、爱民族做起,尽到一个中国公民的应尽责任。我们要从爱家人、爱他人、爱自己做起,对自己的行为和选择负责,做最好的自己。

孩子们,数千年来,我们的民族、我们的国家虽历经外忧内患,却自强不息、绵延不绝,靠的是什么?靠的就是国人的"爱国"这个核心特质。今天我们谈爱国,其实就是谈责任、担当、使命,就是谈情怀、奋斗和忠诚。也许今日之中国,还存在很多不完美,但是我们依然爱她,就像爱自己的母亲一样。爱她,就要呵护她;爱她,就要建设她;爱她,就要发展她。

这一切,需要我们每一个人的共同努力、不懈奋斗,因为你所站立的这个地方,正是你的祖国。你怎么样,中国便怎么样;你是什么,中国便是什么;你有多优秀,中国便有多强大!爱国,是我们的第一素养!

不论是今天,还是明天,也不论我们身在何方,我们都可以大声地说:"我骄傲,我是中国人。我爱中国。我希望中国一天比一天好,并愿意为之奋斗终身!"

(在开学典礼上的致辞,原载于学习强国,2019 年 9 月 1 日)

用确定的努力应对不确定的未来

孩子们,年末突然吃紧的疫情,让我们匆匆告别校园,转为居家学习。这些日子里,不少孩子发烧、咳嗽了仍在学习,有的爸妈也"阳"了,还要照顾孩子们的起居生活,一线老师们默默坚守岗位,的确很不容易。今天,我们以隔屏再见的方式,回顾过往,意义特殊,既为本学期收官画上圆满的句号,也为来年"兔"飞猛进许下美好心愿。

过去的一年,对我们学校来说,既平凡而又不平凡。说它平凡,是因为校园生活自然真实,日复一日,周而复始。学校在奋进中创造了不俗的业绩,师生因努力收获了成长和美好。

这一年,孩子们表现很棒,德智体美劳齐头并进,各项荣誉纷至沓来,每一个孩子实现了在原有基础上的增值。老师们也没落下,青年教师迅速站稳讲台,骨干教师脱颖而出,一支生长型的教师团队正在形成。这一年,学校办学亮点纷呈,我们一起抗击了新冠疫情,见证了党的二十大召开,完成了省健康促进学校等四个创建,打出了"提质增效"的"组合拳",提升了质量,浓郁了文化,扩大了影响,得到社会各界和家长的点赞。

说它不平凡,是因为我们从容面对了一场与人类反复纠缠了近三年的疫情。它不仅仅给我们带来艰难起伏的生活经历,同时也给我们提供了一本值得一辈子研读的教科书。

一场疫情让我们懂得,唯有在困难中坚守,才有机会勇毅前行。我们要读懂生命的价值、生活的意义、生存的危机,在困境中学会坚强,体验亲情,懂得感恩,热爱生活,积蓄力量。一场疫情让我们明白,世界只有变化才是不变的,只有不确定才是确定的。我们要用确定的努力,提升适应新变化的能力和实力,从容、自信地应对人生路途上不确定的未来。

已经到来的寒假,就是一张难度不小的"生活考卷"。这次,我还是布置了三道大家都做过的"特别作业",即订计划、找优点、尽孝心。其实,订计划容易,难的是怎样天天落实;找优点容易,难的是怎样坚持把它变成习惯;尽孝心容易,难的是怎样让心灵打上美好的烙印。可以说,这是最能考验孩子们的时候了,我相信每个孩子都能拿出克难攻坚的信心和勇气,用实际行动做出全新的、响亮的回答。

我始终认为,读书、学习虽辛苦,但一定是通往未来的希望之路。不论我们来自哪里,天赋如何,条件怎么样,即便学业基础有些弱,甚至内心有些自卑,最后的最后,仍要选择一条普通人都要走的路。

重要的是,走好未来之路,天赋和条件并非决定因素,努力和实力才是硬道理。而每个人都有自己的成长周期,我们不必处处跟别人比,去在乎快慢、短缺什么,而要跟自己比,跟昨天比,每天都有进步。要明白自己的优点和长处在哪儿,进而努力把它变成习惯,让习惯成自然。所谓的快慢和短缺,其实并不影响我们对学习、对生活的炽热,我们依然可以满怀希望、追光发光,依然可以向下扎根、自然生长,最终成为自己喜欢的样子。

近期,身边熟悉的烟火气似乎渐渐回归,然而疫情还没有到宣告终结的时候。每一个人都是自己健康的第一责任人。你的健康、习惯,能让你受益终身;你的善良、淳朴,能让你更好地温暖别人;你的自主、自律,能让你更自然、自信地去适应未来、改变未来。

尽管这年关有些难,但再难的年,我们也要好好过。寒假里,除了订计划、找优点、尽孝心,我们还有好多美好的事可以做,写春联,剪纸花,读绘本,逛市井,搞研学……你所经历的每件事,都将赋予生命别样的意义。

后疫情时代,期待孩子们永远保持那份真热爱,尽情地玩耍,无限地创意,在浓浓的年味中,做回自然真实的自己。希望孩子们永远坚守那份上进心,像风一样,搏击长空,永不停息,努力让生命更自然、更丰盈、更幸福。

疫情散去,春暖花开,届时我和老师们一起在校园迎候大家的归来！祝愿孩子们过一个有滋、有味、有创意的假期！2023 年,我们一起努力,一起加油！

(在休业式上的致辞,2023 年 1 月 13 日)

与孩子们有一个春天的约定

孩子们,新学期好! 四季初始,岁月向荣。新学期伴随着兔年春天的美好画卷向我们徐徐展开。首先,请允许我代表学校祝贺荣获新一届校园十佳"美好少年"和提名奖的 18 位同学,以及 55 位"劳动小达人"。

今天,我们要做怎样的一个少年? 作为优秀代表,刚才受表彰的同学给我们做出了示范和榜样。其实,在座的还有很多的"美好少年"和各项目的"小达人"。"美好少年"的成长标准就是"五美五好",心灵美、习惯美、语言美、自主美、自信美,学习好、睡觉好、吃饭好、运动好、劳动好。

我们学校的教育愿景是"培植自主习惯、自信品质、美好心灵,做幸福完整的人"。所谓的幸福完整的人,并非十全十美的"完人",而是指全面而有个性的人。在校园首先要成为"美好少年"。在我看来,美好就是幸福,幸福就是美好。

一个人最幸福的事情,其实莫过于拥有三样东西:其一是自主的习惯,如文明、锻炼、学习、卫生习惯,因为它能促进独立人格和自由精神的形成;其二是自信的品质,如自信生活、自信交往、自信学习,能为未来的美好生活创造条件;其三是美好的心灵,身心健全是其标志,是我们享受成长快乐和生命精彩的前提。

可以说,自主习惯、自信品质、美好心灵是幸福完整的三块基石。而"五美五好",则是对幸福完整的最好诠释。

我们追求吃饭好、运动好、睡觉好,就是好好吃饭、好好运动、好好睡觉,讲规矩、守规矩。比如好好吃饭,做到文明就餐、不偏食、不浪费;好好运动,做到上好体育课,积极参加课外活动,养成锻炼习惯;好好睡觉,做到规律作息、不熬夜、不玩手机。吃饭好、运动好、睡觉好,使我们有一个健康的体魄,保证我们有充沛的精力。

我们追求心灵美,美在精神明亮,内心干净;美在热爱生活,珍爱生命;美在善良、淳朴,诚实守信,爱自己,爱父母,爱同学,爱社会,爱国家;美在勇毅坚持,勇敢面对挫折和困难的挑战。好习惯,坚持下来,就会沉淀为素养,可以让我们受益终身。语言是心灵的窗户,美的语言可以温暖别人,成就自己。学习好,就是读书好,好读书,读好书,读书学习促进人的精神成长,使我们更有内涵。劳动带给我们健康、快乐,也让我们体验生活的不易。心灵美,习惯美,语言美,学习好,劳动好,使我们有一个和谐、自然的内心和明亮、清澈的精神世界。

孩子们,我们所倡导的"五美五好"既是一个目标,也是一种理想。每个孩子都可以根据自己的实际,确定自己合适的目标,并朝这个方向不懈努力,从而无限接近这个目标,就可以使自己变得更好,成为最好的自己,进而努力成为幸福完整的人。

我希望大成实验学校的每一个孩子,身上都印记着"美好少年"的特质,即心灵美、习惯美、语言美、自主美、自信美,学习好、睡觉好、吃饭好、运动好、劳动好;拥有"幸福完整"的基因,即刻在心中的自主,写在脸上的自信,流淌在血液的美好心灵。这是我在 2023 年的春天,与各位同学的新学期约定。

孩子们,未来的气息已扑面而来,愿所有的美好如春天般如期而至! 愿孩子们在融融春光中自主呼吸、自信绽放、自然生长! 谢谢大家!

(在开学典礼上的致辞,原载于中国教育在线,2023 年 2 月 6 日)

附　录

附录 1　媒体聚焦

李建飞：办有"自然味"的好学校

《中国教师报》记者　白宏太　周书贤

绿树掩映的大成实验学校，藏在杭州的老居民区里。清晨，首先打破校园一夜宁静的，是各种鸟儿清脆婉转的叫声。

随即，距校园不远的铁道上，会有一列火车准时经过，有节奏的铁轨撞击声，让周围的市井生活渐次被唤醒。

当阳光洒进校园的时候，校长李建飞已经晨跑结束。孩子们陆续入校，有的大声向他问好，有的干脆跑上来抱着他。孩子们的欢声笑语让校园热闹起来，新一天的生活就这样开始了。

"我喜欢这样的生活节奏，学校教育就该有静有动，朴素而美好，让每一个孩子自然生长。"李建飞说。

静心做自然的教育，是李建飞从教 30 多年深刻的人生感悟，也是他在这所学校用心创造的教育图景。

好作业是给孩子的童年礼物

每年假期开学，在大成实验学校，孩子们都盼着自己的假期作业可以在校园里展示。

到底是什么作业,居然让孩子们如此期盼? 年轻教师张丹玲揭晓了答案:"每个假期,我们都会给孩子布置三道特殊假期作业:和父母一起制订一份假期计划、每人给自己找优点、做一件感动父母的事。"

对每一项作业,学校都有细致要求。以找优点为例,孩子们要和父母、同伴一起交流,至少找出自己的5项优点,同时还要每天坚持,把优点变成习惯。

可想而知,没有孩子会觉得这样的作业是负担。开学时,五彩缤纷的作业挂满了校园,有优秀的假期计划、励志的习惯养成故事、动人的亲子活动瞬间……让师生们看得津津有味。

这三道作业被称为"校长特别作业",是李建飞坚持多年的实践,看似简单却蕴藏深意。"目的是希望每个孩子变得自主、自信、自然,这三样东西做好了,我们的教育就成功了。"他说。

几年前,李建飞第一次走进大成实验学校,一年级孩子正满地嬉戏,听说他是新校长,孩子们围上来,抚着他的肚子说:"校长,你的肚子好大啊!"

小孩子的天真无邪,让李建飞的心一下子萌化了。多年来在中学从教的他,深感痛心的就是许多入学时灵动活泼的孩子,到毕业时变得目光呆滞、沉默寡言。"这是教育最大的遗憾!"李建飞说,"要摆脱浮躁与功利,我们需要一种朴素、宁静的育人环境,让教育回归自然。"

来到这所九年一贯制学校,面对处于教育起点的孩子,李建飞更坚定了办"自然的教育"的初心。正值国家"双减"政策落地,在他引导下,学校从减轻学生过重课业负担出发,展开了一场"大作业"变革的创新实践。

"这是我们对'作业'概念的重新定义。"李建飞解释说,"所谓大作业,就是把课外作业与课内学习统整起来,把作业减负与五育并举融合起来,彻底打破'校内减负、校外增负'的怪圈。"

以作业改革为核心,学校抓住备课、教研、规范等环节,从"量、质、形"三个维度优化作业设计,构建了"3+2+X"高质量的作业体系。教师们"跳进题海",设身处地地"精编精选",让学生作业少而精。作业的样子也变得可爱了，有口头型、口袋型、实践性，对个别优秀学生还推出了自主作业制度。

"我们的作业不是只关注孩子的分数或知识获得，而是真正让孩子成为一个具有较高综合素养的人。"张丹玲深有感触地说。

在张丹玲的班里，70%以上的孩子都是外来务工子弟，孩子们普遍缺乏自信，自主习惯较差，家长们忙于生计，很少关心孩子成长。

怎样改变这一状况呢？"大作业"改革给了张丹玲方法和灵感，除了特殊假期作业，她平时也经常给孩子们布置一些亲子作业：为家长做一顿早餐、亲子一起郊游或看展览、共同完成一项研学小报告。作业评价也丰富多样，或者朋友圈打卡，或者写一段小感悟，或者随机抽取小红包……

一年多时间，张丹玲惊喜地发现，孩子们慢慢地变得活泼自信了，亲子关系融洽了，班级凝聚力增强了。让她幸福的是，孩子们既懂得感恩父母，也更爱老师，过年时纷纷发来自制的拜年短视频。

作业改革犹如"四两拨千斤"，撬动整个学校的评价改革：绿色评价、多元评价、精准评价……

最开心的是一年级小朋友，他们的期末测试变成了有趣的项目化学习。为了迎接杭州亚运会的开始，学校设计了"喜迎亚运，争当虎将"活动项目，在游园闯关、争章的测评方式中，孩子们通过"美丽亚运我助力""亚运建筑我设计""亚运主人我争当"等环节，综合运用各学科知识来解决真实情境中的问题，最终的奖励是一块块特色奖牌。胜利闯关后的他们，一个个像亚运健儿一样扬眉吐气。

正如李建飞所言，要让作业改革成为给孩子最好的童年礼物。当作业成了孩子们成长的需要，教育也就自然散发出生命的气息。

当智慧课堂有了生命关怀

课程教学处副主任冯晓丽还记得，几年前李建飞刚来学校时，每天一到校就是夹起笔记本，往教室去听课。

"这个校长可真怪，人家都是'新官上任三把火'，他怎么闷声不响的，天天泡在课堂里。"冯晓丽想。的确,在许多人眼里,性格沉静、内敛的李建飞,是个有点"宅"的校长,他很少外出应酬,大部分时间就是待在学校,去课堂听课是他的日常。

对此,李建飞有他坚持的理由。"校长的生命力应该是在课堂上。"他说,"只有走进常态课堂,才能了解师生自然、真实的学习生态。"

那一个学期,李建飞听了将近100节课,全校所有老师的课他听了个遍,在课堂上认识了每一位教师,又在课后和他们一起交流研讨。正是在沉潜课堂的过程中,李建飞找到了教育的症结所在:"我们的课堂缺少对每个生命的尊重,少了一些顺应儿童天性、唤醒他们学习热情的力量。"

一个学期后,在大成实验学校,一场更核心的变革在课堂教学中发生了。

"同样让我敬佩的是,李校长的课堂变革不是'推倒重来',也不是'另起炉灶',而是从老师们的教学实际出发,为大家提供变革的'路线图'和'脚手架'。"冯晓丽说。

"真正的智慧课堂,应该关注生命成长,从重构教学关系开始。"李建飞认为。他立足于常态课堂的改进,带着老师们优化教学流程、课堂结构,从导学案、学习单、技术应用、课堂观察、小组评价等常规机制入手,编制出了"指向深度学习的智慧课堂2.0操作手册",以可借鉴、可操作的课堂实践范本,升级课堂教学"软件",促使老师们教学观念转变。

一开始,并不是所有老师都能接受这样的课堂新变化。李建飞也不着急,带着一批年轻教师从校本教研、课题研究入手。有的老师不知小课题为何物,李建飞就一个一个叫到办公室,手把手地进行指导,亲自帮他们修改课题研究方案。就这样,全校一下子像雨后春笋般冒出了二十多个小课题。

不用说,在这样的研究氛围下,年轻教师成了受益最大、成长最快的一群人。

"刚走上讲台时,我特别没自信,每节课都想着赶紧把课上完,但又觉得时间过得特别漫长。"教龄刚满两年的余晓鸣笑道。

迷茫中，"智慧课堂2.0"像一根救命稻草，让余晓鸣可以"按图索骥"一样设计教学。起初懵懵懂懂，只知道上课要有学习单，课堂分为课前预学、课中共学、课后延学三环节，要抓住目标、问题、活动、练习、技术、评价这六要素。这就是李建飞倡导的"一单三环六要素"课堂范式。

尽管刚开始不明所以，但余晓鸣惊喜地发现，课堂上，学生们渐渐跟她有了互动，越来越喜欢她的课。再后来，她不再纠结于什么教学环节或模式，而是自然融入学生的学习活动中。

"现在我跟学生之间真正是'相看两不厌'，我也非常享受这样的状态。"余晓鸣说。

就在学校为青年教师举行的"大成杯"教学比赛中，余晓鸣已经连续两年夺得第一名。而学校的"智慧课堂2.0"改革实践也在2022年获得杭州市教科研优秀课题成果一等奖。

这使得李建飞对教育家苏霍姆林斯基的一句话深有感触，那就是"一个有经验的校长，他所注意和关心的中心问题就是课堂教学"。

但同时，李建飞更为笃信的是苏霍姆林斯基的另一句名言——"校长对学校的领导，首先是教育思想的领导，其次才是行政的领导。"

学校开设了"大成讲坛"，为教师们搭建理念碰撞和思想交流的平台，李建飞带头登台演讲，随着学校发展不断地分享新的教育思考，提出新的教育主题，讲"为深度学习而教"，讲"可持续发展的提质之路"，讲"关注分数背后的兴趣习惯培养"……

在这理想性的教育言说中，许多重要的教育价值观像雪溶于水一样渗透到学校的肌理深处，让教育成为一种宁静而自然的存在。

"润泽教室"里生长"美好德育"

小Z是个行为不能自控的特殊孩子，课堂上大喊大叫，冲同学吐口水、做各种恶作剧，有的时候干脆躲在校园某个角落不出来。

这个孩子着实让师生们很烦恼。家长们甚至联名请求，希望学校不要接收他,但李建飞拒绝了,反过来一次次地做家长的工作。

于是,每周过问小 Z 的情况,成了李建飞必做的工作。他经常跟小 Z 爸妈沟通,询问孩子心理矫正的情况。他鼓励班主任,要把这个孩子当成教育资源。他抽空跟小 Z 聊天,尽管小 Z 总对他爱理不理。

终于有一天,李建飞在校园里行走,小 Z 远远地跑过来,大声向他问好。那一刻,李建飞无比激动,简直觉得这是一个美好的奇迹。也是从那天起,小 Z 身上有了越来越多的积极变化。

这件事让李建飞更加坚信,面对任何一个孩子,不管其存在心理还是品行的问题,教师都要给予足够耐心,允许他们慢慢成长。

教育,如何实现"自然而育",让学校变成孩子喜欢的地方?在大成实验学校,李建飞提出了创建"润泽教室"的班级管理理念。

"在我们班,每个学科都有 6 位科代表,每位科代表带领一个学科小组展开学科竞赛,这样无形中,每个学科教师都会有 6 个小助手。"青年班主任王思琪说。

通过这样看似简单的机制,班级管理既实现了"人人有事做,事事有人做",又让"全员育人"落在实处,每个学科教师经常性地跟 6 位小助手建立联系,负责引导他们的学习和日常行为。

"刚当班主任时,我生怕自己镇不住学生,心里一直琢磨着,怎样变成一个让学生惧怕的、有威严的教师。"王思琪笑道。但她很快发现,这个想法完全没必要。在"润泽教室"理念下,整个班级实现了"无为而治",各个学科小组形成了既竞争又合作的关系,一个孩子没做好,总会有孩子站出来帮助他。

慢慢地,王思琪感觉自己的教育也多了一些宽容与智慧。每天午睡时间,总有一些学生不爱睡觉,过去不管是批评还是强制,效果都不好。现在碰到这样的学生,王思琪就悄悄把他们叫到一旁,从班级图书角选几本喜欢的图书,师生一起静静阅读,享受温馨的午读时光。

"'润泽教室'让我们学会更多地关注孩子的精神成长,让教室有了润泽心灵的力量。"班主任曹云娟感慨地说。

在曹云娟班里,有一个调皮的男生小 A,是班级的"雨伞管理员",但他却经常闯祸,气得曹云娟一度想撤掉他的管理员称号。

让曹云娟意外的是,有一次作文课,她让大家写一位印象深刻的同学,许多学生的作文里都提到了小 A,一致的印象是"勤劳、默默无闻、敬业……"真是这样吗?曹云娟很惊讶,从此对小 A 多了一分关注。一个下雨天,她发现,小 A 早早地来到学校,不声不响地守在教室门口,给同学的雨伞套上塑料袋,摆放得整整齐齐。那一刻,她被深深地感动了。

因为多一分关注与发现,小 A 在曹云娟眼里变得可爱起来。"像这样的学生,他们可能永远不是最优秀的那一个,但他们的生命一样有美好的另一面。"曹云娟说。

与"润泽教室"相得益彰的,是学校倡导的"美好德育"评比活动,定期评选"美好少年",学生无论是学习、运动、劳动、吃饭、睡觉,任何一方面表现良好,都有可能得到被表彰的机会。

"教育就应该是这样一种自然的状态,校长心无旁骛地办学,教师自然而真实地育人,学生自然而有活力地生长。"李建飞憧憬地说。

给师生幸福完整的校园生活

6 月,又一批学生要从这个校园里毕业了,第二天他们就要踏进中考的考场了。

在大成实验学校的校园里,没有轰轰烈烈的考前誓师,也没有让人热血沸腾的励志标语,一切平静如初,像校园里平常的每一天一样。

但学生们仍然有意外的惊喜,老师们已经悄悄筹备了好几天。大课间的时候,学生们突然发现,一个红色的气球门已经在操场中央立起来了,校长和所有老师都奇迹般地换上了红色 T 恤。李建飞亲自领跑,带着九年级学生一起奔跑,最后在师生们的夹道欢呼下穿过气球门,寓意着踏入 16 岁成长门槛,也表达了即将升入新学段的祝福。

整个活动既简朴又不失热烈,在日常的大课间活动里加入一点小创造,让学生感觉有一点不一样。"就像我们小时候过生日一样,虽然只有妈妈煮的红皮鸡蛋,但一样会觉得很开心。"李建飞说。

即便如此,班主任周蓓蓓看到,当大课间活动结束,九年级学生转身走回教室时,一个个眼里都闪着光,没有考前的紧张情绪,而是显得从容而自信。

"校长一再跟我们说,教育就应该是自自然然的,做好我们每天该做的事,最后的结果自然差不了。"周蓓蓓说。这是学生初中生活的最后一天了,但李建飞强调,要让学生像平常每一天一样,在学校里安安静静地上好每一节课。老师们只是在班里给孩子们准备了杭州特产"定胜糕",算是有一点小小的仪式感。

在李建飞看来,就像自然界的四季变化、阴晴雨雪一样,学校生活也应有张有弛,过好每一个平常日子,同时用心迎接每一个节日。

"李校长来了以后,学校里的一大变化就是,不管是什么活动,都一样认真对待,就连每天的大课间活动,都要精心设计,加入各种体育项目和文化元素,还进行跑操评比。"青年教师刘晰晰说。

对此,教了一辈子体育的老教师郑华体会最深刻。作为体育教研组长,李建飞对他的要求就是,一定要让学校的社团活动丰富起来。

在这样一所外来务工子弟占一定比例的学校,怎么开展社团活动呢?郑华思来想去,找到了跳绳这个不需要投入太多资金的"平民项目"。自己没经验,他就从网上找来教学视频自学,又自费报了市里的跳绳培训班,他居然把学校的花样跳绳队给鼓捣出来了。

就这样,一根小小的跳绳,激活了大成实验学校的社团活动。学校的跳绳队也在各级各类比赛中屡获佳绩。

让郑华最激动的是,李建飞不止一次在全校说过,体育是学校里最重要的一门学科,也是他最重视的一门学科。有了校长的鼓励,老师们干得更有劲儿了,各项社团活动、课程项目也逐渐在校园里扎下了根。

如今,在大成实验学校,Steam 工坊、智能小汽车、中华武术、篮球、足球、合唱、绘画……由六大模块五十多个课程组成的"大成课程"也变得越来越多样、越丰富了。润泽课程营、体育节、艺术节、读书节、健康节、成长节、感恩节……"八大校园礼""十大校园节"让师生们的校园生活变得有声有色。

一个意外收获就是,过去不太关注孩子成长的家长,也开始越来越多地参与到学校生活中,家长学堂、家长沙龙、家长开放日、家长志愿者……随着家校活动越来越丰富,学校的家长节也应运而生。就在前不久,学校"新家校联盟"项目刚刚入选区优秀德育品牌。

一切自然如水,又偶尔激起美妙的小浪花,这就是李建飞期待中的理想教育境界。

作为校长,如今的他更像一个美的欣赏者、发现者、传播者,他每天游走在校园各处,看到师生们美好的一面,拿出手机信手一拍,珍藏起来,有时还把照片或视频发到学校工作群里,既是正能量的传播,又是一种无声的激励与引导。

"这些年来,我只做了一件事,就是静心做自然的教育。"李建飞说,"校长的使命,就是为每一个生命创设自然的教育生态,让他们成为一个个幸福、完整的人。"

(原载于《中国教师报》,2022 年 11 月 30 日)

对话校长李建飞:正视现实　忠于理想　为学生而教育

中国教育在线记者　赵洪河

记者:李校长您好,感谢参加我们今天的微访谈节目,您之前主要是在温州任教,在多所学校担任校长,也在当地教育局从事过工作,现在来到杭州胜蓝实验中学担任校长。听说您有多次机会,能留在教育局工作,但最终依旧选择回到学校,在前沿岗位上从事教育事业,其中有些什么原因吗?

李建飞：这个还是要从自己的教育经历说起，那年走上三尺讲台后的一个朴素想法，就是把课上好，不让一个学生掉队，做一位学生喜欢的老师。1999年做了校长以后，我的心里一直怀揣着一个梦想，用心办一所能听得见思想声音、看得见精神高度、感受得到文化温度的有影响力的学校。之前我也在教育局工作了一段时间，但在教育局工作和在学校工作最大的一个区别是，在教育局里，离学生们会比较远，缺少了教育现场的氛围。我还是喜欢待在学校里，能够看着学生在自己身边成长，内心充实、满足，这也是我一直所追求的。也算听从自己的内心召唤吧，并一步一步地努力做一个自觉、清醒的校长，一个懂教师、懂学生、受师生喜欢的校长。

　　记者：追随自己的教育理想，所以李校长来到了杭州。您刚才在谈学生成长的时候，特意提到了"自然"这两个字，这两个字有什么含义呢？

　　李建飞：说起这两个字，我就得先谈谈这段时间在胜蓝中学的经历。从8月份来到学校，我一直在关注我们学生的学习生活情况，学校学生中普遍存在的问题，我简单概括就是：有压抑感，活力不足；依赖性大，主动不足；自卑感强，自信不足。

　　可以感觉到孩子们的学习压力大，有些拘谨，我看到一个孩子每到考试就会在学校大喊大叫，内心就会心疼；还有大部分孩子学习不主动，老师布置的作业可能会去做，但老师不说就肯定不会主动去完成；在几次听课中，孩子上课回答问题，即使答案是正确的，但回答的声音非常轻，能明显感觉到孩子对自己的不自信。这可能在一定程度上与过去的生源构成有关，但我个人认为主要还是跟我们现有或者说长期以来的教育理念、教学模式、师生关系及学校的追求有关。

　　记者：背负的压力一旦过度，有时候反而成了阻碍孩子成长的绊脚石。

　　李建飞：是的，我们认为学习要有适度的压力，这种度一方面取决于家长是否理性，另一方面是建立在学校能否创设一个适合孩子自然生长、可持续发展的教育生态基础之上。所以对于我们学校学生的发展，我就提出了六个字的教育愿景，即自然、自主、自信。其中"自然"两个字我觉得是最重要的,因为"自主""自信"最终也是为形成自然的人格服务的。当然这里的"自然"不是指"大自然"的自然,也不是说放任放养的自然,更多的是指孩子与生俱来的天性,如自然的身心、气质、心境,以及学校教育的润物无声、自然而然、无为无不为。

著名的教育学家叶圣陶说过,教育是农业而不是工业,说的是教育就像农业一样,需要一个缓慢的发展过程,需要很长的一段周期,而不能像工业一样批量生产、迅速出炉。农业有自己的规律和季节,是不能被随意打乱的。如果为了追求速度而"拔苗助长",那么不但会破坏它的生长周期,影响果实的成熟,甚至到最后可能颗粒无收。

而教育也同样如此,所以我认为,真正的学校教育,就应该像一日三餐,平淡无奇,自然而然地发生,学生自然而有活力地学习,教师自然而真实地工作,环境自然而安全地存在。从这个意义上说,真正的学校教育,我觉得要遵循学生自然成长法则,呵护孩子的童心、好奇心和创造力,更多的是一种尊重而不是压制,是唤醒而不是灌输,是欣赏而不是挑剔,是信任而不是包办,是适性等待而不是拔苗助长。我希望我们学校老师能够牢记"以教育为信仰,为学生而教育"这两句话,它是我们提炼的学校核心价值。

记者:发现李校长在谈教育的时候,总是三句话不离学生,"为学生而教育",您能具体跟我们谈谈您是怎么朝这个方向努力的吗?

李建飞:"为学生"是我们办学的终极价值。"为学生而教育",即坚持以儿童为本位,为每个学生的可持续发展和幸福生活而教育,为每个学生的自然人格、自主能力、自信品质而教育。

我先举一个例子,早一个月前学校开展了教师节庆祝活动,我们这次教师节活动主题是最美教师评选,孩子们用自己的关键词来形容自己最喜欢的老师,比如认真、负责、阳光等词。

这个活动有两层意思,一是强化民主和谐的师生关系,增强教师和学生之间的情感交流。而另一个方面,每个阶段、每个时代的孩子,都会有不一样的性格特色和喜好,所以我们收集并统计了所有关键词,阳光、善良、幽默、认真负责出现频率最高。这些关键词，让管理者得到了一定的启发，所以我们提出"性情平和、专业拔萃、尽职负责"的教师努力目标。同时，让老师们也得到了一定的启迪，"教育"不仅是课堂上的教与学的互动，而更是一种师生共同成就的生活。一个懂得如何亲近学生、了解学生，受学生喜爱的老师，他的课堂也更容易出彩、更容易成功。

一切才刚刚开始，接下去还有很多工作要做，有很长的路要走。我们的办学定位是"创建一所让孩子喜欢、自豪、怀念的好学校"。换言之，我们的管理、课程、课堂、课外、育人、环境都要围绕"学生"做文章，围绕"自然、自主、自信"三大核心素养下功夫。

我们要建立多元的学生评价体系，无论是学科成绩优异的，还是足球踢得棒的，或者其他地方做得好的，我们都要赏识鼓励，让每一个孩子在学校有存在感和自豪感。要改变课堂教学模式、修复课堂学习生态、提高课堂学习品质，让学生自然、自主、自信地学习，不仅学会，而且会学，还要学得有意思。

要重建自然真实的校园文化，凝聚精神文化，传承优秀文化，优化环境文化，建设活动文化，创造更多的教育故事，如打造百果园、种植园、文化石等自然人文景观，设立学生喜欢的足球节、阅读节、数学节等文化节日。要精心构建优质、可供选择的"课程超市"，如建设陶艺、射击、民乐、车模等拓展课程，为学生个性成长搭建平台。

总的来说，我们学校的工作重心要整体下移，要走进班级、走进课堂、走进每一个孩子的内心世界。要努力把学校办得更加富有书香味、文化味、自然味，使之真正成为滋养学生精神、提升精神力量的场所，成为学生一生情感的美好记忆和心底永远的怀念。

记者：简单来说，所有的努力，是希望每一个孩子都能够按照他自己向往的方向，不受压抑地、自然而健康地成长。但是很多家长可能还是会特别关心学校学科成绩、教学质量的问题，对于这点您是怎么看的？

李建飞："好学校"必须要有好的教育质量，这是毋庸置疑的。家长希望学校有好的升学率、期盼孩子有好的成绩也无可厚非。我觉得，关键还要看这样的质量背后是不是"绿色"的。"绿色"表现在以下四个方面：

一是健康的，而不是破坏性、掠夺性的，不是以牺牲学生身心健康成长和生命质量为代价的。二是全面的，不仅仅是指分数和升学率，而且还涵盖了学生的全面素养、学业成就及其赖以形成的学校教育服务质量，如学生学业水平、学习动力、学业负担、身心健康指数等。三是效能的。我们的德育要回归生活，注重体验，强调浸润，淡化灌输；课堂要倡导教学效能和学习效能，反对拼时间、拼体力。学习要有效率，不仅学会，而且会学。四是可持续的。可持续的质量最终应体现在学生内心深处，体现在人格的成长、精神的高度及能力的改变上。

我希望通过我们一起努力，既正视现实，又忠于理想，尤其要多些理性下的执着，少些眼前的急功近利，把学校办得更像"学校"，老师更像"老师"，学生更像"学生"，让学校整体实力有一个大的提升，那么，我们最终一定可以赢得一个理想的教育质量。

记者：感谢李校长参加我们这期校长微访谈节目，在节目最后，您有没有什么话想对家长和孩子们说？

李建飞：每个孩子都是一粒独特的种子，都有各自的生长周期，有它拔苗结粒、开花结果的自然规律。作为家长，重要的是学会耐心和合理的期待，给孩子在每个生命阶段适宜地施肥，精心地浇灌，让其灿烂绽放、自然生长，而不是过度"培养"，甚至拔苗助长。

没有必要处处与他人相比拿第一，样样要出人头地。定好该有的规矩，给孩子足够自由的时间和空间，让孩子在规矩内天马行空、无拘无束，并对自己的行为和选择负责。如果孩子努力过了，做一个在路边为别人鼓掌的幸福的普通人，其实也挺好。

当然，这同样是学校的责任，学校要做适合每个孩子可持续发展的教育。我觉得，当学业和分数的光环渐渐淡去，留给孩子未来生活的，其实还有更重要的东西，如体魄、习惯、品质和能力。退一步说，即便孩子的学业成绩有些差，如果积蓄好自然、自主、自信的素养，拥有良好的体魄、习惯和能力,我相信他们的未来一定不会差。

所以,一个好的家庭教育和一个好的学校教育最终都要指向促进孩子独立人格、自由思想、自主个性的形成,让孩子喜欢学习,热爱生活,适应社会。

我也想对孩子们说,每个生命都是有价值的。你要学会玩耍、坚毅、有信念,在生命的每一天,都要展现自己,做快乐的自己、积极进取的自己、最好的自己;当你超越了你想象中的自己,当你拥有了自然、自主、自信的品质,你人生的所有梦想都将可能变得触手可及,你就是人生的赢家!

(原载于中国教育在线,2015 年 10 月 19 日)

好作业是老师为学生精心准备的礼物

《每日商报》记者　徐敏玥

十年前,李建飞校长还在温州任教,当时他已经在进行有效作业的探索实践。这些年来,他从未停止过与作业相关的课题研究,因此对作业有深刻的认识和实践。

跳出作业看作业

李校长认为,造成孩子们作业负担重有两方面的关键因素。一方面是老师布置的重复性、机械性作业过多,作业不适合孩子的学习能力,这是作业设计的问题;另一方面是孩子的学习习惯差、课堂学习效能低下,这是教学效能的问题。因此,要跳出作业看作业,走出头痛医头、脚痛医脚的怪圈。

对于减轻过重的作业负担,既要做好"减量题",还更要做好"提质题",提升课外作业设计的质量。同时,要从"大作业"的视野,着眼一个完整的学习链条,创新打通课内外作业的通道,让作业服务有效的教与学;立足教学常规链,提升备课、上课、作业、辅导、考试的整体有效性。

作业是什么

在过去的传统观念里,作业是课后的巩固练习。但在李校长看来,作业是学生进行的一切有意义的学习任务或活动。

大成实验学校的课堂改革里提出了"大作业"概念,把作业分成课内跟课外两部分。课内作业又可以分为课前、课中、课后。课前作业叫作预习作业,课中作业称之为围绕问题进行的任务型作业,课后作业就是传统观念中的狭义作业,起到诊断和巩固的作用。

家长们常说的作业是指课外作业,在大成实验学校也包括了三类:一类是老师布置的学科作业;第二类是自主作业;第三类是个性化作业。对于学科作业,引导老师跳进题海,强化精编精选、先做分层、全批纠错,大力倡导校本化分层作业。

李校长介绍说:"所谓自主作业,就是作业做哪些,做不做,由学生自己说了算。学科成绩比较拔尖或者自律性较强的学生,可以向任课老师申请自主作业。学生提交申请后在班级里进行公开表决,再由老师确认是否通过。申请对象可以进行动态调整,根据学生学习情况一学期调整一次。"

个性化作业,突出作业设计的个性特色,包括个别化作业、寒暑假作业、实践性作业等等。如针对个别学生,在学校还有个别称叫"口袋作业"。李校长说:"口袋作业就像随身携带的糖果,有空了就拿出来给几颗。"

"我每年都会给孩子们布置三个特别作业,这项工作已经持续了七八年了。第一个作业是订计划,培养孩子自主学习能力。第二个作业是找优点,鼓励每个孩子找到自己的长处和优势,培养自信心。第三个作业是尽孝心,培养孩子的家国情怀和美好心灵。"除了课内和课外作业之外,李校长还会在假期亲自给学生们布置"特别作业"。

好作业怎么来

对于作业减负,其实是要去粗存精。李校长认为,适合每个孩子的作业就是好作业。好作业是老师为学生精心准备的礼物。

他提出，老师在设计作业时要考虑到这几点。一是有效性，注重针对性、人文性、开放性和实践性，凸显出作业的生活化，设计有意思、有意义的作业，激发学生对生活的思考。二是差异性，充分考虑到每个学生的学习进度，把作业放在学生的最近发展区，高于现有水平，但经过努力又能够达成，满足不同学生的需求。三是多维性，除了巩固知识，还要让孩子们通过作业感知学习的过程和方法，以及情感、态度和价值观。这样的作业，才能引导学生自主学习，引发学生的高阶思维，从知识本位转变为素养本位。

老师要设计出好作业，就要从备课开始"备作业"。为了提高教师对作业设计的重视程度，大成实验学校出台了一个教学新常规，其中第一条就是要求精准备课。李校长表示，备课的底线是要守住良心，备好良心课。课比天大，不备好课不上讲台，这是对老师的基本要求。备课要从"备作业"开始。

"减负"要有减也有加

对于作业减负，李校长认为应该以平常心、常态化的态度来理性看待。

他说道："无论是作业的数量还是难易，都要适度。过度的、过重的作业负担必须减下来。但是负担也不是越轻越好。适度合理的学习负担和压力是孩子们提升学习效能，开发智力、激发潜力、锻炼能力的必要条件。这一点需要学校、老师、家长共同把握。"

近年来，杭州市大成实验学校坚持以学生的学习为中心，致力于"作业减负"的标本兼治、综合施策，倡导以"大作业"的视野开展常态课堂的改进行动和有效作业研修，引导老师关注学生学习链条和教学常规链条的整体性和有效性，关注作业背后孩子的学习兴趣、习惯和思维培养，打出了一套"提质增效"的"组合拳"，努力让作业成为老师精心准备送给学生的精美礼物。

（原载于《每日商报》，2021年11月3日）

附录2 思想访谈

李建飞：静心做自然的教育

三年前,带着组织的重托,我来到了杭州市大成实验学校。这是一所有影响力的九年一贯制公办优质学校。它的前身是百年名校、省一级重点中学杭州四中分校。来了之后,我一直在琢磨三个问题:作为校长,我要在原有的基础上把学校带向何方? 把老师引到什么道上? 把学生培养成什么样的人?

开学伊始,正值学校制订新一轮发展规划,我们以此为契机,发动全校上下群策群力,建言献策,集思广益。其间,我们一项很重要的工作,就是从传承创新的视角,承前启后,继往开来,梳理学校办学历史,提炼各阶段办学的内涵。在此基础上,我们确立了新一轮学校发展的使命愿景、价值追求和实践路径。

在探索实践中,我们明晰了"一主张、二愿景、三维度、四策略、五措施"的办学思路,形成了"静心做自然的教育"的办学思想,从而实现了从"生态大成""善小大成""美丽大成"到"自然大成"的迭代升级,保证了学校的文化传承和发展方向。

所谓"一主张",即"静心做自然的教育"。它是我们的办学思想,也是我的核心教育主张。

我始终认为,办学校、做教育最重要的是两点:一是回归静心。所谓"心安神静,静能生慧"。教育是慢的艺术,更多的像农业而不是工业。农耕有自己的节奏和规律,欲速则不达,故不如放慢我们的脚步,静下心来做教育。一个静气的校长,一批静心的教师,一间安静的教室,一个宁静的校园,一定是孩子们幸福的源泉。

二是回归自然。自然是什么呢？西方人眼中的自然,泛指大自然。在中国文人眼中,是回归生命的本然。老子所说的自然就是"道"。在我看来,自然就是真实、朴素、美好,是生命的本色。理想的学校教育应是一种自然的生命状态。环境自然而安全地存在,校长心无旁骛地办学,教师自然而真实地育人,学生自然而有活力地生长。

我把这样的一种理想的学校教育,称为"自然的教育",准确地说是"自然而然的教育"。其核心要义有四条:呵护孩子与生俱来的自然天性;尊重孩子自然禀赋的差异;遵循孩子成长的自然法则;追求自然的教育境界。

我认为,一所好学校重要的标志,不是看它有多少豪华的教学楼,或者多少时髦的标语口号,更重要的是要看其办学行为背后蕴含的思想、理念、文化、精神等价值层面所彰显的高度。

从这个意义上讲,"静心做自然的教育",就是统领学校发展的思想之灵魂。在这一办学思想的引领下,我们逐步建构了从理念、使命、愿景到文化、策略、措施的个性化办学思想和实践体系。

我们的办学理念是"为了每个生命的自然生长和幸福成长"。"培植自主习惯、自信品质、美好心灵,做幸福完整的人"是我们的教育愿景。对此,我是这么理解的:

其一,教育的主体是鲜活的生命。每个生命其实都是一颗独一无二的种子,未来都有无限的生长可能。关注每一个,成全每一个,发展每一个,幸福每一个,是学校教育的应有责任。

其二,生长意味着蓬勃的生命力。生长的进程是自然的、渐进的、充满力量的。生命从来就没有轻而易举地生长。自然生长,不是放任放纵,而是竭尽全力之后的自然而然。幸福成长也不是坐享其成,而是栉风沐雨后的丰盈蓬勃。

其三,教育终极目的指向幸福完整。幸福是一种能力,完整不等于完美,更多的是指人格的完整。而自主习惯、自信品质和美好心灵,是幸福完整的基石。我们认为,成长比成绩重要,幸福比成功重要。

所以,在我看来,教育就是为了让每个生命自然生长和幸福成长。学校的特殊使命是什么? 就是创设适合每个生命自然生长和幸福成长的教育,让孩子成人、成全、成才,不断把自己锻造成更好的自己,努力成为一个幸福、完整的人。

"二愿景"中的另外一个指办学愿景,即发展目标。我校的办学愿景是"办一所追求生命自然生长和幸福成长的新优质学校"。

确定这个办学目标,很重要的背景是针对当下浮躁、功利的育人生态和我校特殊的校情学情。从我校来讲,我们的生源除了辖区生,一大部分是新杭州人子女,以及区教育局调配的学生。

所以,我们提出的新优质学校,主要"新"在两点:

其一,我们的办学,要坚持儿童立场、学生中心,着眼学生未来的可持续发展,追求每个生命的自然生长和幸福成长。强调"四个不",即不迎合功利;不挑选生源;不集聚资源;不苛求排名,不让孩子掉队。要超越功利,正确看待学生差异和校际竞争,毕竟办学的终极目标不是排名榜。

其二,我们的"提质",要走指向学生可持续发展之路。我们要的质量,是全面的,涵盖学生的全面素养,不仅仅是指分数和升学率;是健康、理性的,不是破坏性、掠夺性,以牺牲孩子的生命健康为代价的;是效能的,反对低效的拼时间、拼体力;是可持续的,最终体现在学生内心深处,体现在人格的成长及精神的高度、能力的增量上。

说到底,我们的办学理想,其实就是办有"自然味""幸福味"的好学校,让校园充满自然的生命气息,洋溢着幸福的生活味道。希望校园多些自自然然、自然而然的幸福场景,多些呵护自然天性、滋养精神成长的教育故事,少些浮躁喧嚣、急功近利,少些过度施肥、拔苗助长,让学校教育更纯粹、自然、真实,让学校更像学校,老师更像老师,学生更像学生。

我们的朴素愿望,就是希望学校守住教育良心,守住教育常识,过好平常的校园生活,尽可能做到不折腾,不盲从,用心营造让师生安静学习生活的氛围。基于儿童的需要,多做符合孩子天性,符合生命自然法则,符合教育规律的事情。希望九年启迪一生、九年影响一生,带给孩子们一辈子享用的核心素养,让每个孩子的成长有更大的增值。

当然,学校有个性化的办学思想仅是好学校成长的第一步,更重要的是要让思想连同愿景在实践中落地、见效,不成为"空中楼阁"。这就迫切需要从思想到实践,再到成效的环环相扣、层层推进,从而构建起良性的办学循环。

学校从思想、实践、保障"三维度"出发,通过价值引领、内涵发展、智慧管理、开放办学"四策略"和治理优化、课程重构、课堂改进、育人创新、文化重塑"五措施"的路径探索,系统整体构建了"静心做自然的教育"的办学体系,努力创设适合每个生命自然生长和幸福成长的教育,呈现了朝气蓬勃、亮点纷呈的办学样态和自然、真实、美好的教育图景,实现了学校在新起点上的新跨越,赢得了学生的喜欢、家长的满意和社会的赞誉。

(名校长思想访谈,2023 年 3 月 8 日)

附录 3　制度举隅

"一单三环六要素":指向深度学习的
智慧课堂 2.0 改进行动

（操作手册）

教师教学新常规

为全力推进常态课堂改进行动,探索指向深度学习的智慧课堂 2.0,构建备课、上课、作业、考试、辅导五环节"有效教学链",落实《学生自主学习习惯八条》和"习惯、兴趣、思维"学科育人六字要求,促进深度学习在课堂自然、真实发生。在原有学校制度的基础上,特制定我校教师教学新常规。

一、备课

常规底线:守住良心,不备好课不上讲台。

1.倡导提前备课

重塑"按课标教、用教材教""教是为了不教"的思想。要用心研究课程标准、研究学科教材、研究学生情况,植入导学思维、精准思维、大数据思维,提前做好教学计划和教学设计。提前熟悉整个单元乃至整册教材,始终提前备足两周及以上的教案。对于学情要了然于心。

重视课前技能训练。要提前做好白板、学习单、资料、课件等教学辅助器材的准备,课堂实验课前须完整操作一遍,对授课内容、课件操作、技术运用要胸有成竹、烂熟于心,达到脱稿上课要求,努力把课堂关注点从导学案的预设转向动态生成。

2.强化精准备课

按照智慧课堂2.0版导学案、学习单模板,结合学科特点和教学实际,重点设计好每一节课的学习单(导学案)。可以将导学案与学习单两者的设计、使用合二为一,以学习单为主,灵活选择使用。

扎实落实"一单三环六要素"的要求,备好课内"三个作业"(课前预习型作业、课中任务型作业、课后诊断性作业)和"课外三个作业"(预习、复习、学科分层作业),做到"六个精备",缺一不可。

精备目标。设计好课前预习型作业(预习提纲或预习任务),要求有内容、有要求、切合班情。在阶段总体教学目标、单元(章)整体教学目标的引领下,了解学生学习起点,精准定位课时教学目标,做到每节课的课型清晰、三维目标具体、教学重难点准确。指向核心素养。倡导学习任务的"逆向设计",体现核心内容、素养导向和学科思想,落实必备品格和关键能力。

精备问题。精准解读教材文本,遵循"少而精"的原则,围绕教学重点、难点,设计有意义、能引发学生积极思维的挑战性关键问题(2—3个),并转化为驱动性任务(课中任务型作业)。问题和任务要具体、规范、严密。适度增加开放性问题,让课堂教学有适当的深度、广度和思维含量。

精备活动。精准设置学习活动,将学生"卷入"挑战性的问题、驱动性的任务之中,融入自学、预学、共学、交流、展示、操作等方式,让学科知识与学生学习关联起来。让学生有参与思考的时间,使教学问题或任务活动化、情境化、生活化。

精备练习。精准编制课后诊断型作业,除课前的预习引导性练习、课中操练性练习,还有课末诊断提升性练习,有效减少学生课后作业量。例题、练习要有代表性、示范性,指向学生的高阶思维。重视课末检测过关练习,要紧扣教学目标,对准教学重难点,有层次、有变式、有拓展,要求在导学案上注明与哪些教学目标相匹配。基础题保证基础知识人人过关,基础运用人人掌握。提高题要让尖子生"吃得饱""吃得好"。

精备资源。一是精心设计"学习单",真正把导学案变为指导学习的学案,为学生提供学习支架。二是精心准备课件、白板、软件、微视频等技术素材,选准三环节的智能应用场景,利用大数据、技术工具为常态课堂精准教学赋能。

精备评价。精心设计好每个单元、每个课时的学习评价目标、评价标准、评价任务、评价资源、评价工具和评价实施过程,与学习活动一体化设计,聚焦教学评一致性。关注学习性评价、学习的评价和学习式评价的设计,重视评价主体多元和评价方式的多样化。

3. 参与集体备课

在个人自主备课基础上,积极参与备课组集体备课,做到"分工明确、个人加减、多轮打磨、资源共享"。第一轮:根据分工,认真完成相应的任务;第二轮:备课组集体解读,整体把握,相互探讨,修缮改进;第三轮:根据个人实际,进行加减、再加工,并在课后及时反思、记录改进。在集体备课的过程中,既要互通有无,又要不断优化,体现个人风格。倡导"多次加工",反对"拿来主义"。

4. 落实备课管理

倡导自觉、自主的专业精神和多样的备课呈现方式。主要采取随堂听课抽查和备课本检查的方式。随堂听课重点关注"一单三环六要素"。备课本检查重点关注"六个精备"和"二次备课"。

对导学案分类提出具体要求,五年及五年以下教龄教师必须按教案模板手写详案;五年以上教龄教师的教案可以电子稿和手写稿相结合,并需附教学 PPT、"学习单"等材料,做到一课一案、备教一致。倡导"学习单"的使用,由老师根据实际需要自主决定。

根据课堂教学和质量目标的达成情况,备课本(导学案、学习单)检查逐步实行免检、抽检、必检的动态管理,定期在校内展示、交流、学习。

二、上课

常规底线:以课为天,上好每一节常态课。

1. 课前:做好检查和定标

提前规范组织教学。做好心理调适,微笑面对学生,提前三分钟走入教室候课。完成候课三件事:打开电子白板;检查学生课前准备、出勤、预习情况;做好起立与坐下的礼仪环节,等学生站规矩、达到标准,方可还礼、喊坐下。可以根据年龄、学科特点,设置 3 分钟活动。

检查学生预习任务。提示学生尽快进入学习状态。检查预习提纲或课前预习任务的完成情况,了解学情,并对学生的预习进行及时反馈。

适时调整教学目标。根据学生的预习情况,做到精准设定本节课的学习目标,并能根据学情所需,合理调整教学重难点,合理设置教学环节。

2. 课中:做好导学与助学

用好用足"学习单",并做好以下要素的组织:

问题导学。以关键问题或学习任务为起点组织教学。通过问题引领、任务驱动统领教学,唤醒学生的好奇心和学习愿望,引导学生在经历问题解决中走向真实的学习过程。

活动导学。教师要精讲少讲,适时点拨指导,组织有意义的学习活动。选择恰当的教学策略,如分层教学、小组合作、实验操作、自主学习等,引导学生多动多学,在高阶思维中促进深度学习的真实发生。

练习导学。注重讲练结合,恰当运用好随堂练习,包括课前的预习引导性练习、课中操练性练习和课末巩固提升性练习,并及时掌握学生达成情况。

技术助学。利用技术赋能教学,用足用好 seewo 平台,选择合适的 App和软件,探索精准教学的有效路径,打造课前、课中、课后的教学闭环系统。

评价助学。对各小组表现及时反馈评价,做到展评合一。适时适度做好表扬、肯定等激励评价,引导学生养成专注倾听、抬头听课、动手笔记、积极思考、大胆质疑、交流分享(当小老师)、大声表达的学习习惯。

3.课末:做好检测与反馈

基础练习,保证基础目标。教师须预留 5—10 分钟的当堂练习时间,检测学生课堂的学习情况,并利用大数据手段,收集学生数据,进行精确校对、精准反馈和个性化指导,保证基础知识人人过关,基础运用人人掌握。

变式拓展,促进能力提升。当堂达标检测练习的拓展提高部分,要挑战不同层次学生的思维,尤其要让尖子生"吃得饱""吃得好",帮助学生养成学习习惯,保持学习兴趣,促进思维能力、学习能力的提升。

评价反馈,激发学习动力。要创新当堂检测方法,对不同层次的学生实行免检、抽检、必检的管理办法。要利用大数据技术,对各小组检测表现进行及时反馈和激励评价。

4.课后:做好反思和改进

及时总结反思。课后要对教学过程中存在的问题及时记录,如课堂生成、需调整环节等,并能持续跟进研究。对教学的亮点也能进行收集,不断优化完善,形成特色风格。

掌握达标情况。从学生学得怎么样这个角度,评估本节课的目标达成,了解知识目标未过关的学生,确定个别辅导重点对象。归纳典型的混淆点、易错点和典型的错例,以备单元复习和课后辅导所需。

精选课外作业。精心设计分层的课外学科作业(基础＋提高＋拓展)。把复习课本作为第一作业。布置学生预习型作业(学习单或预习提纲或任务),引导学生养成课前预习、及时复习、先复习后作业等自主学习习惯。利用技术靶向推送分层作业和预习作业。

三、作业

常规底线:精编精选,不搞狂轰滥炸,杜绝无分层、不批改、无反馈。

1.作业布置:精选精编,分层先做

在精心备好"课内三个作业"的基础上,注重"课外三个作业"(学科作业、自主作业、个性作业)的设计,形成"2＋X"套餐(预习、复习作业＋学科作业、自主作业、个性作业)。

分层布置适量的学科作业。老师要"跳进题海",精编精选,留给学生少而精的学科作业。倡导原创改编出题,自编校本作业。坚决克服机械、无效的作业,确保课外作业适切性和实效性。小学一、二年级在校内完成巩固性作业,不布置家庭书面作业。

倡导学生自主选择、管理作业。鼓励老师设计口头型、口袋型、思维型、实践型等个性作业。年级组、备课组要加强作业量的统筹和监督。杜绝机械性、惩罚性作业。

2.作业批改:全批全改,及时评价

对学生的书面作业要及时纠错、检查,做到全部批改,并有一定量的面批,不要求学生自批自改作业。每学期确保每位学生一次以上的面批辅导。除了优、良、中、待合格等第评价外,还应根据学生具体问题给予具体的批注和更正提示。对倾向性的问题,要及时组织学生开展释疑讲评。

3.作业校正:精确校对,个别辅导

教师对作业中发现的普遍问题要集中讲评和订正,培养学生复习、做题、检查、限时做作业的习惯;对学困生和个别生,要进行面批和个别辅导。鼓励老师对优秀学生建立"口袋作业"。引导学生建立纠错本,培养学生订正和翻阅的习惯。

4.作业创新:自主选择,精准作业

鼓励申报"自主作业"。按照"自主申请、老师确认、全班表决、上墙公示"的程序确定学生对象。被确定的学生,作业可以自主选择,自行加减。学生对象每半学期由年级组、班级和科任老师协商调整一次。

把作业纳入教研范围。教学处、教研组、备课组要探索有效作业的形式,加强作业与课堂融合实践,如作业的前置,练习的分层。充分利用大数据,探索精准作业,如对历届学生单元学习易错、易混试题统计分析。注重项目式学习等实践性作业的研究。重视个性化作业的设计与布置。

设立班级作业协调员。其职责是为了保持作业量基本平衡,与学科代表一起向学科教师通报作业信息,反馈学生呼声,协调班级日作业量,避免学生做作业忙闲不均的现象。

四、辅导

常规底线:心中装着辅导对象,不放弃每一个学生。

1.履行培优辅困责任

每学期要制定培优辅困计划,对学有余力的学生,要辅导其发展特长,形成学科优势;对学有困难的学生,要加倍爱护,热情耐心帮助,不能有歧视,使其达到基本学习要求,提高自信心。

2.落实全员导师职责

认真执行全员导师制度,重点对象是各小组的学科代表。既要重视知识、技能的查漏补缺和学习方法上的指点,又要重视学习目的性的教育和学习兴趣、习惯、意志的培养,做学生思想的引导者、学习的辅导者、心理的疏导者。

3.加强个性化指导

要指导小学生在校内基本完成学科作业,初中生在校内完成大部分学科作业。认真做好学生学科作业和自主作业的个别答疑辅导。尊重学生的学习兴趣,鼓励学生问问题、加作业,培养学生自主学习习惯。做到不占用午休静校时间进行集体辅导。

五、考试

常规底线:不搞密集考试,不让孩子害怕考试。

1. 做好单元形成性测验

测验应以新授课知识为主,重点放在单元基础知识和基本素养的考查上,突出课本上的重要例题、作业本上的典型错题,以及单元学习易错、易混的试题。测验原则上以随堂为主,以诊断、激励为目的。由备课组、教师自行命题,鼓励分层命题(分 A、B 卷),让不同层次的学生测出自信心。

2.提高考试规范化水平

要严格控制考试数量,执行考试规范,认真落实命题、监考、阅卷、分析四个环节。遵循教学评一致性原则,完成备课组分配的命题任务。要遵守考前监考培训、阅卷规程和试卷分析制度,加强考后数据整理、分析诊断和结果运用。要保护学有困难学生的自尊心和积极性。

3.参与命题系统性研究

每位教师要反复研读课程标准,突出素养立意和能力立意,掌握命题技巧。注重命题的规范,统一试卷格式,并提供标准答案和评分标准。落实命题人、审核人责任制。每位教师要加强命题研究,熟悉近三年的统测试卷(初中含中考试卷),紧跟、把握命题的趋势和方向。

4.重视非统考学科考查

认真组织实施体育、音乐、美术、劳技、信息等学科的考查,以及拓展性课程的评价工作。纳入学期教学工作考核,并及时上交有关考试、考查的各类报表。

5.严格执行教辅资料规定

严格执行"一本作业本"制度,从严控制教辅资料(含试卷)的征订。若确实需要征订的,要先由备课组向教学处提出申请,并按权限报批。征订教辅资料(含试卷)必须适合学情,充分考虑完成的时间和难度,以及基础类、能力类、拓展类的比例等因素。

六、附则

学校将建立并完善教学常规视导制度。视导结果纳入学期考核,作为评先晋级和奖励的重要依据。

教学处定期评选优秀导学案(学习单)、有效作业(试卷)。定期编辑校本作业。设立学期教学常规奖。

本规定由课程教学处(教师发展处)和教研组具体组织实施。

智慧课堂智能应用场景指南

课前预学

(1)提供预习资料。学科教师可以在课前充分利用智能系统提供的九大学科工具、习题题库、微课视频,简单、高效地制作适合多种教学场景的教学设计及课件。

(2)预习资料个性化分层推送。根据学生的学习场景,分层向学生推送个性化预习资料,导学案、交互式学件、微课、习题、资料等可供学生自主预习。

(3)预习效果实时反馈。老师可以实时收到学生学习时长对比、答题正确率详情、班级概况分析等数据反馈,精准掌握个体学习进度和知识掌握情况。

课中共学

(1)师生互动,产生课堂数据。教师终端授课,全员互动,实时获取答题数据;学生终端答题互动,提高学习效率。

(2)平板答题数据系统实时统计,答题互动全员参与,答题结果实时反馈。

(3)一键推送互动课件,让每个学生都能参与到互动实践中。

(4)丰富小组合作学习形式。多成员实时编辑,快速收集同学观点,师生互传高效展示。

课后延学

(1)教师空间分层下发资源,学生空间当堂答题检测。

(2)多维度精准评价,全面展示学生学习数据,支撑教师及时把握学情。

(3)一键录制课堂教学视频,形成有知识点标记的时间胶囊微课,帮助学生理解薄弱知识。

(4)课外分层作业靶向推送。错题云中相似题助力知识巩固,错题匹配相似题,补习知识漏点。

(5)AI助教开启微课智能讲解,帮助学生实现个性化学习。

学生自主学习习惯八条

(1—3年级)

1.倾听。上课抬头看向老师,用心听老师讲课。有问题要举手。

2.专注。学会长时间集中自己的注意力。

3.朗读。声音洪亮,读出感情,读出自信。博览群书,培养阅读兴趣。

4.记忆。学会背诵,尝试复述,勤于记忆。

5.整理。保持作业本整洁。管好物品,用完及时放好。整理好抽屉。

6.独立。明白学习是自己的事。学会独立、自主完成作业。

7.提问。保持对学习的好奇心。课堂内外喜欢多发现问题、多问问题。

8.动脑。积极思考,敢于表达想法。提倡动手动脑结合,学会想办法解决问题。

学生自主学习习惯八条

(4—9年级)

1.提前定计划。心中有计划。有计划,自己才会主动。

2.课前重预习。学会自己学、提早学、主动学。

3.课后勤复习。坚持及时复习、主动复习、经常复习。

4.课堂记笔记。上课专心静心,思维跟上老师的节奏,及时记录要点、疑点。

5.课余问问题。发现疑难问题,有勇气主动向老师或同学请教。

6.先复习后作业。写作业之前,把相应的课本看一遍、把知识复习一遍。

7.及时整理错题。及时把错题理一理、想一想。一周后、下次考试前看一看。

8.自己再留作业。在完成老师作业的基础上,给自己找作业,拓展提高。

智慧课堂 2.0 课时导学案模板

课题			
课时		课型	
教学目标			
教学重点			
教学难点			
评价任务	□课堂观察　□小组交流　□检测反馈　□表扬鼓励　□其他		
资源准备	□文本解读　□PPT　□学习终端　□seewo技术　□实验器材 □学习单　□其他		

环节	要素	教师导学助学过程设计与实施	学生学习活动
课前检查与定标——预学	【目标】 【技术】 设计预习提纲或课前任务,引导自主预习。课前检查,摸清学情,精准定标		
课中导学与助学——共学	【问题】 【活动】 【技术】 设计2—4个关键问题或任务,组织有意义的学习活动。利用技术赋能教学		

环节	要素	教师导学助学过程设计与实施	学生学习活动
课中导学与助学——共学	【问题】【活动】【技术】设计关键问题或任务,组织有意义的学习活动。利用技术赋能教学		
课末检测与拓展——延学	【检测】【评价】【技术】对准教学目标和重难点,分层设计练习,当堂检测,变式拓展。利用技术精准诊断、精准反馈	检测1.基础练习: 检测2.拓展练习:	
课外作业		1.复习课本,第＿＿＿页到第＿＿＿页。 2.预学作业(提纲或任务)。 3.分层作业(基础＋提高＋拓展)。	
板书设计			
教后反思		1.学得怎么样?通过目标达成对比,确定知识目标未过关对象(个别辅导重点对象)。 2.练得怎么样?列出学生的典型错例(易错点、混淆点)。 3.教得怎么样?写出教后感悟,包括课堂的生成、调整环节和教学改进设想。	

学生课时学习单模板

(课题名称/第 课时)

班级_____ 姓名_____ ___月___日

学习目标	(具体、简洁、清晰,突出学会什么,有明确的素养导向,由教师确定或与学生协商确定)
课前预学	(教师采用预习提纲、微课、微视频等形式,引导学生课前自主预习)
课中共学	【参考模式1】问题一:……问题二:…… 【参考模式2】活动一:……活动二:…… 【参考模式3】任务一:……任务二:…… 【参考模式4】想一想、读一读、说一说、练一练、写一写 (教师可根据不同的课型灵活选用,或综合使用,重在引发学生提问、思考,学做合一)
课后延学	练习(检测)1: 练习(检测)2: (基础+拓展,瞄准学习目标) 小结反馈:
课外作业	1.复习作业。第____页到第____页。 2.分层作业(基础+提高+拓展)。 3.预习作业(可另附)。
学后反思	1.你有什么收获? 2.疑难问题有哪些? 3.学习目标达成怎么样? (已达标____、待达标____)

单元导学案模板

（学科/单元章节/年级/课时/设计者）

单元主题：＿＿＿＿＿＿＿＿

单元目标	你将学会什么？ （依据素养目标、教材内容、学生情况，罗列 3—5 条，主语是学生，三维叙写，可测量可评价，要看得见核心素养）
评价任务	你敢接受挑战吗？ （依据单元目标，设计真实情境下的大问题或大任务，以激发学生兴趣）
学习过程	你需要学习什么？ （画一张内容纲要图，包括各课时主题及其关系）
学后反思	给你支招！ （让学生获得实用的信息，一是为何学，二是如何学，三是除教材外还有哪些资源，在哪里可以得到）

教师课堂观察量表

学科		班级		日期		课型	
课题名称							

观察项目	教师行为关键要点(40分)			学生行为关键要点(60分)		
	精讲少教	问题解决	任务驱动	多动多学	小组合作	积极思维
	智慧助学	活动卷入	当堂检测	充分经历	自信参与	自主学习
典型记载						
优点与 不足						
总体评价						
等级	分为优(90分及以上)、良(80分及以上)、中(70分及以上)、待合格(70分以下)四个等第					

作业视导教师互评表

教师		班级		学科	
作业类型					

作业类型	□预习作业　　□学科作业　　□自主作业　　□个性作业

作业视导 要点	预习作业：□全部　　　□部分　　　□无 复习作业：□全部　　　□部分　　　□无 自编作业：□多数　　　□少量　　　□没有 自主作业：□有　　　　□部分　　　□无 个性作业：□有　　　　□部分　　　□无 是否精选：□全部　　　□部分　　　□无 是否精编：□全部　　　□部分　　　□无 是否适量：□较多　　　□适量　　　□较少 是否分层：□是　　　　□否 是否批改：□全部　　　□部分　　　□少量 及时批改：□总是　　　□大部分　　□偶尔 规范批改：□日期　　　□等级　　　□评语 二次订正：□全部　　　□部分　　　□少量
作业亮点	
改进建议	
等级	分为 A、B、C、D 等，对应优秀、良好、合格、待合格等级

学习小组课堂表现评价表

组别	项目					
	预学(20分)	自主(20分)	合作(15分)	展评(20分)	检测(25分)	合计(100分)
1						
2						
3						
4						
...						

学习小组评比记录表(班级用)

堂积分		日评选	
节次	优胜小组	日次	优胜小组
1		周一	
2		周二	
3		周三	
4		周四	
5		周五	
6		月评比	
7		月次	
8		3(9)月	
周汇总		4(10)月	
周次	优胜小组	5(11)月	
第1周		6(12)月	
第2周		学期表彰	
第3周		上学期	
第4周		下学期	

后　记

自那年拉着一个行李箱来到杭城,转眼过去整整八个年头了。这是一段走得最急的时光。许多人和事,许多场景和瞬间,已经渐渐成为温暖的记忆和美好的怀念。为这段难忘的经历写点什么,也成为近些年搁在心底的一个小小愿望。在本书付梓之际,这个心愿终于落地了。

这本小书主要汇集的是我近些年在杭州市大成实验学校、中国教科院杭州胜蓝实验中学工作期间的讲座稿、报告和讲话稿,以及一些公开发表的文章、随笔和手稿。这既是对近八年学校办学成果的一次梳理,也是对这段奋斗历程的一个记载,更是对自己生命成长的一个交代。

尽管有些粗浅,也不够全面,但还是希望通过这些朴素的文字,让各位看到"静心做自然的教育"的独特思想和丰富内涵,看到我与我的团队在两所学校的原创性、引领性、系统性的鲜活实践,看到从理念到实践、从愿景到文化、从薄弱到优质的学校成长样态。

至于"静心做自然的教育",对我来说,这个主题似乎大了一些。其实,我想表达的是一种理想,一种主张,一种哲学。当作抛砖引玉也好,思辨争鸣也罢,初衷是想让我们的基础教育更接近理想一些,更还原学校的样子一些,我看也未尝不可。

回归静心,回归自然,是当下基础教育远离喧嚣、超越功利的理想选择。在这个变革演化的过程中,每个教育人都很难独善其身。如果我们的主张、我们的探索,能够为基础教育同行,尤其是教育管理者、校长和教师提供可探讨、可借鉴的实践样本,并产生一些积极的启迪和影响,则心满意足了,我们的愿望就算真正实现了。

　　为整体呈现"静心做自然的教育"办学思想在杭州市大成实验学校、杭州胜蓝实验中学的实践成果，我们正在组织编辑"自然的教育"办学实践丛书，为此还成立了专门的编委会。《静心做自然的教育》这本小书便是丛书中的第一本。

　　可以说，没有专家的指导，没有团队的参与，没有一线的实践，就不可能有我们的办学成果。它凝结着各级领导的关怀，凝聚着各位同事的智慧，以及各位朋友的帮助。

　　在这里，特别感谢教育部体育卫生与艺术教育司司长、中国教育科学研究院原院长崔保师，中国教育科学研究院副院长陈如平、于发友，德育与心理研究所所长孟万金，教师发展研究所所长张布和，以及著名教育改革家魏书生，中国教育报刊社原资深记者、博士白宏太，杭州市临平区人大常委会副主任、下城区教育局原局长黄伟等领导、专家、朋友的亲临指导和关心鼓励！

　　还要感谢与我在大成实验学校和胜蓝实验中学并肩战斗的管理团队、各位同事，以及李建飞运河名校长工作室成员的支持和帮助！感谢冯晓丽、陈伊凡、周蓓蓓、余晓鸣、刘晰晰、曹云娟等老师提供的课例素材！感谢浙江工商大学出版社王黎明、王琼等编辑的辛勤工作，使得这本小书在较短的时间里顺利出版。

　　期待后续的几本也能顺利集结，并如期与大家见面。鉴于本人的水平有限及时间仓促，书中难免有纰漏之处，敬请同行朋友不吝指正！

李建飞

2023 年 6 月 16 日